产业政策与
企业创新管理

——打造我国生产性服务业升级版的对策研究

郭东海　著

CHAN YE ZHENG CE YU
QI YE CHUANG XIN GUAN LI

山东人民出版社

国家一级出版社　全国百佳图书出版单位

图书在版编目（CIP）数据

产业政策与企业创新管理：打造我国生产性服务业升级版的对策研究/郭东海著. —— 济南：山东人民出版社，2017.5

ISBN 978-7-209-10310-7

Ⅰ．①产… Ⅱ．①郭… Ⅲ．①服务业－产业发展－研究－中国 Ⅳ．①F726.9

中国版本图书馆CIP数据核字(2016)第315645号

产业政策与企业创新管理

——打造我国生产性服务业升级版的对策研究

郭东海　著

主管部门	山东出版传媒股份有限公司
出版发行	山东人民出版社
社　　址	济南市胜利大街39号
邮　　编	250001
电　　话	总编室（0531）82098914
	市场部（0531）82098027
网　　址	http://www.sd-book.com.cn
印　　装	山东华立印务有限公司
经　　销	新华书店

规　　格	16开（169mm×239mm）
印　　张	19
字　　数	260千字
版　　次	2017年5月第1版
印　　次	2017年5月第1次
印　　数	1—800
ISBN 978-7-209-10310-7	
定　　价	39.00元

如有印装质量问题，请与出版社总编室联系调换。

前　言

　　近年来，随着服务经济的快速发展，生产性服务业日益成为现代服务经济的核心与重要组成部分，国内外学者对生产性服务业的研究表现出极大的关注。在国民经济体系中，生产性服务业所扮演的角色是产业转型和地区经济发展中"催化剂"和知识中介，其整体发展态势良好，且具有较强的产业关联性。生产性服务业的快速发展能够有效地促进经济的快速稳定增长，这是因为，生产性服务业能够通过降低交易成本、加大人力资本积累、培育产业竞争优势等对制造业和其他服务业起到支撑作用，而且，生产性服务业能够促进其他相关产业的发展和升级。生产性服务业发展的重要意义奠定了本研究的价值。

一

　　国内外学术界从很多角度探讨研究了生产性服务业，发表和出版了大量的文献，但较少从政府产业政策和企业创新及其创新管理角度进行探讨研究，特别是从遵循生产性服务业发展的机理与路径方面来探讨研究相关产业政策与企业创新管理。

　　笔者认为，任何一个产业的发展都有其内在的发展机理及其发展路径，而任何一个产业的发展都与本国政府的产业政策和这个产业中的企业创新及其管理密切相关。任何一个产业要迅速地、健康地发展起来，政府的产业政策与企业创新及其管理都必须要遵循该产业的发展机理与路径。因此，本书的研究思路是：首先探讨分析生产性服务业发展的机理与路径；在此基础上，分析研究符合生产性服务业发展机理与路径的生产性服务业的产业政策；同时，分析研究遵循生产性服务业发展机理与路径的企业创新及其创新管理。本书正是按照这一总体思路进行研究与撰写的。

本书主要包括四部分，第二章为第一部分，主要探讨生产性服务业的产生与发展、生产性服务业发展的机理与路径；第三章到第七章为第二部分，主要探讨我国生产性服务业产业政策；第八章到第十三章为第三部分，主要研究生产性服务业企业创新与创新管理；第十四章为本书的第四部分，主要从产业政策与企业创新及其管理两个角度给出了我国生产性服务业发展的对策建议。

第二章：生产性服务业发展的机理与路径。本章主要从经济学的视角探讨生产性服务业的发展过程以及在此基础上的机理，同时，从理论与实践结合的角度探讨生产性服务业发展的路径。

第三章至第七章：生产性服务业产业政策。首先，清晰勾勒出我国生产性服务业产业政策的演进过程，包括阐述生产性服务业形成与发展的内在机制和介绍我国生产性服务业的发展，在此基础上总结我国生产性服务业产业政策的历史演进，分为五个阶段：新中国成立初期直至20世纪80年代初、1978—1992年服务业开始受到重视、1992—2005年逐步提出服务业产业政策、"十一五"期间生产性服务业产业政策具体化和"十二五"规划的新要求。其次，分析探讨中国生产性服务业产业政策存在的问题，研究产业政策的有效性路径。第三，对生产性服务业产业政策进行国际比较。通过研究美国硅谷高新技术产业集群服务体系、英国生物技术产业集群服务体系、意大利中小企业集群服务体系，分析建立生产性服务业产业集群体系的重要性，并且结合美国、日本、韩国对信息服务业发展的政策支持，美国、日本、德国对物流服务业发展的政策支持以及美国、英国、日本对商务服务业发展的政策支持，进行生产性服务业分类制度体制保障分析。第四，建立企业发展影响因素分析框架，并通过企业问卷调研对产业政策进行微观实证研究，给出基于企业发展影响因素角度的生产性服务业的产业政策选择。这既是对已有的生产性服务业产业政策的微观评价，又是对生产性服务业产业政策的需求分析和供给分析的微观研究。

第八章至第十三章：生产性服务业企业创新管理。本部分通过对生产性服务业相关理论和企业创新管理等相关理论的文献梳理，以及对产业的实际发展状况的调研，对影响我国生产性服务业企业创新的因素从内部和外部两个方面进行了总结和分析，构建了生产性服务业企业创新管理模型，从企业创新管理内容和创新管理过程维度对企业创新管理进行探讨；建立了由企业创新战略管理、创新支持管理和创新评价管理构成的生产性服务业企业创新管理内容框架，并对每部分内容进行了具体分析；分析了生产性服务业企业创新过程的特点，并将完整的企业创新管理过程划分为创新激发阶段、创新实现阶段、创新扩散阶段和创新收敛四个阶段，分别对每个阶段中企业创新管理工作的重点进行了分析；建立了生产性服务业企业创新管理能力评价指标体系，并运用网络层次分析法构建判断矩阵，确定指标权重，进而以山东省四类企业（涉及金融服务、信息服务、物流服务和科技服务等领域）进行了实证评价和比较。

作为应用研究，本书在第十四章从产业政策与企业创新及其管理两个角度提出了我国生产性服务业发展的对策建议。

二

本书在理论分析的基础上，基于相关数据分析了生产性服务业企业创新的影响因素，并创建了基于创新管理内容和创新管理过程双重维度的生产性服务业企业创新管理模型，力图将生产性服务业企业创新管理纳入系统框架中进行研究。针对生产性服务业企业特点设计的创新管理能力评价指标体系及其评价结果，对于我国生产性服务业企业了解自身的创新管理能力具有一定的参考价值。但是客观地说，在一定程度上，本书的研究尚存在局限性，总结如下：

第一，本书在分析生产性服务业创新的影响因素时，虽然基于相关文献大量收集整理得到了外部和内部两个层面的主要影响要素，并对其进行了分析，但限于数据的可获得性，没有进行实证数据的调查和因子分析，无法全面客观地反映这些影响因素的实际状况，势必在一定程度上会影响结论的准确性。在后续研究过程中可以通过发放调查问卷的方式，了解生产性服务业企业对其创新影响因素的观点，并通过软件进行数据分析，从而将本书的研究进一步引向深入。

第二，本书对于生产性服务业企业创新管理能力的实证评价只局限于山东省相关企业的数据，没有将其他地区的数据引入相应的实证评价体系进行对比分析，因而，无法全面了解我国生产性服务业企业创新管理发展状况。因此，在今后的研究过程中，将选择更广泛的数据来源进行实证分析，并进行对比研究。

第三，限于篇幅和个人学术水平，对于创新管理能力的内涵的剖析还有待进一步深入，对创新管理能力评价指标的选择方面也存在一定的局限性，今后可在进一步分析创新管理能力内涵的基础上对其做更深入的研究。

此外，我国生产性服务业产业政策的研究还涉及更多的问题，需要在以后做进一步研究，特别是对具体的产业政策及其有效性的研究探讨。

由于从产业政策和企业创新管理角度对生产性服务业的研究在我国开展的时间还不长，很多理论问题正在探索之中，加上本人水平的限制，书中的缺点一定不少，热切盼望得到国内外学者的指教。

郭东海

2016 年 9 月 18 日

目　录

第一章

绪　论

一、选题背景与研究意义

（一）选题背景

生产性服务业诞生于 20 世纪 80 年代，源起于发达国家经济的快速发展所引发的对于服务与制造环节相剥离的需求。生产性服务业一经出现便迅速崛起，呈现出势不可挡的发展态势，在服务产业中，特别是在西方发达国家，成为业界投资和支持的重点。生产性服务业的界定是基于对服务业或服务部门的"功能性分类"，由格林菲尔德（Greenfield，1966）最早提出的。他指出，生产性服务与消费者服务相比较，主要是指资本品的服务。如果说消费者服务是向消费者提供最终服务，那么生产性服务则是为工业制造部门和农业部门提供中间产品的服务。世界发达国家在 20 世纪 60 年代初开始注意到服务业的发展潜力，逐渐将经济重心由制造业转向服务业。统计显示，在世界银行统计的 151 个国家中，中等收入国家服务业占 GDP 的份额一般在 50%—60% 之间，发达国家则达到 70% 以上，而我国提出"十二五"末服务业增加值占国内生产总值（GDP）比重提高四个百分点的预期性目标，达到 47%。

应该看到，改革开放以来，我国制造业的迅猛发展，使中国快速步入工业化中期，但速度与质量通常存在矛盾，在快速发展的过程中诸多问题呈现出来，比较突出的是整体产业结构不合理，以服务业的发展滞后为主要表现。生产性服务业作为制造业的支持产业，在发展速度上远远落后于制造业。从社会经济发展的阶段来看，欧美等发达国家服务业占 GDP 的比重达到了 70% 以上，生

1

产性服务业占整个服务业比重超过 50%，而中国生产性服务业的增长速度不仅与工业增长速度相去甚远，而且在产业内部也长期滞后于服务业总体增长速度。我国要在激烈的国际竞争环境中克服自身人口众多、资源有限、环境恶化等不利条件完成产业升级，实现全面建设小康社会的目标，必须探索创新路径，实现企业创新管理能力的全面提升。从总体上看，服务业具有能源消耗低、环境污染小的特点。加快服务业发展，提高服务业对经济增长的贡献程度，能够有效减少经济增长对资源的消耗，减轻经济增长对生态环境的压力。推进产业结构优化升级和经济发展方式的根本转变，应着力改变过去靠工业发展带动经济增长的局面，将发展服务业特别是生产性服务业作为工作重点，逐步采用新型经济增长模式，也即通过第一、二、三产业协同促进经济增长的发展模式。同时，由主要依靠增加物质资源消耗来提高生产力，逐渐转向主要依靠高科技水平、高素质劳动者、高创新管理能力等方面。

我国政府高度重视生产性服务业的发展，在《中共中央关于制定国民经济和社会发展第十二个五年规划的建议》中，将大力发展生产性服务业，当作发展现代产业体系，提高产业核心竞争力的重要方面；在《国务院关于加快发展生产性服务业促进产业结构调整升级的指导意见》（国发〔2014〕26号）中指出：现阶段，我国生产性服务业重点发展研发设计第三方物流、融资租赁、信息技术服务、节能环保服务、检验检测认证、电子商务、商务咨询、服务外包、售后服务、人力资源服务和品牌建设。但是，由于我国经济处于加速工业化的转型期，各级政府和政府部门应该制定怎样的生产性服务业产业政策是一个十分迫切和具有现实意义的政策研究问题；同时，产业政策的研究也是一个科学的、系统的学术研究问题。查阅相关的研究文献可以发现，一方面，对生产性服务业产业政策研究的文献较少；另一方面，产业政策包括生产性服务业产业政策的研究体系缺乏，相关的研究多是从各自的角度出发、出于不同的目的，缺乏研究的理论体系，因而得出的结论就很可能有失偏颇、不全面。

此外，目前学术界较少从企业角度对产业政策进行研究探讨，多数的产业政策研究主要从宏观或中观——行业的角度出发，而从微观——企业的角度出发进行研究的很少。我们知道，企业是经济增长的核心和具体承载者，产业政策的作用必须通过企业的作为体现出来。企业发展、经济增长，表明产业政策合理，否则就说明产业政策存在问题。而目前的产业政策研究，无论是概念的内涵还是外延大都从产业结构、布局、组织和产业技术等方面进行，而从企业角度进行研究的相对较少。从企业角度看，应怎样定义产业政策的内涵，是否应从企业发展影响因素的角度对产业政策做相应的分类，应对产业政策进行怎样的外延划分？从企业发展影响因素的角度讲，产业政策是否是企业发展的直接或第一层次的影响因素？产业政策对企业的作用是直接的还是间接的？作用的程度如何？这些都是值得我们进行认真研究探讨的。

更为重要的是，20 世纪中叶至今，人类社会随着科学技术的日新月异已步入新一轮产业革命。经济结构调整步伐的加快伴随着科学技术在社会生活各个领域的不断扩散，推动着人类生产方式的转变以及工业经济向知识经济的转型。知识经济时代的到来使企业生存环境和企业管理特质发生了深刻的变化。面对一系列全新的挑战，创新成为企业的根本属性，企业管理的重点必须从聚焦于生产转向聚焦于创新，因此，企业要在激烈的竞争环境中求生存、求发展，其关键问题就是能否进行适应需求的创新和有效的创新管理。企业全面管理过程中缺乏创新意识，将对企业的发展产生致命性的影响。与其他能力相比，企业的创新管理能力也成为企业最受关注的能力之一。

因此，对于生产性服务业企业而言，企业创新管理的构成如何，如何科学地构建企业创新管理能力的评价模型，是企业了解自身存在的问题和不足，不断提升企业创新管理能力的重要方面；同时采取何种管理方式能促进企业创新管理能力的建设和提升，成为理论研究中非常重要的问题。因此，本书最主要的问题，首先是明确企业创新管理的构成，在分析生产性服务业企业创新活动的影响因素的基础上，从创新管理内容和创新管理过程两个维度出发，构建生产性服务业企业创新管理模型；其次，构建生产性服务业企业创新管理能力评价指标体系，从而可以客观地、科学地评价企业创新管理能力；第三，分析提升企业创新管理能力的对策，从创新管理环境、创新管理制度、创新管理过程等三个方面分析如何进行创新管理能力的提升。结合创新管理研究领域的面向生产性服务业的相关理论，基于过程的创新管理方法，将理论应用到实际来解决生产性服务业企业面临的问题。

（二）研究目的和意义

1. 从发展我国生产性服务业的必要性看本书的价值和意义

服务业的发展是伴随着工业化进程开始的，或者严格地说，是在工业化进程中，由工业化发展的新阶段提出的。20 世纪 30 年代澳大利亚经济学家费希尔首次提出三次产业分类的概念；20 世纪 40 年代英国经济学家克拉克在《经济进步的条件》中运用三次产业分类法研究经济发展同产业结构变化之间的规律；60 年代美国著名学者维克托·R. 富克斯的《服务经济学》的出版，标志着服务经济作为一个在实践上和理论上初具雏形的全新产业的形成。因此，生产性服务业的发展是由产业结构不断高级化的客观规律决定的。发展生产性服务业不仅能够为工业化提供更充实的内涵和动力，而且，生产性服务业由于与制造业互动发展，成为有助于工业生产各阶段更高效产出的间接投入，可以有效地为经济发展的各个部门提供新型技术和创新需要，从而具有产生"推进器"效果的战略功能。

当前，我国处于加速实现现代化，全面建设小康社会的关键时期。如何实现经济发展方式的根本性转变，成为我国未来发展的紧迫问题。国家把加快转变经济发展方式提升到国家战略的高度，指出这是我国经济社会领域的一场深刻变革，必须贯穿经济社会发展全过程和各领域。而转变经济发展方式的关键和主攻方向是经济结构实现战略性调整，走中国特色新型工业化道路，打造中国经济升级版。这就需要在借鉴西方国家先进经验的基础上，通过产业政策推动和引导，实现生产性服务业的大发展，真正发挥生产性服务业对制造业和农业的互动、融合和带动作用，全面提升我国产业结构水平，增强国民经济实力和国际竞争力。

同时，本书在对现有研究成果和相关理论进行系统研究的基础上，着眼于我国生产性服务业企业创新管理存在的现实问题，通过对企业能力理论、企业创新理论等不同学科理论与方法的综合运用，界定生产性服务业企业的创新管理能力，并尝试以系统的高度建立企业创新管理能力的理论框架，以期对发展企业创新理论和企业能力理论产生一定的理论价值。本书通过构建评价模型和实证分析，从理论依据、管理策略、评价工具等方面为我国生产性服务业企业创新管理提供帮助，对在管理实践中有效提升我国生产性服务业企业的创新管理能力具有重要的现实意义。

本书以创新管理促进生产性服务业企业发展为切入点，通过分析生产性服务业企业创新的影响因素，搭建生产性服务业企业创新管理模型；通过构建生产性服务业企业创新管理能力的评价指标体系，较为科学地评价生产性服务业企业的创新管理能力。这对克服生产性服务业当前的增长瓶颈，加速生产性服务业发展，进而推动经济的总体发展显得十分必要。

2. 从我国生产性服务业产业政策和企业创新管理的实际状况看本研究的价值和意义

根据发达国家的经验来看，生产性服务业的发展是顺应工业化尤其是后工业化时代的新要求而逐步产生的。我国作为一个发展中国家，沿袭发达国家的老路，将永远落后，必须采取跨越式发展的路子。因此，政府的产业政策推动就成为我国经济发展中的一个重要动力源。或者说，必须通过政府的相关产业政策，通过政策的引导、扶持，使我国的生产性服务业尽快体系化地发展起来。

但是，现实情况是，一方面，尽管中央和各级地方政府高度重视服务业尤其是生产性服务业的发展，但是至今尚未制定和出台生产性服务业发展的整体规划，也没有出台全面的、专门的、具体的生产性服务业产业政策。因此，宏观层面上，缺少生产性服务业产业政策的具体目标、定位，更谈不上生产性服务业产业政策的策略体系。另一方面，查阅有关中国生产性服务业的现有研究文献可以发现，虽然对我国生产性服务业研究的文献日益增多，涉及的范围和领域也越来越广泛和深入，除了理论研究之外，实证研究和应用研究也大量涌

5

现，但专门涉及生产性服务业产业政策的研究却相对缺乏，大多文献都是在其对策建议中提及生产性服务业产业政策的。同时，由于相关研究的角度和方面仅涉及生产性服务业的某一领域，因而对生产性服务业产业政策的研究也就局限于特定的研究方面，缺乏系统性和全面性。

近年来，国内外学者对企业创新管理能力及其评价方面的研究成果有了一定的进展，但是鲜有专门针对生产性服务业企业创新管理的研究，实践中也缺乏适合于生产性服务业企业创新管理能力的评价体系和方法。创新管理能力体系是一个系统，对于企业创新管理能力的评价不能仅局限于创新管理的某个方面或某个环节。因此，对生产性服务业企业创新管理能力的评价应着眼于创新管理的全过程。基于此，本书构建的生产性服务业企业创新管理能力评价指标体系，对生产性服务业企业创新管理能力的评价是一个有益的补充和完善，有利于生产性服务业企业创新管理能力理论的发展。

3. 从产业政策研究和企业创新管理的研究现状看本研究的价值和意义

从已有文献看，对生产性服务业产业政策的研究有两个方面的不足。一是对产业政策的体系化研究不够，往往从某一个侧面讨论产业政策的有效性，而忽视了产业政策所需要的理论体系；二是产业政策缺乏微观研究，宏观总结的多，从微观企业视角出发进行研究的少。本书试图在这两个方面进行突破性尝试：一方面，产业政策的研究体系按照产业政策供给的现状—产业政策的经济学基础—产业政策需求的宏观分析—产业政策需求的微观分析—对策建议这样的思路建立并展开研究，形成相对系统的产业政策研究体系；另一方面，本研究较为强调产业政策的微观研究，按照研究思路—分析框架—实证分析—结论的框架进行中国生产性服务业产业政策的微观分析探讨。应该说上述两个方面丰富了目前我国产业政策研究的不足，增加了本书的学术价值和实践意义。

同时，本书将生产性服务业企业的创新理论与企业能力理论研究相结合，以生产性服务业企业为研究对象，在对企业创新影响因素进行研究的基础上，分析创新战略、创新支持、创新评价在创新管理中的重要作用；探讨创新管理

不同阶段的特征与工作重点，从企业创新管理内容和创新管理过程两个维度构
建生产性服务业企业创新管理模型，为生产性服务业企业的创新管理提供理论
指导，并为地方政府提升生产性服务业企业创新管理能力提供重要的参考价值
和理论依据。

二、相关研究综述

（一）生产性服务业国内外相关研究综述

20世纪80年代以来，国外学者对于生产性服务业的研究成果，主要有以
下内容：

1. 生产性服务业增长分析

拜尔斯（Bevers，1993）研究指出，生产性服务业在经济增长最快的大都
市区增长也最快，但同时在整个区域也显现了较快的增长势头。科菲和贝利
（Coffev，Baillv，1991）探讨了生产性服务业的增长和区位间关系，以及弹性
生产方式的兴起。哈林顿（Harrington，1995）分析了生产性服务业的就业增长。
格（Geo，1996）认为影响生产性服务业增长的几大要素有：（1）产品和服务
生产的转型；（2）大多数产品生命周期被削短了；（3）短期的顾客货物的生
产，在取代大批量生产经营方式，同时，研究与发展、设计和广告、产品与服
务的市场和分配变得越加重要。

科菲和贝利（Coffev，Baillv，1991）对生产性服务业的外部化进行了分析，
将其原因概括为：（1）内部的技术限制；（2）公司特征；（3）外部经济优势；
（4）非标准化与不可预见之需求；（5）组织战略；（6）避免风险和固定成本。
格（Geo，1990）认为，生产性服务业销售的最大部分是其他服务业而不是制
造业；对大多数生产性服务业而言，市场是主要面向最终（消费者）需求的。

2. 生产性服务业区位研究

许多研究已阐述了生产性服务业在空间上的不均衡发展。在区域、国家、
国际尺度下，生产性服务业都倾向于在大都市区布局，而非大都市区，甚至
较小的大都市的生产性服务业则处于相对的劣势（Coffey，2000）。拜尔斯

（Beyers，1993）研究发现 1985 年美国 90% 的生产性服务业就业集中在大都市区，占总就业的 83%。希列斯波和格林（Gillespie，Green，1987）提出了生产性服务业布局行为的逆大都市化趋势。莱森和思单夫特（Leyshon，Thrift，1989）研究表明 20 世纪 80 年代英国的省会城市的生产性服务业的发展胜过了伦敦。希南（Heenan，1997）首先关注到跨国企业总部的区位决策倾向于在一些世界城市，如巴黎、纽约。之后，有学者还关注到跨国性生产性服务业的布局对世界城市网络和大都市区自身的影响。

3. 生产性服务业区位空间差异研究

生产性服务业区位空间差异的研究传统上分为两种不同的理论：新古典主义起源的收敛理论（Convergence Theory）和发散理论（Divergence Theory）。前者认为任何稳定的状态必然导致生产因素补偿率的空间平等化。后者强调空间劳动分工及核心边缘分析。20 世纪 80 年代的研究重点是大都市区生产性服务业不成比例的集中，以及较小地方的相对稀缺。这种生产性服务业空间极化在国家和区域层面上都得要考虑。生产性服务业和公司总部部分地发挥着作为极化城市体系的功能。

4. 生产性服务业对城市与区域发展的作用研究

哈林顿（Harrington，1995）对美国的研究肯定了生产性服务业对区域的贡献。汉森（Hansen，1990）分析了美国教育、生产性服务业密度和大都市区人口规模对大都市区人均收入的效应。伊列拉斯（Illeris，1996）指出，在正在出现的服务社会，一些生产性服务通过出口到区域外对其所在地区的经济发展有直接贡献。奥法雷（O' Farrell，1990）指出，以向外销售为基础的区域生产性服务企业具有自主增长能力。格鲁柏（Grnble，1993）提出了三个基本种类的服务贸易：要素服务贸易、附带有人员和货物暂时移动的贸易、物化的服务贸易。他认为生产性服务贸易只有两种形式：一种是通过个人和商品的移动进行贸易，另一种是通过装运服务物化在其中的物质材料来进行贸易。科菲（Coffey，2000）经研究表明生产性服务业是一战后发达国家就业增长最为迅速的部门，即创造就业的能力也最强。

5. 生产服务业与其他产业的互动关系研究

生产性服务业与制造业的关系一直是国外学者关注的重点。以 Dilek Cetindament Karaomeriogln 和 Bo Carlaaon（1999）为代表的学者认为生产服务业是对制造业的补充和支持，其应该与制造业一体化而被视为一个整体。Sen Hark Park 在《制造业与服务业行业关系——太平洋地区国家的若干新迹象》一文中，运用 1975 年和 1985 年的投入产出表对中国、印度尼西亚、日本、马来西亚、菲律宾、韩国、新加坡和泰国等 8 个太平洋地区国家制造业和服务业共生关系的演进过程进行了分析，并通过计算依赖度（dependency ratio）来测量制造业和各种生产性服务活动之间的关系。

生产性服务业与服务业的关系也逐渐受到了关注。J. E. Jnleffn Tranter（1996）指出，哥伦比亚企业所创造的价值有 67% 来源于服务部门，只有 16% 来源于制造业和资源部门。Kenneth A. Reinert 在题为《农村地区的非农业发展：一种贸易理论视角》的论文中探讨了生产服务作为直接投入对农业的影响，并构建了农村地区农产品产出模型，进而探讨了投入农业的生产服务对制定农产品价格政策的影响。

国内对服务业的研究始于 20 世纪 90 年代，研究的对象包括信息产业、生产性服务业和消费性服务业。目前专门针对生产性服务业的研究不多，大体有以下内容：

李善同等在《21 世纪初的中国服务业》中，研究分析了国外发达国家服务业发展的经验和趋势，指出现代服务业的发展重点是生产性服务业；研究分析了我国现代服务业的发展情况，总结了我国服务业的特点和不足，并探讨了现代服务业和制造业竞争力的关系。

阎小培等在《我国生产性服务业与经济发展关系研究》中，从经济贡献率和就业贡献度方面，指出生产性服务业发展和我国经济发展的关系，指出我国的生产性服务业伴随着国民经济的发展、国民经济结构的变化而发展，且具有较大的发展潜力。

程大中在《论服务业在国民经济中的"黏合剂"作用》中，从经济效应、经济变革、经济全球化的角度，分析了服务业和国民经济的关系，指出服务业尤其是生产性服务业作为知识中间投入，在国民经济中发挥重大作用，是国民经济的"黏合剂"。

王贵全在《论生产性服务对贸易格局的影响》中指出：（1）制造业的发展程度取决于生产性服务业的发展水平；（2）生产性服务已成为企业提供差异化产品和增值的主要源泉；（3）生产性服务是国家竞争优势的重要来源。

郑吉昌、夏倩在《论新型工业化和现代服务业的互动发展》一文中指出了在新型工业化中现代服务业的经济作用，并指出了现代服务业的发展对策，强调信息技术的发展。

宁越敏（2000）以中国最大的经济中心城市上海市为例，分析了转型时期城市生产服务业和办公楼区位的分布特点，得出影响上海生产性服务业区位的因素。陈殷、李金勇（2004）探讨了生产性服务业的区位模式和影响机制，认为聚集因素在生产性服务企业区位模式中起着主导作用。

张润朋、刘蓉（2002）探讨了在新经济条件下经济自由化对生产性服务业的影响，并提出了对我国生产性服务业今后发展的思考。黄胜利、朱缨（2002）分析了上海生产性服务业的发展现状及其对城市发展的影响。钟韵（2004）的博士论文《广州生产性服务业成长及其对珠江三角洲发展影响研究》，通过对广州市生产性服务业的实证研究，从产业功能的角度探讨了广州生产性服务业的成长历程的特征、广州生产性服务业对其腹地珠江三角洲的影响，并提出我国中心城市发展生产性服务业的思路。

钟韵、闫小培（2005）在《西方地理学界关于生产性服务业作用研究述评》一文中，对西方地理学者针对生产性服务业作用的研究从四个方面进行归类：生产性服务业对城市与区域整体发展的作用、对地区的制造业发展的作用、对地区其他服务业发展的作用，以及对城市等级序列重构的作用。

从以上的文献综述可以看出，关于生产性服务业的国内外研究文献存在较大的差异。国外在生产性服务业领域的研究成果远远多于国内。从时间上来看，国外这一领域大规模的研究开始于 20 世纪 80 年代初期，而国内基本上是在 20 世纪 90 年代中后期才开始有这一方面的研究成果，而且在研究的深度和广度上也明显不足，多是一般性介绍和描述。其中的重要原因之一可能在于经济实践发展程度的差异，因为西方国家在 20 世纪 80 年代初期就已进入服务经济社会，生产性服务业得到了很大的发展，为研究者提供了研究的素材和实践依据；而国内一直处于工业化进程之中，工业是国民经济的支柱，所以对服务业尤其是较新的生产性服务业研究不足，但随着上海、广州等经济发达城市的逐步崛起，生产性服务业作为这些大都市产业发展的主流日益得到广大学者和政府部门的重视。

另外，国内学者对生产性服务业的研究处于起步阶段，集中在生产性服务业的发展现状和国民经济的关系以及区域空间特征等研究上，更多的是定性描述，缺乏定量分析。

(二) 生产性服务业产业政策研究综述

系统全面的研究生产性服务业产业政策的文献较少，相关的研究多见于在研究生产性服务业，生产性服务业与制造业、经济发展相互关系时提及，并且是从某一个方面或从某一个角度出发，更多的应该说是某一种政策建议。如顾乃华 (2005) 认为：从地方政府角度看，要想促进生产服务业的发展，关键就要针对生产服务业的产业特点，做好以下几方面工作：加紧培育科研能力，为发展生产服务业积蓄必需的知识资本；增强基础设施的投入力度，改善交通运输环境，以在既定的收入水平上扩大生产服务的市场容量；在融资、税收等方面，给予生产服务业适当优惠；引导生产服务企业进行专业化、市场化改革，切实提高效率。[①] 郭妍、徐向艺 (2007) 在《我国软件业产业政策的"马太效应"研究——基于济南市软件业的调查分析》一文中指出，近年来，我国软件产业发展中出现了较为明显的"马太效应"。基于济南市 3 家典型企业和 50 家软件企业的调查，他们认为：软件产业政策是助长甚至造成"马太效应"的原因

---

① 　顾乃华：《生产服务业、内生比较优势与经济增长：理论与实证分析》，载《商业经济与管理》2005 年第 4 期，第 38 页。

之一，这归咎于产业政策供给的单一性和僵化性，未能认识到不同类型的企业在不同发展阶段对政策需求的差异性。软件产业政策应该"抓大""助小"并举，制定和，施有针对性的、促进各类企业公平竞争的行业产业政策，这应该是未来软件产业政策研究的重点。[①]江小娟、李辉（2004）提出：促进服务业的发展需要从改变观念、促进竞争、规范行为、扩大开放和适当扶持等多个方面着手推进。[②]

在生产性服务业的体制创新研究方面，许多相关的文献几乎都会提出政策建议。很多文献都认为政府在我国生产性服务业发展中有着重要作用，要创新服务业体制，关键在政府。石定环（2005）认为，政府在营造有利于自主创新的政策环境方面起着关键的作用，其中，在建设创新体系、国家科技计划支持和推动、重视知识产权等方面更应该出台相应的政策来完善整个创新体系的政策氛围。唐赤华（2004）认为，政府对发展知识性服务业的支持主要有三个方面：供给面——政府直接通过资金、人力、技术等因素来影响；需求面——提供稳定的市场需求；环境面——长期稳定的投资环境。常修泽（2005）认为，政府应该在结构调整和产权制度创新方面来进行生产性服务业体制创新。夏杰长和霍景东（2006）则从政府和市场两个方面探讨了生产性服务业体制改革问题，他们认为我国生产性服务业的发展与竞争力水平的提升需要发挥政府与市场的双重作用，关键是要打破所有制壁垒，激励生产性服务业的活力，深化以专业化、市场化和社会化为取向的生产性服务业管理体制改革，更要充分发挥生产性服务业引导资金的作用，以弥补生产性服务业领域的"市场失灵"。

长期以来，我国生产性服务业对内、对外开放度都很低，垄断程度却很高，影响了生产性服务业发展的效率和质量。如何积极引入民营资本和外资资本进入生产性服务业领域是学术界普遍关注的问题。郑吉昌和夏晴（2005）认为，

---

① 郭妍、徐向艺：《我国软件产业政策的"马太效应"研究——基于济南市软件业的调查分析》，载《区域与行业产业政策》，经济管理出版社2008年版，第108页。

② 江小娟、李辉：《服务业与中国经济：相关性和加快增长的潜力》，载《经济研究》2004年第1期，第15页。

即便在浙江这样民营资本很发达的地区，民营资本占生产性服务业投资的比重也不高，对现代服务业参与度则更低。他们主张积极推进服务业领域的对内开放，政府要树立服务理念，创造有利于民营企业发展的环境。周振华（2005）主张，要有序地开放电视、报刊、发行、艺术表演等领域的私人投资，扩大非公有经济在教育、卫生、体育、娱乐、旅游、信息、金融等生产性服务业行业的参与度。入世以来，随着我国在金融、通信、旅游、教育和咨询等行业履行入世的各项承诺，生产性服务业和服务贸易的开放问题日益成为我国对外开放的焦点，外资企业在我国生产性服务业市场上也拥有了更多的发展空间，生产性服务业对外开放的研究价值日益凸显。我国作为一个生产性服务业和服务贸易相对落后的国家，对生产性服务业对外开放的一些重要理论和重大实践问题进行认真研究，具有极为重要的意义。裴长洪和夏杰长（2005）对我国生产性服务业对外开放的开放度、时序、风险和路径做了翔实的研究。他们认为，在目前，外资进入中国生产性服务业还要面对外资准入资格、进入形式、股权比例和业务范围等较多的限制。对外开放不足是我国生产性服务业发展滞后的重要因素之一。

对生产性服务业产业政策的研究，由于缺乏系统性和体系性，往往有失偏颇，这已经引起学者的关注。如顾乃华等（2006）指出：单从生产性服务业本身特性出发来引申产业政策，这种研究思路得出的结论必然缺乏稳健性，衍生出来的政策建议也可能产生偏离实际的误导作用。[①]

1. 产业政策微观研究综述

企业是产业的载体，一个产业的发展和竞争力的大小主要是由该产业内企业的发展和竞争力的大小决定的。传统的产业政策遵循的是新古典经济学的逻辑思维，存在一个暗含的假设前提，即产业内的企业是同质的。在该理论假设下，传统的产业政策通常以提高产业集中度，实现规模经济为目标，通过限制竞争的政策手段来避免重复建设和过度竞争，以此来取得最佳的产

---

① 顾乃华、毕斗斗、任旺兵：《中国转型期生产性服务业发展与制造业竞争力关系研究》，载《中国工业经济》2006 年第 9 期，第 14 页。

业绩效。而目前，世界各发达国家的产业政策大多不再是垂直干预的产业政策，往往是水平式或功能性的产业政策，即对产业内部所有的企业一视同仁，鼓励竞争，刺激鼓励企业的某种行为，比如自主研发等。这样的产业政策有助于企业能力的构建，并把构建企业能力作为产业政策的目标，会直接促进产业竞争力的提升。

　　我国学者也开始注重从企业角度研究产业政策。如周叔莲等（2008）提出了动态能力导向的产业政策，他们认为，与传统的产业政策相比，动态能力导向的产业政策具有动态性和创业性两方面的特征。传统产业政策的理论基础是新古典的"市场失灵"理论，在该框架下，政府的核心功能是对产业发展进行"长期计划"。动态能力导向的产业政策则建构于演化理论的基础上，在该理论框架下，由于企业所处的环境是不确定的、复杂的，因此政府的主要作用不是计划，而是努力通过与企业的信息交流和互动来共同克服产业发展的障碍，并最终形成企业与环境的动态匹配；由于环境也是变化的，因此产业政策的重点不是加强既有的企业和产品，而主要是通过促进企业的创业性活动实现企业和产业竞争能力的培育和提升。[1] 赵坚基于企业能力理论的角度，对比我国通信设备制造业和汽车工业的发展，并具体列举若干企业的发展路径、现状与未来，分析我国汽车工业产业政策的理论误区，认为我国应当实施以企业能力构建为导向的竞争型产业政策。[2]

　　严格地讲，这些研究还是从宏观或中观的角度探讨产业政策，虽然其中涉及企业，但产业政策的落脚点却不在企业。因此，相比较而言，对产业政策的研究大多还是从宏观和中观的角度进行的，学术界缺乏产业政策的微观研究。

---

[1]　周叔莲、吕铁、贺俊：《新时期我国高增长行业的产业政策分析》，载《中国工业经济》2008 年第 9 期，第 1 页。

[2]　赵坚：《企业能力理论、假设与模型》，载《北京交通大学学报》（社会科学版）2004年第 4 期，第 39 页。

2. 产业政策研究体系综述

目前，对产业政策研究体系探讨的文献几乎没有。大量文献表明，对产业政策研究体系探讨的仅限于对产业政策绩效评价体系的研究。綦良群、舒春（2005）介绍了瑞典政策学家韦唐博士对产业政策的评估模式，即从政府干预的实质结果入手，按"组织者"的不同将评估模式分为三大类：效果模式、经济模式和职业化模式，并进一步分为几种子模式，但并没有提出具体的评价指标和方法。刘希松（2005）等以全面建设小康社会的战略目标为基点，建立了产业政策体系中各项产业政策实施效果的评价指标，并利用 AHP 法对我国当前产业政策的实施效果予以量化研究，但没有对具体的产业进行测算。韩萍（2005）选择了目标实现指标、其他影响指标、用户指标这三项作为我国软件产业政策评估的标准，运用综合评判法，对我国的软件产业政策的整体实施效果做了测算，虽然指标体系较为简单、测算方法不尽完善，但该研究是目前仅见的对软件产业政策进行定量评估的文献。郭妍、徐向艺（2007）[①] 在参考有关研究后，将产业政策运作的整个流程分为政策目标、政策制定、政策实施、政策评价四个阶段，并构建出产业政策运作框架。

（三）企业创新管理研究综述

学术界对于创新及其理论的研究由来已久，但专门针对企业创新管理的研究则是近些年来逐步兴起的。关于企业创新管理的大多数研究表明，企业实现有效的创新管理必须从更全面和系统的角度，为全员营造有利于创新的组织环境。诸多文献显示，当前与企业创新管理相关的研究大多呈现出管理多要素全面整合的特征，这些要素包括企业战略、企业文化、企业制度等多个方面。国内外关于企业创新管理研究的综述见表 1–1 和表 1–2。

---

① 郭妍、徐向艺：《我国软件产业政策的"马太效应"研究——基于济南市软件业的调查分析》，载《区域与行业产业政策》，经济管理出版社 2008 年版，第 108 页。

表 1—1   与企业创新管理相关的国外文献综述

研究者	企业创新管理的主要内容	管理要素概括
Scott 和 Bruce, 1994	提出创新行为的决定模型：领导力，即领导与员工交流、领导预期；工作团队：团队成员交流、个人态度；直觉型与系统型问题解决方式；创新的"心理氛围（Psychological climate）"，即员工对创新的支持以及资源投入	战略、文化、组织，提出了创新行为的"心理氛围"
Robinson 和 Stern, 1997	论述有效释放员工创造力的六大要素：凝聚力，与公司战略的协调；自己主动行为；非行政活动；预想不到的机遇；不同促进因素；公司内部交流	战略、文化、组织以及内在激励制度
West, 1997	分析了激发员工创造力的工作环境：温馨的、支持性、挑战性、资源投入、激励体系、相互交流等	战略、文化、组织、制度
Amabile, 1997	提出高创造力的组织环境：组织激励（文化和共享愿景）、领导激励、团队支持、充分的资源、挑战性的任务、自由的氛围	战略、文化、组织、制度
冈德林, 2000	研究美国 3M 公司创新机制：一个多种新因素互相促进的总体工作环境，包括实现商业化的技术创新路线、最具创新精神的企业战略定位（30% 的销售额来自 4 年来开发的新产品）、历史价值观、分权式组织架构以及激励创新的制度（如 15% 规则）	技术、战略、文化、组织、制度，指出创新是一种综合要素的复杂组合的产物
Tidd, Bessant 和 Pavitt, 1997	分析创新管理的流程、战略框架、技术开发路径、外部联结系统、实施的管理机制、内部风险投资机构、创新型学习型的组织	战略、技术、组织、文化、制度，突出创新管理的全面系统性
Tucker, 2002	提出创新管理的五项原则：创新必须成为企业信条（推进创意到实践的全面有效的方法）、创新必须全面实施（创新成为每个部门的职责和运作方式以及对创新的衡量）、创新是有组织、系统的	技术、战略、文化、组织、制度，提出了创新必须具有综合性
Stammn, 2003	提出企业"创新力"的形成，认为只有采取全面的方法，把战略和愿景、流程、领导风格、文化和创新目标结合在一起，才能更有效激励人们去创新并获得成功	战略、文化、组织、制度，分析实现创新战略与愿景的领导方式和工作流程
Kunstler, 2004	分析创新的"温室效应"：价值观/使命、创意/交流、认知/学习、社交/自发行动	战略、文化、制度

表 1-2　　　　　　　　　　**与企业创新管理相关的国内文献综述**

研究者	企业创新管理的主要内容	管理要素概括
许庆瑞、陈重，2001	提出我国企业经营的"人企合一"规律的创新：治理结构创新，即制度安排中控制激励约束与三权制衡、战略发展中的长远规划与文化基调；组织创新，即分权管理中的适度分权与责权利结合、有效整合中的整合机制与民主管理；个人资本向组织资本的转化；激励机制中的组合激励与分配规律等	战略、文化、组织、制度
王德宾，2002	提出"创新人"的人性假设及其管理创新：塑造"创新人"的管理目标从实现利润的最大化转向组织创新和持续创新；多样灵活的管理体制，即集成管理、柔性管理、模糊管理；物质与精神等多种手段相结合的激励方式；树立创新意识、培养创新能力的企业文化	战略、文化、制度，强调"创新人"的假设需要管理方式的转化
吕飞，2003	分析全员创新的创新型文化内外在要素：价值观，包括持续发展、对风险的态度、反应速度、自治程度；激励制度，包括模范人物评选、创新奖励、告诫不创新、创新学习和培训；行为模式，包括主动参与创新思想讨论、互相学习、互相帮助与合作	战略、文化、组织、制度，强调广义的创新型文化对全员创新实现的关键性
郑刚，2003	研究基于 TIM 视角的企业技术创新过程中的各要素全面协同机制：技术、战略、文化、市场、组织、制度等要素的全面协同及其测度模型的建立	技术、战略、文化、组织、制度、市场等要素，强调技术要素与非技术要素的全面协同
董静，2004	构建企业创新的内部制度体系：创新组织制度，包括内部创新机构设立、创新决策制度、创新项目的组织制度、创新团队；信息沟通制度与创新合作制度，包括信息沟通制度、创新合作制度；其他主要创新制度，包括创新评价与奖励制度、创新导向的人力资源制度、创新资源的分配制度	战略、组织、制度，强调广义的创新制度对企业员工创新的决定作用
芮明杰，2004	分析员工作为创新主体的管理创新行为框架：创新刺激、创新价值、创新动因、创新素质的整合激励创新行为，实现创新目标	战略、文化、制度
杨国安、欧瑞奇，2005	提出创新从推进创意提出到实施的企业"学习力"：产生和实施创意的文化创造、奖励设置、工作方式设计、信息系统建立以及领导培养、学习矩阵；建立相应组织界面、战略相关性、权变思维及其制度体系等	战略、文化、组织、制度

三、研究思路与内容

（一）研究思路

笔者认为，任何一个产业的发展都有其内在的机理及其发展路径，而任何一个产业的发展都与本国政府的产业政策和这个产业中的企业创新及其管理密切相关。任何一个产业如果要迅速地发展起来，政府的产业政策与企业创新及其管理都必须要遵循该产业的发展机理与路径。因此，本书的研究思路是：首先探讨分析生产性服务业发展的机理与路径；在此基础上，分析研究符合生产性服务业发展机理与路径的生产性服务业的产业政策；同时，分析研究遵循生产性服务业发展机理与路径的企业创新及其创新管理。本书正是按照这一总体思路进行研究与撰写的。

第二章：生产性服务业发展的机理与路径。主要从经济学的视角探讨生产性服务业的发展机理，同时，从理论与实践结合的角度探讨生产性服务业发展的路径。

第三章至第七章：生产性服务业产业政策。首先，清晰勾勒出我国生产性服务业产业政策的演进过程，包括阐述生产性服务业形成与发展的内在机制和介绍我国生产性服务业的发展，在此基础上总结我国生产性服务业产业政策的历史演进，分为五个阶段：新中国成立初期直至 20 世纪 80 年代初、1978—1992 年服务业开始受到重视、1992—2005 年逐步提出服务业产业政策、"十一五"期间生产性服务业产业政策具体化和"十二五"规划的新要求。其次，分析探讨中国生产性服务业产业政策存在的问题，研究产业政策的有效性路径、国内生产性服务业产业政策的现状和存在的问题。第三，对生产性服务业产业政策进行国际比较。通过研究美国硅谷高新技术产业集群服务体系、英国生物技术产业集群服务体系、意大利中小企业集群服务体系分析建立生产性服务业产业集群体系的重要性，并且结合美国、日本、韩国对信息服务业发展的政策支持，美国、日本、德国对物流服务业发展的政策支持以及美国、英国、日本对商务服务业发展的政策支持，进行生产性服务业分类制度体制保障分析。

第四，建立企业发展影响因素分析框架，并通过企业问卷调研对产业政策的进行微观实证研究，给出基于企业发展影响因素角度的生产性服务业的产业政策选择。这既是对已有的生产性服务业产业政策的微观评价，又是对生产性服务业产业政策的需求分析和供给分析的微观研究。

第八章至第十三章：生产性服务业企业创新管理。本部分通过对生产性服务业相关理论和企业创新管理等相关理论的文献梳理，以及对产业的实际发展状况进行调研，对影响我国生产性服务业企业创新的因素从内部和外部两个方面进行了总结和分析，构建了生产性服务业企业创新管理模型，从企业创新管理内容和创新管理过程维度对企业创新管理进行探讨；建立了由企业创新战略管理、创新支持管理和创新评价管理构成的生产性服务业企业创新管理内容框架，并对每部分内容进行了具体分析；分析了生产性服务业企业创新过程的特点，将完整的企业创新管理过程划分为创新激发阶段、创新实现阶段、创新扩散阶段和创新收敛四个阶段，分别对每个阶段中企业创新管理工作的重点进行了分析；建立了生产性服务业企业创新管理能力评价指标体系，并运用网络层次分析法构建判断矩阵，确定指标权重，进而以山东省四类企业（涉及金融服务、信息服务、物流服务和科技服务等领域）进行了实证评价和比较。

作为应用研究，本书在第十四章从产业政策与企业创新及其管理两个角度给出了我国生产性服务业发展的对策建议。

（二）研究内容

本书的主要内容为：

第一章，绪论。本章主要分为五部分，第一部分阐明本书选题背景与研究意义；第二部分是相关研究综述，分别对生产性服务业产业政策和企业创新管理进行了研究综述；第三部分是本书的总体思路、研究内容，本部分是第一章的核心，阐明了本书研究的总体思路；第四部分是研究技术路线与方法，确立了本书研究技术路线以及相关的研究方法。

第二章，生产性服务业发展的机理与路径。本章主要从经济学的视角探讨

19

生产性服务业的发展机理，同时，从理论与实践结合的角度探讨生产性服务业发展的路径。

第三章，我国生产性服务业产业政策的演进。本章对生产性服务业产业政策的历史演进进行了简述，包括产业政策从新中国成立初期到"十二五"时期的演进过程。

第四章，中国生产性服务业产业政策存在的问题。本章研究了产业政策的有效性路径、国内生产性服务业产业政策的现状和国内生产性服务业产业政策存在的问题。在此基础上，为后文的产业政策国际比较、实证分析和政策建议提供依据。

第五章，生产性服务业产业政策的国际比较。本章阐述了建立生产性服务业产业集群体系、生产性服务业的分类制度体制保障，发展国际城市生产性服务业的政策经验和财税优惠政策，在此基础上，对国际政策经验启示进行了评述。

第六章，产业政策的微观研究：分析思路、分析框架与数学模型。本章是我国生产性服务业产业政策的微观研究的理论部分，首先界定了微观研究角度是从市场经济的微观主体——企业出发的；其次，阐述了企业发展影响因素，给出了产业政策微观研究的思路和框架；第三，从企业发展的影响因素角度对产业政策进行了分类；第四，给出了研究的数学模型，即网络层次分析法（ANP）。

第七章，产业政策的微观研究之二：数据来源与实证分析。本章是微观研究的实证部分，首先，对48家企业（包括27家生产性服务业企业和21家制造业企业）进行问卷调查和ANP计算分析；第二，对ANP数据结果进行了实证分析。

第八章，分别概述了创新与企业创新管理的内涵、企业创新管理的形成与发展、我国企业创新管理的现状。

第九章，通过对国内外关于企业创新影响因素方面的研究成果进行综述，在实证调查的基础上，分别从内部和外部两个层面对生产性服务业企业创新的影响因素进行探讨，系统分析了我国生产性服务业企业发展的现状，并从企业创新管理的视角分析了目前我国生产性服务业企业创新面临的主要障碍。

第十章，根据国内外对于企业创新管理的研究成果，建立起生产性服务业企业创新管理二维模型，试图从企业创新管理能力内容维度和企业创新管理过程维度等两个维度来系统研究企业创新管理的实质。

第十一章，对生产性服务业企业创新管理内容进行研究，包括创新战略管理、创新支持管理和创新评价管理三部分内容。其中在界定了创新战略内涵和分类的基础上，分析了生产性服务业企业创新战略的选择和发展模式；从组织文化支持、组织制度支持和组织结构支持三个方面探讨了企业创新支持管理所包括的内容；确定了企业创新评价应遵循的原则，并从创新基础评价、创新经济效果评价和创新管理效果评价三个方面分析了企业创新评价应包含的内容。

第十二章，对生产性服务业企业创新管理的过程维度进行研究，将企业创新管理过程分为激发、实现、扩散和收敛四个阶段，并指出了不同阶段有不同的工作重点。

第十三章，在对企业创新管理能力进行概念界定的基础上，建立了生产性服务业企业创新管理能力评价指标体系，采用 ANP 方法构建了网络层次结构模型，进而运用 SD 软件进行了各级评价指标的相对重要性权重的计算，并对山东省四类生产性服务业企业（涉及金融服务、信息服务、物流服务和科技服务等领域）进行了企业创新管理能力评价的实证分析。

第十四章，综合上述研究分析，本章提出了五个方面的我国生产性服务业产业政策的对策建议，包括生产性服务业分类产业政策、借鉴国外法律法规、基础设施和人才培养政策、产业政策结合产业结构调整、产业政策结合体制改革以及财政税收优惠政策；同时，对生产性服务业企业提出了在掌握企业创新管理状况的基础上，从营造良好的创新环境、完善创新管理制度、提升创新过程管理水平等三个方面着手，不断提高企业的创新管理能力。

四、研究技术路线与方法

（一）技术路线

根据上述研究的总体思路与研究内容，本书遵循理论与实际相结合、定性与定量相结合、因地制宜、点线面结合的原则，既注重理论上的系统性和前瞻性，更注意实践上的针对性和可操作性。本书遵循"提出问题—分析问题—解决问题"的研究路线进行研究，其中以阐明选题的意义与目的及主要观点来提出问题，以理论分析与实证分析相结合的方式来分析问题，以提出相应对策建议与研究展望解决问题。结合上述的研究思路与框架，形成本书的技术路线，具体如图 1-1 所示。

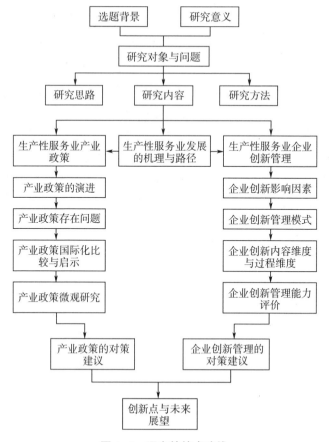

图 1-1　研究的技术路线

（二）研究方法

本书综合运用文献研究法、理论研究法、比较研究法、定性与定量相结合的分析法以及实证分析法等多种研究方法，对我国生产性服务业产业政策问题和企业创新及其管理进行研究。

1. 文献研究法

文献研究法主要指搜集、鉴别、整理文献，并通过对文献的研究，形成对事实科学认识的方法。本书主要通过研究国内外各种有关文献资料，通过理解和分析，来解读和判断文献中所包含的信息，并对已有文献进行综述，得出研究问题的思路，为本书的理论创新奠定基础。

2. 理论研究法

本书对产业政策有关理论作了系统的回顾和评述，从政策供给—理论基础—政策需求的宏观分析—政策需求的微观分析—对策建议五个层面上分析探讨了我国生产性服务业产业政策，形成了产业政策研究的理论模式体系；在产业政策的微观分析中，提出了企业发展影响因素的理论模型和假说，并通过企业问卷调查予以实证。同时，运用文献检索、搜集整理的方法，通过对相关理论，如企业能力理论、创新理论、企业创新管理理论等文献的搜集与总结，在充分分析已有研究成果的基础上，创建生产性服务业企业创新管理模型，从两个维度来探讨企业创新管理内容，研究企业创新管理的过程，从而建立起适应我国生产性服务业发展实际情况的企业创新管理框架。

3. 比较研究法

比较研究法是把客观事物加以比较，以达到认识事物的本质和规律并做出正确的评价的目的。比较分析法通常是把两个相互联系的指标数据进行比较，从数量上展示和说明研究对象规模的大小，水平的高低，速度的快慢，以及各种关系是否协调。

4. 实证分析法

本书通过生产性服务业企业和制造业企业的问卷调查、ANP 统计方法对提出的理论假说进行实证分析，证实和证伪了理论假说，做到理论和实践相结合。

生产性服务业发展的机理与路径选择研究

本书虽然定位为生产性服务业发展对策研究，但是将其置于我国经济发展的大框架之下进行研究的，而不是就其进行研究。因此，探讨研究生产性服务业发展的机理与路径其实就是研究生产性服务业业与制造业互动、融合发展的机理与路径。

一、生产性服务业的形成与发展

生产性服务业的产生和发展，是按照效率原则，在成本优势的基础上专业化分工深化的结果。从亚当·斯密到杨格，再到新制度经济学派，都从劳动分工的角度，阐述了生产性服务业形成的一个基本原理，即分工决定自我服务向外购服务转换。生产性服务业从企业"内部供给"转向"外部供给"，是其形成并实现规模化发展的基本途径。

根据斯密对分工的看法，"劳动生产力上最大的增进，以及运用劳动时所表现的更大的熟练、技巧和判断力，似乎都是分工的结果"[①]。也就是说，分工带来效率的提高，从而增进劳动生产力。斯密对于分工受市场范围的限制的说明告诉我们，只有当某一产品或服务的需求随着市场范围的扩大而增加到一定程度时，专业化的生产者才能实际出现并存在。杨格通过分析"迂回生产"在要素报酬递增中的重要作用，对斯密的这一分析作了充分的验证。[②] 在杨格

[①] 亚当·斯密：《国民财富的性质和原因的研究》，商务印书馆 1972 年版，第 5 页。

[②] Allyn A. Young, Increasing Returns and Economic Progress. The Economic Journal, volume 38 (1928), pp. 527–542.

看来，现代形式的劳动分工总是表现为迂回生产，即在原材料和最终产品间插入越来越多的中间环节。当我们需要生产某种最终产品时，如果选择先生产某种中间产品，然后通过使用中间产品再去生产最终产品时，效率会得到提高。中间产品的种类数越多，每种产品的迂回生产的经济效果越显著，生产最终产品的效率就会越高。也就是说，规模报酬不仅产生于企业内部，而且更产生于社会内部，产生于企业与企业间的分工与专业化及其协作上，即产生于专业化程度不断加深、分工链条不断加长、不同专业化分工之间相互协调所带来的最终产品生产效率的提高，这也就是现代经济学中所谓的网络效应。

斯密、杨格的理论分析告诉我们，生产力发展和社会分工是要经历一个过程的。在社会分工落后的情况下，各类企业自成体系，形成一个"大而全""小而全"的局面，企业的生产和流通过程全部都内置于企业中，所有流通过程包括从原材料采购到市场的开拓、产品的销售以及售后服务等全都由企业自己完成。这样的企业组织模式，在商品经济发展初期是符合经济发展规律的，然而，随着竞争的加剧和市场范围的不断扩大，企业自我提供服务的组织模式开始显现出消极的一面，不仅分散企业所拥有的稀缺资源，加大企业管理的难度，而且降低企业的生产效率。随着生产力逐步发展和社会分工的逐步深化，技术进步使生产过程、流通过程的专业化程度逐步提高，专业化程度的提高使生产经营的许多环节能够独立存在，并由专业化的服务机构来承担。因此，生产性服务业的出现与企业分工的深化、专业化程度的提高密切相关。随着企业分工程度的加深，企业将一些原先由企业内部职能部门承担的工作分离出去，由独立的市场化企业来经营，例如市场调研、技术开发、市场营销、会计、售后服务等，这一行为一般也被称为企业业务外包。总之，随着经济的发展，企业为了追求生产效率的进一步提高而采用分工与专业化的生产方式，把自己的资源主要配置在生产经营的最有竞争力的环节，把其余的一些环节剥离出去，从而形成专门的生产性服务业。也就是说，对于企业来说，企业中的生产性服务职能从来就是存在的，然而在经济发展的不同历史阶段，服务职能的复杂性、重要性、多样性却会有完全不同的表现形式。

新制度经济学则从另一个角度得出了类似的结论。新制度经济学从企业的内部管理费用与市场交易成本比较出发，依据交易成本理论分析了生产性服务业的外部化问题。他们（Stanback，1979；Daniels，1985；Howells，Green，1986；Perry，1990）认为，一个企业选择生产性服务业外包是出于节约成本的考虑，即企业将根据企业需要的生产性服务由企业内部职能部门来生产与从市场上购买这两种费用的比较，来决定是否将生产性服务外包。如果这种经济活动的企业内部管理费用大于市场交易成本，则这种经济活动将外部化，企业需要时选择从市场购买而不是自己生产。反之，如果这种经济活动的企业内部管理费用小于市场交易成本，则这种经济活动将内部化，企业需要时选择自己生产而不从市场购买。因此，生产性服务活动实行外购、外包、垂直和水平一体化的分离，即生产性服务业的产生，是专业化分工的广度与深度的直接体现，是科技进步、市场经济逐步深化和国际经济一体化发展促进社会分工日益深化的必然结果。一般而言，选择依靠市场购买的专业化分工方式可以提高生产效率。战后发达国家通过不断完善市场规则，降低交易成本，从而使专业化分工得到发展，生产性服务业也随之得到发展。

无论是斯密、杨格基于分工的理论分析，还是制度经济学基于交易成本的理论阐释，都说明生产性服务业的形成和发展是一个自然的历史过程。国内外的研究者对此也基本持相同的看法。

Mckee（1988）分析指出，伴随着国际分工的不断深化，发达国家传统工业向发展中国家转移，发达国家配合这一过程实施诸如融资、技术支持、信息处理、营销、运输仓储等，生产服务业因此而获得发展。[1]Sayer 和 Walker（1992）认为，服务业的增长主要就是由分工的不断深化而引起的中间需求的扩大所带动的，现代的生产过程就是一种扩展的劳动过程，实际生产过程由直接的车间劳动延伸到 R & D、设计、市场调研、产品检测和售后服务等扩展过程。刘戒骄（2002）认为，生产性服务业的发展主要来自于两个因素：一是工业生产中

---

[1]　David L. Mckee, Growth, Development and the Service Economy in the Third World, NewYork and London: Praeger Publishers.

间投入的重要部分，二是企业内部职能的外部化。[①] 林民书、杨治国（2005）认为，生产性服务业的出现和发展，主要就是生产力的不断发展和社会分工的日益深化的结果，生产经营的专业化使生产经营过程中为生产服务的许多环节和部门能够独立出来。[②] 程大中、陈宪（2006）认为，在生产性服务业的发展过程中，有一个规律性的趋势，那就是由内部化向外部化演进，或者说由非市场化向市场化演进这样一个趋势。服务业这种内部化向外部化的演进趋势，是专业分工逐步细化、市场经济逐步深化的必然结果[③]。

　　生产性服务业在人类历史上的实践，为我们的理论分析提供了现实的依据。人类的产业时代是从农业开始的。随着社会分工与农业的发展产生了为农业服务的交通运输业、邮政业、商业等。以机器大工业为主导的工业时代始于18世纪下半叶。机器大工业所需要的大规模资金投入导致融资需求的产生，从而催生了金融业；大规模的生产，需要大规模的流通，商贸业在此期间得到超常发展；高投资所引发的高风险使保险业破土而出；激烈的市场竞争，复杂的市场交易使广告业、租赁业、咨询业、律师业成为热门。20世纪后半期许多服务部门的产生，表现为一种企业内部管理职能的外包，如市场调研和经营规划原是企业的内部职能，现在却可以委托专门的调研咨询公司来做；企业的财务管理和资产运作现在也可以委托专门的理财机构负责；企业内部物资的储存、调拨、配送可由第三方物流公司来完成；企业的人才招聘、培训也可由专业的猎头公司和培训机构来执行；甚至一些企业的日常办公事务，如薪金的发放、会议的组织、材料的整理、文件的传递、办公室的打扫等现在也有专门的秘书公司予以代劳。20世纪90年代，世界经济发生着根本性的转变，传统的基于工业化的经济格局让位于知识经济。工业化社会以物质资本为经济发展的驱动力量，而知识经济则依靠知识资本来促进经济发展。

　　① 刘戒骄：《服务业的开放及其对工业的影响》，载《管理世界》2002年第6期。
　　② 林民书、杨治国：《调整第三产业结构推动生产性服务业发展》，载《经济学动态》2005年第5期。
　　③ 程大中、陈宪：《构筑生产者服务的比较优势：中国生产者服务的发展与开放》，载《上海经济研究》2001年第12期。

在知识经济这一宏观背景下，许多企业都关注于核心能力与核心业务的发展，把大量的商务活动外包到专业服务公司来经营，从而使得生产性服务在全世界范围内迅速壮大起来。总之，生产性服务业的形成是经济发展、社会分工进一步细化的必然趋势。认识到这一点，将有助于我们分析我国经济发展过程中生产性服务业产业政策的演进。

二、生产性服务业发展的机理

江静、刘志彪（2009）提出生产性服务业与制造业互动发展的三个机理。结合他们的研究成果，本书认为，在全球价值链的分析框架下，制造业的产业链攀升主要是表现在对于提高生产效率和增加制造业以及生产性服务业附加值的依赖。可以从以下三个机理来说明生产性服务业发展对于制造业向产业链高端攀升所起到的促进作用。

（一）机理一：服务与制造环节分离，有助于降低成本，形成企业核心竞争力

随着经济的全球化，企业竞争变得更加激烈，这就要求企业必须按照并遵循比较利益的原则进行企业战略部署及战略配置。而"外包"就是在此环境下产生并发展的。由于"外包"对企业的发展有促进作用，2006年，托马斯提出"外包"是经济全球化背景下，世界和平发展的主旋律和主要推动力。将"外包"与企业产业战略配置结合，主要表现为以下两方面：

1. 制造型企业一般只对核心技术、产品的开发及营销等直接管理，而将其他一些业务以承包的形式转交给服务型的企业进行管理。这样不仅能够使服务环节与制造环节分开管理，使双向管理更加有效，而且能够将这些其他业务管理的固定成本活化，降低固定成本的同时能够使企业的可变成本增加，更有助于提升效率，促进企业的发展。如果提高生产过程的复杂程度，那么这也会促进新技术的发展。

2. 部分企业针对产业链中某些具有高利润的制造或服务业务，对其进行专门组织控制，而将其余的、利润较低的某些业务转移给其他企业。在利润的驱

使下，这些企业慢慢地转变为专业化的制造商，并且是追逐利润为主的企业。如美国的 GE 公司，从最初的综合制造生产商逐渐转变为专门从事服务性业务的服务型企业。但是，就目前的形式来看，从事高新技术的企业，由于其高新技术的巨大开发利用价值，因此，对于这些高新技术十分看重，为了加强企业发展，对高新技术进行开发研究的同时，也想得到更高的利润。因此，这些企业也逐渐将高新技术以外的业务实行"外包"，使企业能更专注于高新技术的开发，集中精力将其做深做精。1996 年，Abraham 和 Taylor 认为，在经济发展背景下，外购的好处逐渐显现出来，越来越多的企业不愿自我供给生产性服务，更倾向于通过"外包"的形式，然后再通过市场进行引进，实现在减少成本的基础上，促进服务业的发展，进而达到提升公司效益的目的。

（二）机理二：专业分工形成规模经济，使制造业和服务业形成互动

专业化分工不断加剧，服务业的规模也会随之不断地扩大，慢慢地从制造业里分离出来并成为独立的部门。制造业在快速发展的同时其对服务的需求也会不断增加，进而形成了一个巨大的服务市场。随着市场容量不断扩大，服务业的专业化分工就会得到进一步的加剧并脱离制造业，形成一个单独的产业，最终使得服务部门快速地扩张。专业化分工对规模经济的形成有利，从而使服务业自身效率得到提高的同时还促进了经济增长。至 21 世纪初，美、日、英等主要发达国家，GDP 中服务业增加值所占比重，以及各国全部就业中服务业就业所占比重，大多数已超过了 70%。还有，发展中国家也越来越重视服务业，使服务业得到了发展，比如原英属殖民地印度，其服务业的代表产业软件业，在不断适应全球化的过程中得到了迅速的发展。

从制造环节中不断分离出的服务环节，使得本来作为中间要素被投入的服务业不断迅速发展。站在整个经济运行的高度来看，如果社会的专业化分工越来越细并超过了某一程度，就可能形成规模经济。对于服务业来说，初期需要大量的投资，但是一旦得到投资后，它的边际成本会相对较少，规模经济在这些领域发挥着非常大的作用。江静、刘志彪等人（2007）认为标准化、可编码的服务活

动成本会随着规模的不断扩大而降低，从自身使得制造业的中间所需投入成本有所降低，这在一定程度上也使得制造业效率得到提升。制造环节价值得以实现的关键在于服务环节，而服务业主导的经济增长过程就是现代经济增长的本质所在。以动态的角度来对价值链进行分析，我们可以发现越来越多的价值链上，增值空间已经开始朝着制造业两端即服务环节运动，而中间环节即生产环节的增值空间呈日益萎缩的趋势，并已经开始慢慢受到处在高端的服务业环节的限制。

技术资本、人力资本和知识资本内含在生产性服务业中。作为制造业的中间投入，可以使制造业的国际竞争力和附加值大幅度提高。最初需要大量投资才可获取知识，并且边际成本在投资以后相对较少，所以规模经济在这些领域作用很大。这样，较强的市场势力能被产品差别化的公司拥有，从而使服务业市场格局处于垄断竞争态势。这种由生产性服务业表现出的市场结构，无论在价值增值的幅度和控制市场的能力方面，还是在技术水平和产出的能力方面，都与传统制造业有不同的增长模式。当代制造业处于寡头市场格局与其相互融合。此外，Hansen（1990）也指出，生产性服务业和制造业在知识技术主导型的柔性生产体系中相互融合，在提高人均收入以及劳动生产率、扩展劳动分工方面，无论是独立的企业，还是作为制造业某个内部的部门，都起着关键作用。在制造业的生产环节中，高质量的技术服务以制造业的高级要素身份被嵌入，为使制造业的生产成本降低而提升技能，从而使制造业产业升级。

（三）机理三：高端生产性服务业对制造业的引领、带动作用

从对制造业的作用上看，生产性服务业分为两个类别：提供基础和支撑作用给制造业企业的生产性服务业；对制造业企业具有带动、引领作用的服务业，如品牌推广等高端生产性服务行业。高端生产性服务业是现代服务业的核心，具有高科技含量、高人力资本投入、高附加值、高产业带动力、高开放度、低资源消耗、低环境污染等特征。高端生产性服务业对制造业的引领、带动作用，虽然量小，但带动、促进作用强。

研究开发、设计、加工制造、组装、销售、物流等各项活动都在产品的附

加价值链中。我们知道，其附加价值曲线形成了"微笑曲线"，即两头高中间低，如图2-1所示。左边基本上属于高科技产业，是上游的研发、设计、材料等；右边基本上属于高附加值的服务业，是下游的金融、品牌、销售、物流等。这两边的服务业都具有高附加值和高利润。中间底部则附加值较低，是属于组装加工、制造业务等劳动密集型服务业。很明显，制造企业要创造持久的竞争优势，获取较高的利润，只有选择向生产性服务业发展，即向附加值较高的两端发展。同时，微笑曲线更清晰地表明，上游——高端生产性服务业随着经济的发展越来越表现出它对制造业企业的价值和作用，甚至是对经济发展和产业结构升级优化的引领的价值和作用。

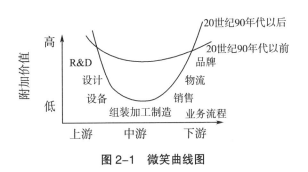

图 2-1　微笑曲线图

综上所述，我们可以用如下逻辑链条来刻画生产性服务业对制造业产生外溢效应的机制：生产性服务业发展→刺激制造业企业动态匹配自身资源、能力与价值链的动机→制造业企业服务外包→制造业企业资源和能力被集中在优势环节、获利能力提升。在上述机制下，生产性服务业在满足制造业企业服务外包需求的过程中，在规模经济和学习效应作用下，自身的业务水平也不断提高，同时分工也更加细化，提供服务所发生的成本也在不断降低，进而又推动制造业企业将更多的服务环节进行外部化。

三、生产性服务业发展的路径

（一）路径一：依托制造业，拓展生产性服务业

基于生产制造业的服务力度，通过各个产业之间的融合情况，结合业务增

长点，来提升企业在市场中的整体竞争力。如今，在很多跨国企业当中，服务行业在利润和营业收入当中占有的地位越来越高。譬如说：从 2003 年开始，在通用电气公司的总收入当中，服务业收入总额占有的比例为 60%。制造业历经长久的发展，相互融合的业务以及服务性质的多样化赋予企业巨大的灵活性及战略思想，令企业在短时间内迅速成长。因此，山东部分企业在整个发展历程中，充分利用自身的财务实力、人力资源、全球化、内容开发以及品牌和技术等关键能力，将高效的服务思想贯穿整个企业的发展运行过程中，积极发展信息技术以及商务金融等生产性服务业，纵向整合整个产业链，从而形成一个新的运行阶段，增长利润百分点。

（二）路径二：由销售产品发展为提供服务及成套解决方案

在当今社会，服务的附加价值变大，产品使用的便利性及产品的个性化是消费者更加注重的。国际上的一些传统大型的制造企业积极发展与产品相关的各类服务业务，从产品销售最终发展成为成套解决方案和服务的提供商。此领域的典型代表是国际商业机器公司（IBM）。在硬件业务上，IBM 公司在 20 世纪 90 年代中期陷入了困境。全球服务部在此背景下由 IBM 成立，从硬件向服务和软件的战略转型在前总裁郭士纳的带领下启动。事实证明，IBM 实现了成功转型，超过了 50% 的公司总营业收入是其服务业务。IBM 公司集产品支持、咨询提供、外包提供和服务提供于一身，成功开创了科技企业发展的新模式，成为世界上最具影响力的信息技术服务企业。在电子信息制造业上，山东已具有一定的制造优势，未来拓展产业链时可以大胆尝试 IBM 的转型模式。

（三）路径三：由制造企业转型为服务提供商

制造环节在全球价值链中的利润空间受到全球竞争环节发展变化和人力成本上升的消极影响，不断变小。因此，国际上的很多著名大型制造业商也试图将自身彻底转型做服务提供商，努力从企业重心中剥离出制造业，重组企业产业链，将重点转向生产性服务业，如现代物流、市场营销、流程控制、品牌维护、客户管理、产品研发等。此方面典型的代表是美国的耐克公司（Nike）。耐克公司通过研发、品牌和销售可以从一双耐克鞋上取得几十甚至上百美元利润，大大高于生产者收益，生产者一般只能在一双鞋上取得几美分收益。耐克公司取得胜利的主要原因在于它在产品生产上，将所有生产制造外包给全球各地的生产厂家。这种虚拟化生产策略使得它不需要自己从事生产制造，从而可以在品牌维护、市场营销和产品设计上集中精力，使所有的财、物、人都获得集中发展。耐克公司采用的这种先进的生产组织方式——制造业务外包，使得它获得了超额利润，实现了它的快速发展。

随着营商成本的逐渐增加，由于中西部地区具有成本优势，因此具有技术优势的山东制造业企业可以考虑企业中的生产制造环节向中西部地区转移，将企业未来的发展重点放在研发阶段，由生产企业转为服务提供商。

（四）路径四：加速产业融合，创新产业组合模式

当前社会经济体制发展迅速，信息通信技术等科学技术也处于领先地位，新技术融入部分服务行业当中，从而使产生的新型服务业成为各个国家的经济增长点，主要为：（1）生产性服务业和新技术彼此相融，促进网上银行、远程教育、现代物流以及电子商务等业态的快速发展。（2）随着专业化分工的不断分化以及产业链的重组，以管理与科技为依托的生产性服务业脱离了原先的载体，独立运行，实现了快速发展，例如管理咨询、工程咨询、市场调查以及研发服务和工业设计等。（3）信息技术的迅速发展，推动产生了譬如动漫、通信增值服务、互联网信息服务以及软件外包等新型服务业态，市场实践证明这些服务业态发展潜力十分巨大。

综合上述，参考世界各地比较典型的制造业企业是实现本企业服务高端化的实例，探讨企业的价值链在服务方面上实现高端化的过程中实现延伸的方法，进而研究服务业实现高端化的方法，如表2-1所示。

表 2-1　　　　　　　　生产性服务业发展路径特点与路径演进关系

可能的路径	适合对象	主要特征	所属制造业服务化阶段	对企业的要求
完全去制造化	通常需要拥有路径三服务化的基础	①同时增加产业链上下游环节的介入力度 ②彻底退出低附加值的制造领域	最高级	最高
上下游产业链服务化	竞争力较强的大型制造业企业	①收入服务化和产出服务化齐头并进 ②同时增加产业链上下游环节的介入力度	高级	高
上游产业链服务化	还没有服务化经验希望积累技术力量逐渐实现服务化的企业	①能够形成为第三方提供研发设计服务能力同时为实现更高级服务化提供技术支撑 ②增加产业链上游环节的介入力度	初级	较低
下游产业链服务化	还没有服务化经验希望逐渐实现服务化的企业	①产品服务系统的产品导向 ②增加产业链下游环节的介入力度	初级	最低

第三章

我国生产性服务业产业政策的演进

一国特定时期的、特定产业的产业政策特征，根本上是由一国在该时期该产业发展的初始条件、该产业自身的技术特征及其发展目标共同决定的。起始条件、产业特征与发展目标共同决定了政策制定主体对产业发展条件和演变趋势的理解，决定了该产业的产业政策制定，从而最终决定了该产业政策的选择。因此，探讨研究我国的生产性服务业产业政策就必须分析目前我国的生产性服务业发展过程的历史演进，特别是与制造业、经济发展、产业结构的相互关系及发展阶段。这是我们探讨分析我国生产性服务业产业政策的国情基础，更是生产性服务业产业政策供给的需求分析研究。在此基础上，才能更科学准确地把握并提出生产性服务业产业政策的供给。

因此，本章首先考察我国生产性服务业的发展过程，在此基础上梳理我国生产性服务业产业政策的演进，为后文具体分析我国生产性服务业产业政策存在的问题奠定基础。

一、我国生产性服务业发展的演进过程

20 世纪 50 年代开始，世界范围内各国，尤其是发达资本主义国家的经济结构发生了很多大的变化，特别是发达国家的产业发展出现许多新的迹象，主要表现为服务业增加值比重不断上升。发达国家的服务业增加值比重从 20 世纪 60 年代的 45% 到 55% 之间一直增加到 90 年代末的 65% 到 75% 之间，然后基本保持在这一水平。发达国家产业结构中服务业比重上升的主要原因是生

产性服务业的比重迅速上升，反映了发达国家生产技术和生产组织形式发生了重大的变化。

然而，此时，我国正处于一个特殊的历史时期。新中国成立初期，因经战争洗礼，工业基础极其薄弱，根本谈不上完整的工业体系，因此，逐步建立并完善工业体系是新中国建立后面临的首要任务。在斯密、杨格等人基于分工的角度分析了经济发展的内在机制后，配第一克拉克定理以及钱纳里的经济发展阶段论进一步向我们阐述了服务业即第三产业在整个工业化发展阶段上的历史演进。和世界上先发国家的工业化进程一样，我国生产性服务业正是伴随着我国在经济发展过程中产业结构的逐步推进而发展起来的。

改革开放前，我国企业所需的生产性服务业的功能基本是由企业内部职能部门来承担的。这一方面是由工业化发展的初级阶段所决定的，另一方面也是由我国特殊的经济体制所决定的。

1956年我国在完成了社会主义改造之后，以苏联模式为指导逐步建立了国有企业，实行计划经济体制。改革之前，我国企业完全是公有制企业，其主要特点就是以社会大工厂为基本生产单位，由政府直接经营。在这样一个国家大公司中，所谓国有企业实际上只是一个进行成本核算的基层生产单位，而并不能算作是真正意义上的企业。国有企业作为党政机关的附属物，基本任务是贯彻执行上级的一切指示和指令。在经济方面，国有企业的首要任务是完成政府下达的计划，而不是发挥活力，进行创新活动。企业生产什么、生产多少，用什么办法生产，原材料从哪里进，产品销给谁，都由政府机关通过计划指令决定。企业管理层的任务就是执行。另外，由于产品市场、要素市场都不存在，国有企业不必考虑市场供求，也不必面临市场竞争。

20世纪80年代，我国开始了由计划经济体制向社会主义市场经济体制的转轨。伴随着市场化改革的深化，我国经济结构发生了巨大的变化，产业结构日趋合理。从长期的变动趋势来看，三大产业之间的比例关系有了明显的改善，其结构一直向着合理化的方向发展着。中国统计局官方数据显示，第一产业在GDP中的比重呈现下降的态势，同时内部结构逐步得到改善；第二产业的比重经历了不断波动的过程，但长期稳定保持在 40%—50% 之间，工业内部结构得到升级，制造业增加值占全部商品增加值的比例由 1978 年的 30.5% 上升到 2009 年的 53%；第三产业在国民经济中的比重处于不断上升的过程，产值比重由 1979 年的 21.9% 上升至 2014 年的 48.11%。

二、我国生产性服务业产业政策的历史演进

（一）新中国成立初期直至 20 世纪 80 年代初

新中国成立初期一直到改革开放前，我国服务业尤其是生产性服务业没有得到任何实质性的发展。这并不是产业政策缺失的结果，而是由经济发展规律和特殊的环境以及当时所面临的任务决定的。第一，如前所述，新中国成立初期，逐步建立并完善工业体系是新中国建立后面临的首要任务。新中国工业化的初级阶段和计划经济体制都决定了企业所需的生产性服务功能基本由企业内部职能部门来承担。第二，经济理论认识的偏差。由于受苏联的影响以及对马克思主义经济理论的片面理解，我们在很长一段时间把服务部门看成不创造社会财富的非生产部门，从而把其在整个国民经济中的比重增大看作是资本主义生产方式的一种表现，因而没有正确认识到服务业发展是工业化发展的自然规律，是世界发展的必然趋势。这导致了我们在实践中对"非生产部门"的歧视，使第三产业资源投入受阻，发展被遏制。第三，发展战略的导向。在当时工农业已有较大发展的时候，没有及时把第三产业的发展列入国家经济发展战略。"四个现代化"只把工农业现代化列入议事日程，忽略了第三产业现代化。这些因素都影响了服务业尤其是生产性服务业在这一时期的常规发展。

（二）1978—1992 年：重视服务业发展的产业政策

改革开放前夕，虽然我国一直不断进行经济结构的调整，然而农、轻、重之间的比例仍然严重失衡，第三产业长期发展缓慢，比重偏低。1978 年国家公布了《中共中央关于加快工业发展若干问题的决定》，其中重要内容就是针对农、轻、重比例协调问题，然而这一政策也明确指出，要把发展燃料、动力、

原材料工业和交通运输放在突出地位。1981年的政府工作报告提出了提高能源利用效率，加强能源工业和交通运输业的建设的建议。同年，中国报刊开始宣传发展第三产业。1982年国务院发出《关于征集能源交通重点建设基金的通知》，决定在"六五"后三年增加200亿元能源交通等重点建设资金；另外，国家在预算外采取多种形式筹集专项建设资金，包括能源交通重点建设基金、铁路建设基金、民航建设基金、车辆购置附加费、港口建设费、电力建设基金等，多渠道开辟发展能源交通产业的资金来源。"六五"期间，在国家致力于调整国民经济结构的一系列政策指导下，基础产业得到了较快发展。

"七五"计划在继续强调加快能源、原材料工业的发展，使不同加工工业的比例关系趋于协调的基础上，进一步指出，要把交通运输业和邮电通信业的发展放在优先位置，使之逐步改变严重落后的面貌。在"七五"计划确定把交通运输和邮电通信业发展放在优先位置后，国家财政确定了"减税让利"的措施予以特殊照顾。1985年4月5日以国务院办公厅转发国家统计局《关于建立第三产业统计的报告》为标志，国家肯定了第三产业在国民经济中的地位，明确了大力发展第三产业的方针。尽管缺乏第三产业的总体发展目标，但散见在有关改革措施当中的内容起着类似产业政策的作用。1985年起，国家统计局开始使用GNP为统计指标，并发布了第三产业统计数据，正式使用"第三产业"一词，对学术界在服务业理论研究方面有很大推动。高新技术产业是生产性服务业的一个主要组成部分。20世纪80年代中后期，国家明确提出了有重点地开发知识密集和技术密集产品，努力开拓新的生产领域，有计划地促进新兴产业的形成和发展，运用新技术改造传统产业。为促进高新技术产业的发展，国家一方面对高新技术产业建设和科研保持足够的投入，另一方面对这些产业转向民用、转向市场给以优惠政策，促使其逐步形成自我发展的良性循环机制。1986年，国务院把集成电路、电子计算机、软件、程控交换机列为优先发展的高科技产品。整个"七五"期间，国家对这四个行业实行了一系列优惠政策，包括免征产品税，减半征收所得税，免征关键设备和仪器的进口关税，按销售收入提取10%的研究开发费用。另外，国家还每年拨付 1 亿元电子发展基金。国家还通过"863"计划为高新技术的发展注入大量资金。通过设立高新技术产业开发区，对开发区内的高新技术企业给予减免所得税等优惠政策。

我们注意到，这时我国对服务业的产业政策还是包含在针对整个国民经济结构调整的相关政策中，还没有将服务业视为专门的产业来促进其发展的政策，甚至在"七五"计划之前还没有"产业政策"的提法。直到"七五"计划，"产业政策"一词才正式在政府文件中提出。

（三）1992—2005 年：逐步提出生产性服务业产业政策

由于"七五"期间并没有根本改变我国长期形成的不合理的产业结构，"八五"计划纲要强调要对产业结构问题更加关注，在积极调整产业结构的同时，提出重点加强农业、基础工业和基础设施，把电子工业放在突出位置，积极发展建筑业和第三产业。"八五"计划纲要还要求在基本建设的投资分配中，按照产业结构调整的要求，优先安排农业、水利、能源、交通、通信和重要材料的建设。随着社会主义市场经济体制的确立，服务业产业政策被逐步提出。

1992 年，党的十四大报告确立了中国实行市场经济体制改革的道路。社会主义市场经济体制的确立，为我国服务业领域的市场化改革及发展奠定了重要的基础。十四大报告还明确提出，把建筑业同机械电子、石油化工、汽车制造业作为我国经济发展的支柱产业，加快发展第三产业。十四大报告对我国后来制定各项产业政策和指导整个 90 年代的经济建设和产业结构调整产生了重大影响。

1992 年 6 月 16 日，中共中央、国务院发布的《关于加快发展第三产业的决定》（以下简称《决定》），成为中国第三产业发展史上的里程碑。《决定》明确提出了第三产业结构调整的目标：第三产业增加值和就业比重在 20 世纪末达到或接近发展中国家的平均水平，支持传统第三产业和新兴第三产业共同发展。《决定》还提出了加快发展第三产业的 13 条政策和措施。《决定》指出，第三产业重点包括：（1）商业、物资、外贸、金融、保险、房地产旅游、居民服务业等；（2）咨询、信息和技术服务业等；（3）为农业生产服务的行业；（4）交通、邮电、科研、教育和公用事业等。

1994年，国家颁布了《90年代国家产业政策纲要》，阐明了20世纪90年代我国经济的重大任务是优化产业结构，强调加快农业、基础设施和基础产业的建设，确定机械、电子、石油化工、汽车制造业和建筑业等为国民经济的支柱产业，支持高新技术和新兴产业的发展，鼓励发展第三产业等。

1996年，"九五"计划提出要积极发展高技术及其产业，重点开发电子信息、生物、新材料、新能源、航空航天、海洋等方面的高技术，积极应用高新技术改造传统产业。在"九五"计划指导下，国家还相继制定了《科技兴贸行动计划》《科技兴贸"十五"专项计划》等一系列促进高新技术产品出口的政策措施。

1997年，国家颁布了《当前国家重点鼓励的产业、产品和技术目录》。在制定了国家重点鼓励的产业、产品和技术目录后，还制定了鼓励软件和集成电路产业发展的政策，以促进高新技术产业发展并用高新技术改造传统工业。

2001年12月3日出台的《"十五"期间加快发展服务业若干政策措施的意见》，是继1992年《决定》后，中国政府第二次发布加快服务业发展的政策文件。这一时期在第三产业的指导政策上，出现了几个明显的变化：一是名称上以"服务业"替代了"第三产业"；入世后，为与国际接轨，除在国民经济统计中仍沿用"第三产业"的提法外，其余官方文件中都改为"服务业"。二是"十五"计划建议中，提出"要发展现代服务业，改组和改造传统服务业"；2002年11月，党的十六大报告中明确提出，"加快发展现代服务业，提高第三产业在国民经济中的比重"，从而使现代服务业成为我国产业发展政策中的一个正式提法；服务业行业结构优化被提到重要位置。三是以具体、明确的定量指标确定了服务业的发展方向和服务业对就业的拉动效应，即提出"十五"期间服务业发展的目标是：服务业增加值年均增长速度适当快于国民经济的增长速度，争取达到7.55%左右，占国内生产总值的比重由2000年的33.2%提高到 2005 年的 36%；服务业从业人员年均增长 4% 以上，占全社会从业人员的比重由 2000 年的 27.5% 提高到 2005 年的 33%。四是提出放宽服务业市场准入，积极鼓励非国有经济在更广泛的领域参与服务业发展，与国有经济实行同等待遇；加快铁路、民航、通信、公路事业等行业管理体制的改革，放宽外贸、教育、文化、中介服务等行业市场准入的资质条件。五是根据我国经济发展需要及加入世贸组织的承诺，有步骤地进一步开放银行、保险、证券、电信、医疗、国际货运代理等领域；鼓励有条件的企业实行"走出去"战略，发展服务业的跨国公司。

2005 年 12 月 2 日，国务院制定的《促进产业结构调整暂行规定》，明确产业结构调整的目标是：推进产业结构优化升级，促进一、二、三次产业健康协调发展，逐步形成农业为基础、高新技术产业为先导、基础产业和制造业为支撑、服务业全面发展的产业格局，坚持节约发展、清洁发展、安全发展，实现可持续发展。该规定的第八条中首次提出：提高服务业比重，优化服务业结构，促进服务业全面快速发展。大力发展金融、保险、物流、信息和法律服务、会计、知识产权、技术、设计、咨询服务等现代服务业。

（四）"十一五"期间生产性服务业产业政策具体化

2006—2010 年"十一五"期间，我国首次提出生产性服务业的概念。2006 年 3 月 16 日，国家"十一五"规划纲要第四章"加快发展服务业"中明确指出：坚持市场化、产业化、社会化方向，拓宽领域、扩大规模、优化结构、增强功能、规范市场，提高服务业的比重和水平；第十六章"拓展生产性服务业"首次提出生产性服务业，指出，大力发展主要面向生产者的服务业，细化深化专业化分工，降低社会交易成本，提高资源配置效率；"十一五"规划还用较大的篇幅具体安排了交通运输业、现代物流业、金融服务业、信息服务业、商务服务业等行业的发展方向和重点。这意味着发展生产性服务业已成为"十一五"期间加快发展服务业的最主要的内容。

针对我国服务业所占比重偏低、贡献率不高的现状，2007 年 3 月，国务院下发了《关于加快发展服务业的若干意见》。《意见》突出了以下方面：第一，提出加强规划和产业政策引导是加快发展服务业的重中之重，要求各地区要根据国家服务业发展主要目标，制定并细化本地区服务业发展指导目录，突出本地特色。第二，提出加大投入和政策扶持力度，使服务业获得与工业同等待遇；进一步扩大对民间资本的开放。第三，指出加快发展服务业要提高服务领域对外开放水平，稳步推进服务领域对外开放并且积极支持服务企业"走出去"，鼓励服务领域技术创新。第四，提出尽快完善服务业统计调查制度、统计调查方法和指标体系。这是 15 年来政府第三次发布加快服务业发展的政策文件。2007 年国务院出台了《国务院关于加快发展服务业的若干意见》（国发〔2007〕7 号），提出：大力发展面向生产的服务业，促进现代制造业与服务业有机融合、互动发展。细化深化专业分工，鼓励生产制造企业改造现有业务流程，推进业务外包，加强核心竞争力，同时加快从生产加工环节向自主研发、品牌营销等服务环节延伸，降低资源消耗，提高产品的附加值。优先发展运输业，提升物流的专业化、社会化服务水平，大力发展第三方物流；积极发展信息服务业，加快发展软件业，坚持以信息化带动工业化，完善信息基础设施，积极推进"三网"融合，发展增值和互联网业务，推进电子商务和电子政务；有序发展金融服务业，健全金融市场体系，加快产品、服务和管理创新；大力发展科技服务业，充分发挥科技对服务业发展的支撑和引领作用，鼓励发展专业化的科技研发、技术推广、工业设计和节能服务业；规范发展法律咨询、会计审计、工程咨询、认证认可、信用评估、广告会展等商务服务业。

2008 年《国务院办公厅关于加快发展服务业若干政策措施的实施意见》（国办发〔2008〕11 号）提出，加快推进在苏州工业园区开展鼓励技术先进型服务企业发展所得税、营业税政策试点，积极扩大软件开发、信息技术、知识产权服务、工程咨询、技术推广、服务外包、现代物流等鼓励类生产性服务业发展的税收优惠政策试点。

2009 年 3 月 10 日，国务院发布了《物流业调整和振兴规划》（国发〔2009〕8 号），明确提出：物流业规划的重点并不在于通过增加贸易量来促进物流业的发展，而是希望通过解决行业及其相关产业自身存在的问题来促进其发展。物流业调整规划指出，要积极扩大物流市场需求，促进物流企业与生产、商贸企业互动发展，推进物流服务社会化和专业化。要加快企业兼并重组，培育一批服务水平高、国际竞争力强的大型现代物流企业。要推动能源、矿产、汽车、农产品、医药等重点领域物流发展，加快发展国际物流和保税物流。要加强物流基础设施建设，提高物流标准化程度和信息化水平。振兴物流业的九大重点工程，包括多式联运和转运设施、物流园区、城市配送、大宗商品和农村物流、制造业和物流业联动发展、物流标准和技术推广、物流公共信息平台、物流科技攻关及应急物流等。

国务院发布《物流业调整和振兴规划》之后两个月，2009 年 5 月 12 日，国家发改委正式印发《落实物流业调整和振兴规划部门分工方案》，明确了落实物流业规划各项工作的牵头部门和参与部门，对规划实施工作分工和工作进度做了具体安排，提出了建立落实规划的保障机制。此外，全国大部分省市地方政府，也根据国家物流业等产业规划制定各个地方产业规划细则。

同时，政府有关部门也陆续出台一系列具体的发展生产性服务业的措施和规定。如，国务院办公厅在《关于促进服务外包产业发展问题的复函》（国办函〔2009〕9 号）中明确，自 2009 年 1 月 1 日起至 2013 年 12 月 31 日止，对 20 城市中符合条件的技术先进型服务企业，减按 15% 的税率征收企业所得税。

按照复函的规定，北京、天津、上海、重庆、大连、深圳、广州、武汉、哈尔滨、成都、南京、西安、济南、杭州、合肥、南昌、长沙、大庆、苏州、无锡等 20 个城市被确定为中国服务外包示范城市。这些城市深入开展承接国际服务外包业务、促进服务外包产业发展试点。上述 20 个城市获得六项优惠政策的扶持。

（五）"十二五"规划中生产性服务业产业政策的新要求

在"十一五"期间生产性服务业取得大幅发展的基础上，国家"十二五"规划纲要继续将生产性服务业的政策指导细化。其中，第十五章明确指出，深化专业化分工，加快服务产品和服务模式创新，促进生产性服务业与先进制造业融合，推动生产性服务业加速发展。

"十二五"时期生产性服务业产业政策的战略调整主要立足于我国产业发展基础和解决结构性矛盾，着眼于形成我国的动态比较优势，以获取更高的国际分工利益、资源再配置效应。产业政策主要围绕突破研发、设计、营销、品牌培育、技术服务、供应链管理等制约产业结构优化升级的关键环节，推进新型工业化。生产性服务业产业政策调整倾向于传统产业新型化和新型产业规模化的产业结构优化、工业新型化和农业产业化与服务业现代化相互支撑、共同促进的融合化发展格局，培育拥有国际竞争力、自主知识产权和品牌的企业组织。针对生产性服务业发展仍然滞后和能源资源环境压力加剧等一系列问题，加快生产性服务业向产业链高端发展的转变。

2014年《国务院关于加快发展生产性服务业促进产业结构调整升级的指导意见》（国发〔2014〕26号）又明确提出：坚持市场主导，处理好政府和市场的关系，使市场在资源配置中起决定性作用和更好发挥政府作用，鼓励和支持各种所有制企业根据市场需求，积极发展生产性服务业。坚持突出重点，以显著提升产业发展整体素质和产品附加值为重点，围绕全产业链的整合优化，充分发挥生产性服务业在研发设计、流程优化、市场营销、物流配送、节能降耗等方面的引领带动作用。坚持创新驱动，建立与国际接轨的专业化生产性服务业体系，推动云计算、大数据、物联网等在生产性服务业的应用，鼓励企业开展科技创新、产品创新、管理创新、市场创新和商业模式创新，发展新兴生产性服务业态。坚持集聚发展，适应中国特色新型工业化、信息化、城镇化、农业现代化发展趋势，深入实施区域发展总体战略和主体功能区战略，因地制宜引导生产性服务业在中心城市、制造业集中区域、现代农业产业基地以及有条件的城镇等区域集聚，实现规模效益和特色发展。①

---

① 《国务院关于加快发展生产性服务业促进产业结构调整升级的指导意见》（国发〔2014〕26号）。

三、小结

作为一个后发国家，我国生产性服务业是在工业化水平的不断提高、分工不断深化的基础上，伴随着国民经济的结构调整和第三产业的发展而发展起来的。我们的生产性服务业发展的产业政策就是在生产性服务业的发展及对其理论认识不断加深的基础上逐渐提出的。新中国成立初期一直到改革开放前，企业所需的生产性服务职能基本由企业内部部门来承担，另外对于服务业的认识也存在理论上的偏差，因此服务业整体上几乎没有发展。改革开放后，我国开始重视第三产业的发展，对于服务业有了认识上的改变。1992年，中国确立了社会主义市场经济体制后，服务业得到了快速发展的契机。然而，这时国家并没有直接的宏观的生产性服务业产业政策，更多的都是散见于产业结构调整的相关政策中，比如在生产性服务业的具体行业发展上，国家制定了许多扶持、鼓励和引导这些行业发展的产业政策，但其中有些产业政策制定的出发点并不一定是出于生产性服务业发展的角度考虑的。这一情况一直持续到"十一五"时期。"十一五"规划首次较为系统地提出了针对生产性服务业的产业政策。到"十二五"规划时期，针对生产性服务业发展仍然滞后和能源资源环境压力加剧等一系列问题，产业政策主要围绕突破研发、设计、营销、品牌培育、技术服务、供应链管理等制约产业结构优化升级的关键环节，以推进新型工业化。

第四章

我国生产性服务业产业政策存在的问题

　　近些年来，中国生产性服务业发展呈现良好态势。国家和地方政府出台了很多促进生产性服务业发展的产业政策措施，为促进生产性服务业发展提供了良好的环境，这对于中国生产性服务业的迅猛发展发挥了巨大的作用。但是，同时也出现了诸多的疑问。产业政策如何把握和顺应产业发展方向，符合整个生产性服务业产业链的演进规律，实现产业政策的有效性……都是目前中国生产性服务业政策制定过程中面临的问题和挑战。只有深刻地认识和解决这些问题，才能更好地制定切实可行的政策促进中国生产性服务业的发展，并寻求到产业政策发挥作用的有效性路径。

一、国内生产性服务业产业政策的现状

　　生产性服务业提供市场化的中间服务，具有专业化程度高、知识密集的特点，具体可包括交通运输业、现代物流业、金融服务业、信息服务业和商务服务业等重要行业和部门，是产业价值链的重要增长点，也是促进其他部门增长、推动国民经济效率提高的重要战略部门。为促进生产性服务业的发展，"十一五"规划纲要明确提出了"大力发展金融、保险、物流信息和法律服务等生产性服务业"的战略部署。同时，政府有关部门也陆续出台了一系列具体的发展生产性服务业的措施和规定。如，国务院办公厅在《关于促进服务外包产业发展问题的复函》（国办函〔2009〕9号）中明确提出，自2009年1月1日起至2013年12月31日止，对20城市中符合条件的技术先进型服务企业，减按15%的

税率征收企业所得税。在生产性服务业的具体行业发展上，国家也制定了许多扶持、鼓励和引导这些行业发展的产业政策，如国务院办公室于 2002 年 7 月 24 日发布的《振兴软件产业行动纲要》等。"十二五"期间推出的生产性服务业产业政策提出要深化专业化分工，加快服务产品和服务模式创新，促进生产性服务业与先进制造业融合，推动生产性服务业加速发展，包括有序拓展金融服务业，大力发展现代物流业，培育壮大高技术服务业，规范提升商业服务业。

（一）生产性服务业优化内部结构政策发挥作用

第一，分阶段看，我国生产性服务业增长与制造业增长之间呈现明显的相关性。基本上来说，工业增长的迅速时期也是生产性服务业的快速增长期。在制造业的带动下，生产性服务业快速增长，而当工业增长缓慢，生产性服务业需求不足，生产性服务业年均增长率则下降。

第二，分行业看，"上游"和"中游"行业增长更快，"下游"行业增长平稳，生产性服务业内部结构进一步优化。按照生产性服务参与制造业企业价值创造的环节分类，生产性服务业可以分为"上游""中游"和"下游"行业。"上游"行业包括可行性研究、产品设计和研发等；"中游"行业包括原材料物流、设备租赁等；"下游"行业包括广告、会展、销售物流等。"上游"和"中游"行业比重是测度一个经济体中生产性服务业结构是否优化的重要指标。一般来讲，在一个发达的生产性服务体系中，"上游"和"中游"服务行业比重较高，如美、英、法、意等达到一半的比重。近年来，我国生产性服务业内部结构不断优化。"上游"和"中游"行业比重上升，其主要原因，一是这些行业本身的快速增长，二是"下游"生产性服务业增长趋缓。以交通运输业为例，由于受到油价上涨等因素的影响，年均增长率较低。

第三，分区域看，中、西部地区增长快于东部地区，地区间不平衡状况有所缓解。从人均生产性服务业增加值水平上看，东部与中部、东部与西部以及中部与西部之间的绝对差距尽管在不断增大，但比值有所下降。

第四，对外开放力度逐步加大，"引进来"和"走出去"战略政策双轮驱动，促进了我国生产性服务业的增长。"引进来"是我国生产性服务业对外开放的主体。在我国生产性服务业中，批发和零售贸易业在 2004 年利用外资总额 44.98 亿美元，占服务业利用外资总额的 3.46%，是最大的生产性服务贸易项目；其次是交通运输业，共吸收外商投资立项 380 个，银行业利用外商直接投资项目 52 个[①]，对外开放度普遍高于发展中国家。另外，"走出去"也取得了成效。我国生产性服务贸易的国际竞争力不断提高。

（二）生产性服务业对制造业转型发展促进作用不断增强

在 20 世纪 50 年代至 70 年代，发达国家生产性服务业在制造领域中的作用体现为辅助管理功能，即通常所说的"润滑剂"作用；70 年代至 90 年代，体现为促进功能，起到的是生产力作用；90 年代以来体现的是战略功能，成为制造业增长的"推进器"。与发达国家相比，我国生产性服务业尚处于起步阶段，近年来呈现出功能日趋完备的趋势。

一方面，我国生产性服务业具有促进制造业发展"生产力"功能的服务部门作用发挥较为充分。金融服务业这种企业难以内置的生产性服务对制造业的推动作用十分巨大，此外物流业也对制造业的转型发展起到了重要的支持作用。另一方面，具备"战略引领"功能的服务业部门，发展时间虽短，但增长势头良好。随着信息技术的广泛应用，服务方式呈现虚拟化、网络化趋势，并促进了企业效率的提升。

（三）生产性服务业发展的政策体系日趋形成和完善

从 20 世纪 90 年代开始，中央和地方政府出台了一系列促进生产性服务业发展的政策，我国生产性服务业投资逐年增加。一方面，有关部门出台的支持生产性服务业发展的产业政策定位明确，具有重要的指导意义。改革开放以来，国家两次出台了促进服务业发展的重大政策。在关于生产性服务业发展方面，

[①] 任旺兵：《我国制造业发展转型期生产性服务业发展问题》，中国计划出版社 2008 年版，第 223 页。

提出了放手让城乡集体、私营企业、个人兴办直接为生产性服务的行业；鼓励机关和企事业单位后勤服务逐步实现社会化；要求政府在市场准入、促进服务外包、增加投入等方面有具体的政策规定。在这些政策的鼓励下，有关部门颁布了诸多行业发展政策，内容涉及物流、软件、邮政等。

另一方面，地方政府，特别是东部省市，以市场化、国际化为主要思路，在培育服务业大型集团，推进部分服务领域产业化，解决服务业用电、用地价格等方面，出台了操作性较强的具体实施意见。

如广东省的政策特色在于确定重点行业，加快发展交通运输和金融服务这两个在全国具有比较优势的产业，鼓励发展商务服务业、物流业、会展业，积极推进信息服务业、科技服务业等新兴产业快速成长，并制定了一系列有针对性和指导性的保障措施。

江苏省的产业政策特色是价格支持。着重放宽市场准入、实施税收优惠、实行规费减免、加大财政支持力度，进行价格扶持、规范服务业管理、大力引进和培养人才、加快服务业领域改革开放等方面的价格政策。尤其是针对物流、软件及集成电路设计、研发、创新、技术服务等生产性服务业，在税收优惠、税费减免上制定了较为详尽、有较强操作性的实施措施。在这一政策支持下，江苏省生产性服务业投资大规模增加。

此外，上海市的政策特色在于优先供地政策。上海政府从减低准入门槛、加快改革开放、推动技术创新、聚焦重点领域、建设重点领域、构筑人才高地、实施品牌战略、营造发展环境等方面，提出了针对上海加速发展现代服务业的政策。其中，金融服务、现代物流、商务服务和信息服务等生产性服务业被确定为重点发展领域，并突出强调对物流、研发、设计等生产性服务业项目的用地优先供应，确保项目用地。

生产性服务业已成为许多西方发达国家的支柱产业，在世界经济发展和国际竞争中的地位日益显著。而我国生产性服务业还处于成长初期，与制造业结构升级要求相比还十分滞后。我国生产性服务业的平均增速长期低于制造业增速，与国际产业结构演变的规律相悖。一般来讲，从工业化中期始，生产性服务业应快于制造业增长。这也是我国制造业升级缓慢，经济增长粗放问题长期得不到解决的重要原因之一。首先从生产性服务业内部结构看，2002 年，英国作为中间投入部分的金融业增加值占其生产性服务业增加值的比重高达 61%，成为生产性服务业发展的主导行业；其次是交通通信业，占 22%；第三是其他服务业，主要包括商务服务和科技服务。而在我国，金融业的地位还不突出，占生产性服务业的比重仅为 15.87%，远远低于发达国家金融业发展水平；交通通信业占 29.4%，其中信息服务业为 8.6%，其他均为运输业，说明在交通通信业中，现代生产性服务业的比重仍然不足。[1] 作为现代生产性服务业发展的创新源，科技服务在我国却表现出了很强的非生产性特征。现代生产性服务业发展严重滞后、结构层次低是我国生产性服务业发展最为突出的问题，直接降低了生产性服务业促进制造业转型升级的能力。生产性服务业的质量、结构和水平不能适应全面建设小康社会和到本世纪中叶基本实现现代化的要求，与解决资源、环境尖锐矛盾的要求极不适应。总体上看，我国生产性服务业对制造业转型升级的支撑与引领作用还不强。

二、我国生产性服务业产业政策存在的问题

大力发展生产性服务业不仅是加快国内制造业结构升级与增长方式转变的迫切需要，同时还是在经济全球化背景下提高我国经济的国际竞争力和更充分有效地利用国际国内两种资源、两个市场的迫切需要。大力发展生产性服务业是我国制造业摆脱缺乏技术创新能力、自主知识产权和知名品牌的被动局面，顺利实现转型升级的必要条件。结合生产性服务业发展规律、中国生产性服务业产业政策现状及国外对该产业政策的制定经验可发现，目前我国生产性服务业产业政策还存在很多问题。

---

① 任旺兵：《我国制造业发展转型期生产性服务业发展问题》，中国计划出版社 2008 年版，第 215 页。

（一）缺少完整的产业规划和配套政策实施细则

韩国建立起了一整套机制顺畅的政策，1998 年首先从认识上取得共识，向国民宣布设计在韩国企业国际竞争中的重要性。然后制订具体的规划和计划，连续五年设计振兴计划，推进设计产业振兴战略的实施。从组织机构、资金支持体系、优惠政策、基地或园区、人才培养等方面逐步加强机制建设，从国家层面构建涉及产业的系统政策服务体系。中国生产性服务业作为现阶段产业结构升级的主要产业，至今还缺少较为完整的产业规划和配套的实施细则。国家应该逐步建立起一整套机制运转顺畅，促进生产性服务业的政策支持体系。要充分发挥政府的政策导向作用，把培育市场投资主体作为政策和制度建设的着力点。大力推进产业共性与关键技术平台的建设。政府通过直接投资及项目、财政、税收等优惠政策，起到推动生产性服务业的重要作用。在实施政策细则中，有关部门必须制定包括物流、软件研发、工业设计及产品研发设计等服务企业的财税激励政策。一是认定生产性服务业的高技术企业优惠政策，二是进一步扩大服务业企业价格自主权，引导生产性服务业实行差别化收费。[①]

（二）结构性政策引导力度不足

目前我国制定的生产性服务业政策主要集中在企业转型、市场开放和政府角色转变等方面，在规范市场竞争秩序、培育自主创新能力及扩大新型行业的需求等方面，还缺乏更强力的政策措施。今后促进生产性服务业发展应高度注重结构性政策，即大力提高对新兴生产性服务行业扩大规模投入与市场需求培育的政策支持力度，强化生产性服务业与制造业互动升级的结合，加大政策引导和支持现代物流、商务服务、研发设计、教育培训等关键领域。[②]

---

① 杨玉英：《中国生产性服务业发展战略》，经济科学出版社 2010 年版，第 39 页。
② 任旺兵：《我国制造业发展转型期生产性服务业发展问题》，中国计划出版社 2008 年版，第 103 页。

（三）货币政策、财政政策对生产性服务业支持的缺失

在价格政策上，生产性服务业领域严重的要素价格政策性歧视问题，严重束缚和抑制了产业发展。如生产性服务业用水、用电价格远高于工业用电。在用地方面，工业项目用地是协议出让，服务业用地采取招拍挂方式。在产品价格方面，工业产品价格基本放开由市场供求形成，生产性服务业产品价格开放程度还是低于工业产品价格。在税收政策上，生产性服务行业中的会计服务、法律服务、咨询服务等，除全额征收增值税或营业税外，人力资本投入实际发生的成本不直接纳入企业所得税，加重了企业的税收负担。在融资担保政策上，目前我国尚未出台专门针对生产性服务业发展的融资政策。由于生产性服务产业以中小企业居多，风险相对较高，对国有大商业银行交易成本较高。该产业是知识密集型行业，投入主要是人力资本，实物资本较少，很难采取抵押贷款的办法筹集资金。如果没有融资担保的政策，生产性服务业发展将受限。美国政府为了支持生产性服务业的发展，设立了担保基金。日本针对商业、信息通信、运输等行业，由政府提供担保，且通过贴息等手段提供优惠贷款。我国应该借鉴国外经验，扩大生产性服务业的融资渠道。

（四）全局性的经济社会发展政策中的某些政策，一定程度上抑制了生产服务业的发展

首先，一切以就业为目标的产业政策，不利于生产性服务业的发展。大多数的生产性服务业属于资本或者技术、知识密集型服务业，吸纳就业特别是低端人员的就业容量非常狭窄。许多地方政府出于社会稳定的目的，过于强化产业的就业功能，而忽视效率功能，造成生产要素向住宿餐饮、批发零售等行业集中，从而制约了上中游生产性服务业的发展。其次，以"进入管制"为主要特征的外资外贸政策，制约了我国上中游生产性服务业的发展。印度发展服务业的实践表明，外资是促进服务业结构升级的有效手段之一。目前我国服务业对外开放程度要低于制造业，消费性服务业开放程度要高于生产性服务业。而我国上中游生产性服务业对外资的管制是较为严格的。

　　生产性服务业的发展既要适应社会主义市场经济的发展要求，积极发挥市场配置资源的基础性作用，又要充分发挥政府的宏观指导、政策推动作用；既要借鉴发达国家的成功经验，又要充分考虑中国的国情和现阶段生产性服务业发展的特点；既要遵循服务业及生产性服务业的发展的自身规律，又必须考虑农业、工业和服务业对生产性服务业的需求。因此，发展生产性服务业必须统筹兼顾，构建系统完善的促进生产性服务业发展的产业政策。

（五）缺少区域分工，生产性服务业没有形成有效集聚

　　长期以来，由于在战略上没有充分重视城市对工业发展的集聚和支撑效应，我国城市化水平与工业化进程出现了比较明显的脱节。城市化进程相对滞后和制造业布局相对分散，弱化了对生产性服务的中间需求，导致资源分布相对分散、业态种类较少、集聚程度偏低等问题的出现。制造业链条上的技术研发、人员培训、经营管理、会计服务、法律咨询、信息服务等关键环节，得不到相关支撑服务体系的协作与配合，大量本应通过外包方式完成的服务活动不得不在工业企业内部消化完成。但是，作为各城市互设壁垒、低效率同质化竞争的制度基础，分税的财税体系并没有明显的改变。受地方利益的驱使，生产性服务业发展中也出现了工业领域的低水平重复建设、过度竞争和资源浪费现象。由于缺少有效的区域分工，重复建设、结构雷同不可避免地要降低服务业增长的集约化程度，牺牲增长效率。

（六）政策体制不完善制约生产性服务业的发展

　　由于体制、政策的原因，生产性服务业的市场准入门槛普遍高于制造业，管制过多、市场化程度低的问题较为突出。生产性服务业的成败关键在于专业化的服务质量及其成本水平能否使制造业的生产效率得到改进。显然，这也是相关政策取向和措施选择的主要着力点之一。但是，目前服务业领域存在着严重的政策性歧视问题，对产业发展构成了明显的束缚和抑制作用。金融、保险、电信等行业对非国有经济和外资也没有完全开放。较高的进入门槛和狭窄的市

场准入范围将绝大多数潜在投资者拒之门外，甚至让其他行业的国有企业也难以进入，无法充分调动全社会的力量，尤其是民间资本的积极介入。而一些服务业领域的开放也存在外资"超国民待遇"问题。某些服务业领域对外资开放但迟迟不对内资开放。

三、产业政策的有效性路径

如何在已有成效的基础上解决中国生产性服务业产业政策面临的问题，弥补国内各地区发展经验的不足，最大限度地发挥产业政策的有效性，需要结合中国自身特点寻求产业政策的有效性路径。

首先，产业政策要与市场机制相协调。对于我国来说，产业政策的重点应该首先是创造条件推动市场机制的形成，使市场经济的优胜劣汰机制在产业结构和产业组织调解中发挥主导作用，同时政府应避免成为产业投资主体和经营主体，产业政策制定要从干预型向主导型转变，产业政策的执行应更多地使用经济、法律手段，间接对产业发展方向给予引导，力求弥补市场机制缺陷和配合市场机制发挥作用。[①]

其次，产业政策要遵循生产性服务业发展的机理和路径。科学的产业政策一定要符合生产性服务业发展的机理，并促进其内在机理发挥作用；同时，科学的产业政策一定要遵循生产性服务业发展路径，按照路径最优、最短的原则充分发挥其促进作用。

再次，产业政策需要根据产业的不同发展阶段适时调整。根据产业生命周期理论，产业发展经历成长、成熟、衰退过程等，同一产业在不同国家和地区处于不同的产业阶段，同一产业中的不同行业也处于不同发展阶段，应采取不同的支持政策。日本经验表明，应对生产性服务业不同行业采取不同支持政策。对银行及证券等处于成熟阶段的行业，积极推行放宽管制的政策；对处于发展初期的资讯服务业，采取产业培植和支援政策。生产性服务产业也具有规律性：

---

① 马晓河：《中国产业结构变动与产业政策演变》，中国计划出版社 2009 年版，第 67 页。

随着人均收入水平的上升，生产性服务业在国民经济中的比重日益上升，生产性服务业发展对知识、技术和人力资本等要素的依赖日益增强；该产业在区位上显现地理集中和聚集趋势；该产业在制造业基础上逐渐外化与外包成为独立部门；该产业呈现垄断竞争规律。这些规律性的趋势对中国调整生产性服务业的产业结构和提升产业竞争力很有启发价值。

最后，合理的产业政策能够正确反映产业结构的变化趋势，推动主导产业较快发展，同时形成对整个国民经济的带动效应。产业政策比市场机制更具有主导产业较快发展的功能，但市场机制比产业政策更具有推动经济均衡增长的功能。要结合我国生产性服务业产业规模、产业结构等层面完善产业政策，同时向国外发达国家借鉴先进的、有效的产业政策。

| 第五章 |

生产性服务业产业政策的国际比较

本章阐述了建立生产性服务业产业集群体系、生产性服务业分类制度体制保障、发展国际城市生产性服务业的政策经验和制定财税优惠政策等方面，在此基础上，对国际生产性服务业产业政策的经验启示进行了评述。

一、建立生产性服务业产业集群体系

生产性服务企业不仅在制造业产业集群中发挥着关键作用，而且自身也依托集群化发展提升了市场竞争力。这主要表现在：一是产业集群是发展生产性服务业行之有效的生产组织方式；二是生产性服务业引领和支撑制造业产业集群发展；三是依托产业集群深化区域经济合作。引导生产性服务业的集群化发展，增强生产性服务业的集群竞争力，日益成为各国提升产业竞争力的政策导向。

增加产业集群可持续发展内生机制的活力，有效促进集群内专业化分工协作机制的发展和完善，大力推进产业共性与关键技术平台的建设，从而推动生产性服务业的大力发展。生产性服务业产业集群往往伴随着生产性服务业资本、技术和知识密集程度提高后，对产业集群引领带动功能的增强和辐射半径的扩大。

（一）美国硅谷高新技术产业集群服务体系

美国的硅谷地区被称为目前世界上最具创新能力的高技术产业集群，其全球领先的技术包括生物技术、网络信息技术、半导体、通信等，集聚了一大批如微饮、网景、英特尔、雅虎等世界知名企业。硅谷高新技术产业集群的成功，为研究开发、生产、销售提供各种配套的专业化生产性服务业起到了重要作用。

第一，大学和研究机构。硅谷中有斯坦福大学、加州大学伯克利分校、圣克拉大学及相关研究机构，其中斯坦福大学发挥着重要的作用。斯坦福与产业界合作开展大量的科研项目，为硅谷的技术创新提供了大力支持；向硅谷输送高水平的毕业生，为硅谷高科技创新活动提供了强大的人力资源。

第二，风险投资。硅谷是美国风险资本活动的主要中心，这里孕育和催生了一大批如今赫赫有名的高科技公司，比如亚马逊、Intel、Cisco和Digital等。风险投资在硅谷高新技术成长的过程中发挥了三方面作用：一是具有资金放大器的功能，为硅谷科技成果转化和产业化提供急需资金；二是具有企业孵化器的功能，利用自身的经验、专门知识和社会关系网络帮助高新技术企业提高管理水平和开拓市场，提供增值服务；三是具有市场筛选的功能，经过严格的项目评估选取优质商业计划书，培育了硅谷的整个高技术产业群。

第三，商业银行。在硅谷中，存着大量为高新技术企业服务的商业银行，如美洲银行、硅谷银行，其中以本土诞生的硅谷银行最为特色。硅谷银行将业务重点确定为技术型和成长型企业，不仅提供支票账户、现金管理和信用证服务，而且为技术型企业提供融资服务，包括为专利、工艺、商业计划等无形资产提供贷款。

第四，律师业。硅谷律师起着经纪人、顾问角色：律师作为经纪人角色明显体现在风险资本融资中，从众多新投资项目筛选出有前景的一部分项目引荐给风险投资家；充当企业法律和商务咨询顾问工作；作为"媒人"角色利用广泛网络将其他客户引荐给各种供应商、合资者和其他交易伙伴；作为"看门人"角色，使用他们的经纪人能力去建构和捍卫硅谷的社区认同。

第五，会计师事务所。硅谷内有如普华永道、毕马威等全球知名会计事务所。典型的硅谷企业是新兴的企业，其有形资产很少，收入极不确定，没有利润，股票期权未兑现，其需求和实际都不甚符合通常意义上的会计规范和标准。硅谷的会计师超越了传统的审计师或报税顾问的职能，创造性地阐释会计业务，为新的风险企业的交易结构设计提供有价值的指导。

第六，猎头公司。猎头公司使得人与工作进行匹配的市场更加有效率，尤其是帮助企业寻找合适的首席执行官与其他高层领导；底层和中层管理人员的招聘由硅谷内的安置代理机构和职业介绍所代理。

第七，行业协会（商会）。正式和非正式的行业协会在硅谷这个高度分散的产业系统中起着联结不同市场主体的纽带作用。如生产协会积极与州政府协商，为硅谷地区的发展解决环境、土地和基础设施等问题；半导体设备和原料协会积极寻求半导体芯片技术标准统一等。

（二）英国生物技术产业集群服务体系

英国的生物技术产业占世界市场份额一成以上，产业涉及制药、农业和食品等领域，目前已拥有 270 家生物技术中小企业，约占欧洲生物技术公司的 1/3，且在不断衍生。英国生物技术产业集群生产性服务主要有以下几类：

第一，世界一流的研发服务体系。在生命科学研究领域，英国已经获得了 20 多个诺贝尔奖，拥有剑桥生物科学公司、重组 DNA 公司等闻名于世的企业；产业集群内有许多世界知名的大学和生物技术研究机构，如伦敦生物技术协会、分子生物实验室和欧洲生物信息协会，为生物技术企业解决生物共性技术，提供技术支撑及保障；英国科学园中有众多的为初创企业设立的生物技术孵化器。

第二，完善的金融服务体系。英国具有较为完善的银行体系和证券市场，满足了处于不同发展阶段的科技型中小企业的融资需要。英国有非常活跃而又成熟的风险投资基金，风险资本投资额占欧洲的 42%，在过去的 10 年已为生物技术领域累计投资 3.44 亿英镑。伦敦股票交易市场灵活的发票规则和退出机制，也刺激了风险投资机构的积极性。此外，还有生物技术基金可供中小企业申请使用。

第三，配套的专业化服务机构。例如生物协会、专利机构、律师、招聘和咨询顾问等，与集群内企业在地理空间上的临近对集群的发展具有推动作用，可以为生物公司提供管理经验、政策咨询、合作机会和联系客户。例如英国地方生物协会除了制定生物技术发展措施外，还为公司、研究人员之间的交流提供机会；集群的孵化器和科技园区内，具有完善的法律服务体系，为生物技术公司的发展提供了优越的外部环境。

第四，健全的劳动力市场和用人机制。一是劳动力市场的开放性；二是低个人所得税；三是股权激励。英国独特的人才市场环境，吸引了大量的生物技术人员，形成生物技术人才集聚，进而促进了生物技术企业集群的发展。

（三）意大利中小企业集群服务体系

意大利是一个"中小企业王国"，其经济特色是地域同业中小企业集群。全意大利产业集群地有 199 个，产品主要是劳动密集型的日用品，如皮鞋、家具、食品、机械等。

第一，中小企业融资体系。意大利建立有一整套完善的和高效率的私营中小企业融资体系，包括专门的中小企业银行，向中小企业提供比市场利率低 2%—3% 的低息长期贷款，或认购中小企业发行的股票或公司债券；设立了众多私营中小企业基金，包括"技术创新滚动基金"（用以支持中小企业采用先进技术和生产工艺）、"互助信贷集团"（加入该集团，贷款额度为入会费的 20 倍，且无须担保和抵押）、"投资项目补贴基金"（补贴额度为投资项目总额的 10%—50%）和"购买高新技术产品基金"（为购买高技术设备补贴其总额的 25%）；中小企业信贷担保机构和中小企业直接融资包括证券交易市场、第二板市场和柜台交易市场。

第二，职业技术培训制度。意大利的职业技术院校很有名，其独到之处在于厂商与职业技术院校的互动式发展，产业知识和技术发展高度专业化，学生走出校门就能够熟练掌握纺织、服装、瓷砖制作等企业需要的专业知识；另一方面，厂商对职业技术院校特别青睐，在资金的赞助和技术的支持上要比政府多得多。

第三，专业化的中介服务。意大利的中介服务业比较发达，完善的市场体系为社会化生产和专业化服务机构提供了良好的发展基础。企业只需负责内部的生产经营，其财务、产品设计、产品销售、物流服务、广告服务、法律咨询等都可外包给专业化的中介服务机构来完成。例如，在萨斯索罗与瓷砖产业有关的企业 200 多家，有许多与之配套的模具、釉料、包装材料、仓储、运输等各类服务企业，为瓷砖生产企业提供专业化的服务。

第四，行业协会。行业协会扮演着重要角色，其作用包括赞助技术研究机构、收集并发布产业信息、开拓国际国内市场、进行人才培训与交流、刺激与促进基础设施建设、代表企业出面与政府或工会协调有关产业政策和社会福利等方面的问题。特别值得一提的是，意大利以行业协会的力量来拓展海外市场的做法，弥补了中小企业面对世界市场的不足。

事实上，欧洲主要国家对中小企业集群建设都比较重视，德国的产业政策也对中小企业发展出口产品带动经济增长提供政府方面的全力支持，通过补贴和税收优惠等手段促进中小企业产业集群发展。

二、生产性服务业分类制度体制保障

生产性服务业在美国等发达国家起步较早，已经形成了较为完善的制度体制保障。Howells（1988）研究指出生产性服务业在世界城市中的扩张使得这些城市成为跨国公司国际服务贸易的中心。而这需要健全的法律法规、行业协会和基础设施以及人才培养政策保障。

（一）美国、日本、韩国对信息服务业发展的政策支持

从世界范围来看，20 世纪中叶以来，西方发达国家的服务业开始向高附加值、知识密集方向加快发展，金融、保险、商务服务、研发、教育培训等生产性服务业发展迅猛。在服务业特别是生产性服务业快速增长的带动下，许多发达国家进入了后工业化时代，经济呈现出"服务化"的特征，经济重心已经从原来的制造业转移到服务业。加快发展生产性服务业，已经成为世界范围内产业发展的重要方向。进入新世纪，科技的进步，特别是信息技术的广泛应用，进一步加速了制造业与服务业之间的融合，促进了一些新兴服务业态的发展，服务外包、互联网信息服务、通信增值服务、研发服务、电子商务等生产性服

务业已经成为各国经济发展的新增长点。信息技术的发展使工业生产性服务业的虚拟化、网络化成为可能,这种服务方式也日益凸显其优越性,促进企业智能化水平明显提高。

在信息服务业发展方面,美国提供了健全的法律法规政策支持和先进的基础设施支持。美国国会1999年通过的《金融服务现代化法》,2000年英国颁布的《2000年金融服务和市场法》,都对促进金融服务业的发展具有划时代的意义。在促进信息服务业方面,美国政府先后颁布了《电子信息自由法案》《个人隐私保护法》《公共信息准则》《削减文书法》《消费者与投资者获取信息法》《儿童网络隐私保护法》《电子隐私条例法案》等等一系列法律法规,对促进信息服务业发展起到了非常关键的作用。同时,美国政府先后提出了"国家信息基础设施"(NII)行动计划和建设全球信息基础设施(GII)的倡议,旨在建立完备的信息基础设施,并通过卫星通信和电信光缆连通全球信息网络,形成信息共享的竞争机制。

日本通过行业协会保障对促进信息服务业的发展起到了积极作用。日本的信息处理振兴事业协会(IPA)、日本数据处理协会(JDPA)、信息服务产业协会(JISA)、西格玛系统等等,都有明确的目标和职责,是政府联系企业的桥梁。

韩国在信息服务业的基础设施建设尤其是宽带网络建设方面,投入了大量的资金。韩国政府在2004年到2010年间斥资2万亿韩元即约18亿美元并吸引67万亿韩元私人投资,全力打造全国性的超高速宽带网络。[①]

(二)美国、日本、德国对物流服务业发展的政策支持

物流现代服务业与制造业紧密结合,构成了产业集聚的服务支持体系,推动了产业集聚的健康发展,并将在提升产业竞争力方面发挥更大的作用。美国从20世纪70年代开始,就制定了一系列法规,逐步放宽对公路、铁路、航空、

① 范爱军:《各国信息产业发展战略比较研究》,经济科学出版社2008年版,第67页。

航海等运输市场的管制，通过激烈的市场竞争使运输费率下降、服务水平提高。1977—1978 年制定"航空规制缓和条款"，1980 年提出"铁路和汽车运输的条款"，1984 年制定"航空条款"，1991 年颁布《多式联运法》，大力提倡多式联运的发展。

在促进现代物流业发展政策方面，美国、日本、德国等国都通过组建行业协会的形式来加强和完善对生产性服务业市场的管理。美国、日本、德国的物流协会起到了举足轻重的作用。例如，美国物流协会由个人和公司会员组成，拥有 3000 多个会员；日本拥有物流系统协会（JILS）和日本物流学会；德国的物流协会拥有 6000 多个会员。这些协会不仅协助政府做好物流规划、制定政策、规范市场竞争秩序，同时还开展物流研究，指导行业发展，举办交流活动，提供信息咨询服务和各种专业培训，为物流业的发展输送了大量人才。

除了法律法规保障和行业协会管理体制，基础设施建设也是生产性服务业健康、快速发展的重要支撑。在促进物流业发展方面，德国政府不仅提出了长距离运输以铁路和水路为主，两头衔接与集疏以公路运输为主，做到宜水则水、宜路则路，多式联运的运输战略，同时还把大力培育和建设货运中心作为战略实施的重要环节。德国已经先后兴建了 20 多个货运中心，到 2010 年，全国总共将建设 30—40 个货运中心。在实施措施上，德国政府通过新的通信技术来帮助改善物流和装卸，促进货运代理和运输商之间的合作。

此外，在日本政府认定的结构改革特区中，有关发展国际物流特区构想的就有 15 项，除了北九州的国际集装箱港口外，横滨市国际物流特区、川崎市国际航空物流特区，都在加紧实施之中。

（三）美国、英国、日本对商务服务业发展的政策支持

商务服务业主要为企业和个人提供管理、法律、会计、咨询、调查、广告、知识产权、职业介绍等方面的中介服务。在促进商务服务业发展方面，美国、英国、日本等都制定了相应的法规或专业资格认证程序，从制度上保证了商务服务人员的业务水平、服务运作的规范化进程以及契约签订的严谨程度。美国

的注册会计师通过注册会计师协会进行自我管理。日本也参照美国的做法，成立了公认会计师协会。这不仅能在一定程度上培养企业在缺乏决策支持或出现问题时寻找专业服务机构的意识，还能通过信息的沟通与互动，进一步构建分层次竞争协作相结合的市场结构，培育成熟的专业服务市场体系。

从价值链分析的角度看，生产性服务业的价值增值更多地体现在专业服务人员与客户之间的不断交流和沟通上，实际上生产性服务人员的知识储备、专业化水平对商务服务业发展起到了决定性的作用。基于此，美国、日本、德国、英国等国，都建立了多层次的人才培训体系和科学的人力资源开发利用体系，以保证为商务服务业发展提供大量的专业人才。它们都建立了多层次的专业教育，包括研究生、本科生和职业教育等。同时，在行业协会的组织和倡导下，还全面开展了在职教育，建立相应的职业资格认证制度。值得强调的是，协会的职业培训工作非常注重以实践应用和实际操作为主。比如日本、德国就建立了科学、开放的人力资源开发体系。它们通过专业人才能力开发和评价的体系引导培训教育工作，并从世界各国引进生产性服务领域的专业人才，促进商务服务领域的人才的流动。

三、发展国际城市生产性服务业的政策经验

（一）国际城市生产性服务业竞争力

生产性服务业作为一种围绕企业而兴起的新兴服务业在 20 世纪 80 年代以后成为西方发达国家和新兴国家经济的重要增长点。生产性服务业发达的国际城市异军突起。这些城市发展生产性服务业的经验和策略可以为我国提供借鉴和解决问题的对策。

表 5-1　　　　　　全球 110 个城市生产性服务业竞争力排名

城市	生产性服务业竞争力	生产性服务业竞争力排名	城市	生产性服务业竞争力	生产性服务业竞争力排名
都柏林	1	1	亚特兰大	0.807	3
旧金山	0.808	2	阿姆斯特丹	0.797	4

（续表）

城市	生产性服务业竞争力	生产性服务业竞争力排名	城市	生产性服务业竞争力	生产性服务业竞争力排名
华盛顿	0.794	5	萨克拉门托	0.612	29
夏洛特	0.773	6	东京	0.61	30
伦敦	0.732	7	迈阿密	0.61	31
纽约	0.702	8	里昂	0.61	32
丹佛	0.694	9	多伦多	0.609	33
洛杉矶	0.689	10	惠灵顿	0.606	34
圣地亚哥	0.686	11	辛辛那提	0.605	35
慕尼黑	0.685	12	维也纳	0.603	36
西雅图	0.684	13	奥克兰	0.593	37
达拉斯	0.679	14	赫尔辛基	0.59	38
波士顿	0.66	15	圣安东尼奥	0.589	39
明尼阿波利斯	0.655	16	费城	0.587	40
芝加哥	0.653	17	休斯敦	0.587	41
菲尼克斯	0.648	18	哥本哈根	0.586	42
布鲁塞尔	0.646	19	米兰	0.582	43
奥斯丁	0.645	20	香港	0.582	44
罗马	0.644	21	格拉斯哥	0.58	45
波特兰	0.643	22	拉斯维加斯	0.578	46
巴黎	0.638	23	纳什维尔	0.578	47
圣何塞	0.637	24	印第安纳波利斯	0.575	48
马德里	0.636	25	巴塞罗那	0.571	49
纽伦堡	0.629	26	札幌	0.569	50
汉堡	0.624	27	卡尔加里	0.564	51
哥伦布	0.621	28	温哥华	0.561	52

（续表）

城市	生产性服务业竞争力	生产性服务业竞争力排名	城市	生产性服务业竞争力	生产性服务业竞争力排名
柏林	0.56	53	墨尔本	0.483	77
仙台	0.56	54	苏黎世	0.482	78
台北	0.559	55	埃德蒙顿	0.466	79
神户	0.554	56	约翰内斯堡	0.463	80
横滨	0.548	57	温尼伯	0.44	81
大阪	0.546	58	利物浦	0.424	82
圣路易斯	0.545	59	首尔	0.42	83
渥太华	0.539	60	澳门	0.383	84
匹兹堡	0.537	61	北京	0.287	85
名古屋	0.537	62	开罗	0.284	86
巴尔的摩	0.536	63	上海	0.28	87
孟菲斯	0.536	64	里约热内卢	0.276	88
克利夫兰	0.533	65	釜山	0.27	89
布里斯班	0.531	66	高雄	0.255	90
法兰克福	0.528	67	蔚山	0.249	91
京都	0.526	68	深圳	0.222	92
日内瓦	0.524	69	开普敦	0.218	93
川崎	0.523	70	布宜诺斯艾利斯	0.21	94
蒙特利尔	0.517	71	杭州	0.202	95
密尔沃基	0.512	72	长沙	0.198	96
底特律	0.51	73	广州	0.194	97
悉尼	0.501	74	大连	0.187	98
堪培拉	0.489	75	青岛	0.152	99
新加坡	0.484	76	天津	0.15	100

（续表）

城市	生产性服务业竞争力	生产性服务业竞争力排名	城市	生产性服务业竞争力	生产性服务业竞争力排名
温州	0.149	101	苏州	0.137	106
南京	0.148	102	西安	0.132	107
迪拜	0.147	103	合肥	0.128	108
成都	0.143	104	厦门	0.114	109
重庆	0.14	105	珠海	0.105	110

数据来源：全球城市竞争力排名 2006（按产业分类），见 http://www.china.com.cn/chinese/MATERIAL/1237943.htm

从表 5-1 全球 110 个城市生产性服务业竞争力排名中可以看出，全球 110 个城市生产性服务业竞争力排在前面最多的是美国的城市、英国的城市，其次是欧洲、日本的城市，而中国首都北京生产性服务业竞争力排名也只有 85 位，远远落后于其他城市。其中排名前十位的城市，除了第一名爱尔兰都柏林和第七名英国伦敦，其他的都是美国城市，说明美国的生产性服务业高度发达。此外，德国的慕尼黑排名第十二，日本东京排名第三十，香港排名第四十四位。

全球城市生产性服务业竞争力排名不仅表明生产性服务业的发展程度，而且间接反映了城市的产业结构优化程度、经济发展水平、外向度以及对跨国生产性服务业公司的吸引力，能够反映出城市融入世界网络的程度。

（二）国际城市发展生产性服务业的政策内因

第一，经济结构升级促进生产性服务业规模增长。纽约的生产性服务业发展可以追溯到二战之后。随着制造业的持续衰退，工业向外围和其他国家扩散，生产者服务业部门逐渐占据重要地位，信息技术革命和跨国公司的增长推动国际资本进一步向纽约等全球化城市集聚，原来的城市中心变为繁华的中央商务区，生产者服务业在中心区就业比重迅速增加，大部分生产者服务业高度集聚在曼哈顿等中心城区。与纽约的发展类似，英国产业结构和产业分布的调整给伦敦的生产性服务业的发展提供了有利的外部条件。英国的制造业从 20 世纪

80 年代开始衰退，就业人口迅速向服务业转移，为服务业发展提供了大量的人才储备。对于欧洲的主要城市来说，Bailly（1995）指出，欧洲从 20 世纪 60 年代以来就采取了大量的产业政策措施以帮助城市发展服务业：1960—1980 年间，用生产补贴和公共扶持措施帮助公共服务部门的发展；1980—1990 年间，政策旨在扶持生产性服务业包括现代生产性服务业和电子通信以及高科技园发展；1990—1994 年间，创新型政策机制带动生产性服务业的扩大。

第二，创新型产业政策成为生产性服务业持续发展的动力。创新不仅包括制度创新，如行业交易规则、行业管制等，还包括技术创新，如信息技术的采用和商业服务网络平台的建立。此外，生产性服务集聚自身也会促进创新活动的发生，如专业化人才市场的形成、专业知识的传播等。

行业创新为伦敦的生产性服务业发展注入源源不断的活力。一方面表现为同类或相关行业的集聚。产业集聚有助于产业创新和技术传播。据统计，现有近 30 家世界 500 强企业总部设在伦敦，全世界知名金融机构、法律服务机构和会计服务机构都在伦敦设有全球总部或区域性分支机构。伦敦集聚了 500 多家跨国银行和 800 多家保险公司，每年外汇成交总额超过 3 万亿英镑，国外上市公司达到 530 余家，是世界最大的国际外汇市场、保险市场和证券市场之一。生产性服务业的集聚可利用上下游产业联系、共用劳动力市场和知识溢出等优点节约企业成本，培育竞争氛围，形成产业发展动力。另一方面表现为行业规则的制度性变革和新技术的应用。伦敦作为全球金融中心、航运中心和资讯中心，主要依靠诸如金融创新、信息技术创新、规则创新以及同产业相关的全球标准来维持其行业领先者的地位。比如金融服务业，它的功能被日益扩展。金融业作为工业的金融服务者和信贷提供者的传统角色，在一定程度上正在被市场上的现货贸易或期货贸易取代，并推动着新的金融工具、金融市场和金融技术的出现。

（三）国际城市发展生产性服务业的政策外因

第一，政府规划和扶持。在东京成为生产性服务业国际城市的过程中，政府行为起着至关重要的作用。二战后，日本经济在政府主导下取得了令人瞩目的成就，政府承担着许多原本可由私人部门从事的活动。同时，国家权力的集中带来相关服务产业集聚，如金融保险、商业服务、教育咨询等。此外，在历次规划中，东京政府多次提出在首都圈分散中枢管理的职能，建立区域多中心城市复合体，特别是在 20 世纪 80 年代，陆续完善了"多核多圈层"结构。不过由于担心严格限制中心区的发展有可能会丧失东京固有的活力，失去国际经济中心的地位，于是政府采取了必要的经济刺激政策，强化东京的服务功能，提升东京的国际金融和商务服务业中心的地位。

第二，转变战略方向，促进生产性服务业稳定发展。从 20 世纪 80 年代开始，受到生产成本增加、日元升值等影响，东京中心城区的制造业出现大规模的外迁，整座城市面临着空心化的严重威胁。为此，日本政府提出要从"贸易立国"导向逐步转向"技术立国"的战略思路，日本东京发挥自身人才和科研优势，重点发展知识密集型的"高精尖新"工业，并将"批量生产型工厂"改造成为"新产品研究开发型工厂"，使工业逐步向服务业延伸，实现产、学、研融合。在此阶段，诞生了一批以高科技产业为市场取向的新兴服务业，如风险投资、现代物流、信息加工等。

四、制定财税优惠政策

发达国家和地区发展生产性服务业的财税政策，不仅是分阶段的，而且行业特征十分明显。

（一）对研发类企业实行低税收减免及抵扣奖励

美国高度重视研发服务对于国家可持续发展及竞争力提升的作用，早在 1981 年就颁布了《经济复兴税收法》，规定企业研发超过 3 年平均水平的开支增加额可享受 25% 的税收减免。1986 年，美国《国内税收法》规定，一切商业公司和机构增加研发经费可获得相当于新增值 20% 的退税。该法还规定，研发经费可以由该公司或机构使用，也可以委托其他机构代为研发。费用构成包括雇佣研究人员的工资、必要的物资投入以及为研发活动直接提供支持的服务性活动。除公司外，个人从事的研发活动同样可以享受 20% 退税。[①] 美国对产学研联合提供税收方面的激励，如果公司企业委托大学或科研机构进行基础研究，根据合同所支付的研究费用的 65% 可直接从公司所得税中抵免。

（二）政策引导外资流向重点发展领域

新加坡政府重点发展金融、商业服务业，建设国际金融、贸易中心。政府修改及制定许多新的财政税收政策，引导更多外资流向金融、商业服务业领域。1990 年，新加坡宣布对银行、金融、服务业的外国投资实行一系列财税优惠政策，主要有：鼓励拥有国际业务的跨国公司在新加坡设立子公司和扩大业务；降低股票交易印花税；对从事国际贸易的公司给予 10% 的税收优惠；将岸外租赁的税率降低为 10%，以促进岸外金融服务发展；对岸外普通保险和岸外人寿保险所得利息和股息，实行 10% 的优惠税率等。同时，新加坡政府出台了多项吸引外资的优惠政策，包括凡享有开拓性科技成果的企业，获得出口奖励后，在原有基础上增加投资以扩大再生产，可在 5 年内减免至少 10%—15%的公司所得税；外商在新加坡任何银行汇出利息、利润、分红、提成费以及从投资所得的其他经常性收入不受任何限制，所得利息予以免税。

韩国政府于 2005 年 3 月底宣布了一系列旨在提高本国服务部门国际竞争力的税收优惠政策。对服务业的新创办企业，如广告和国际会议企业给予 50%的企业所得税减免；物流、市场研究、管理咨询和科学技术部门工作的外国雇员，在韩国工作的头 5 年免缴个人所得税；对信息技术企业和企业的科技研发所得实行合伙征税制度，即允许这样的企业只由个人缴纳个人所得税而不缴纳企业所得税。同时对服务部门的企业豁免财产购置税和土地税。如果这些企业位于政府划定的工业开发区内，对其减半征收土地税。同时，韩国通过设立自由经济区，为外商创造优良的投资环境来发展生产性服务业。韩国政府对在经济特区投资的公司实施一系列财税优惠政策，包括 10 年内免征公司税，取消

[①]　任旺兵：《我国制造业发展转型期生产性服务业发展问题》，中国计划出版社 2008 年10 月版，第 175 页。

或放宽对外商投资的各种限制，使外商享受减税和免息的优惠。区内配套具有最新技术水平的基础设施和先进的商务环境，为外商创造优良的投资环境。

香港通过低税率的自由贸易政策和投资政策，大力发展转口贸易，带动本地运输、仓储、金融、商务服务、咨询等服务业发展。香港的税率属全球最低之列，税种少税率低，税制简单而可预知，股息及利息收入也没有预扣税或社会保障扣款。此外，物业税只适用于在港持有土地或物业的业主。

（三）税收优惠政策支持发展融资租赁服务

随着金融产品的创新，融资租赁在国民经济中发挥的功能越来越显著。美国实施投资税收抵免制度，制定了针对租赁业的众多税收优惠政策，并积极引导企业利用融资租赁实现产业调整。1962 年首次确立了投资税收抵免制度，规定投资者在资本设备投资的当年，可从企业应纳税额中直接扣除投资金额一定百分比的税收。企业在购买某几种资产时，税法允许其成本的 10% 可以直接从纳税额中扣除。1981 年美国的《经济复兴税收法》扩大了税收的优惠范围，同时简化对租赁业的管理制度，创立了一种旨在充分利用减税利益的"安全港租赁"新形式。目前美国有关租赁的税收优惠政策为：租赁公司提折旧，可以在直线折旧法、双倍余额折旧法以及 150% 折旧法中自主选择；呆账准备金比例自定；承租人租金税前列支。

五、国际政策的经验启示

美国、英国、德国、日本、韩国等国家的生产性服务业产业政策的成功经验表明，着力构建有利于生产性服务业发展的产业政策体系至关重要。这对于我国生产性服务业产业政策的制定和发展方向具有积极的启示。

特色产业集群是生产性服务业发展的重要载体；健全的法律法规是生产性服务业发展的重要保障；加强行业协会建设对促进生产性服务业发展具有重要作用；具有一定规模的基础设施为生产性服务业的发展提供后发优势。专业化人才资源是实现生产性服务业持续发展的保证。只有生产性服务业产业政策内外结合、发挥优势,才能打造国际生产性服务业城市,立足于世界生产性服务业之林。

(一)推动我国生产性服务业集群化发展

大量相同或相互关联的产业集聚于某一特定区域,形成既有分工又有合作的产业体系,不仅是国际制造业发展的新趋势,同样也是现代服务业发展的新趋势。在现代服务业中,为生产企业服务的特点决定了生产性服务业比其他服务业更具有集聚发展的动力和可能。从国际上看,目前世界上几乎所有大城市的中心区都已由过去的"工业中心"转型为"生产性服务业中心"。都市中心区已成为生产性服务业的主要集聚地。研究表明,1985 年美国有 90% 的生产性服务业就业集中在大都市区,占了大都市总就业的 83%。从国内看,上海等地已正式启动中心城区内最大的生产性服务业集聚区建设,旨在为长江三角洲世界级制造业基地建设提供强大的服务支撑。要积极发展园区经济,改善产业配套条件,建设公共服务平台,推动生产性服务业集群化发展。要培育创新型企业,打造有国际竞争力的龙头企业和服务品牌,发挥龙头服务企业在产业集群中的核心作用。

生产性服务业通过加速向制造业生产前期的研发、设计领域,中期的管理、融资领域,后期的物流、销售、售后服务、信息反馈等全过程的渗透,不断趋向与制造业的融合发展。首先是制造业企业内部的产业融合。制造与服务功能相互叠加,使得一些制造业企业的服务性功能和收入占据了主导地位。如美国通用电气公司的服务收入已占总收入的 2/3 以上。其次是产业链上制造业与服务业的融合。研发、采购、售后服务等服务环节占产业链的比重越来越大,时间越来越长。再次是区域内的产业融合。制造业和生产性服务业越来越趋于在特定空间上集群式发展。

生产性服务业集群化发展趋势越来越明显,比如有硅谷的信息服务业集群、华尔街的金融业集群、印度软件产业集群等。目前生产性服务业虽然初步形成了聚集发展的态势,但产业集群的综合优势还没有充分发挥出来。未来应围绕重点发展的生产性服务业领域,积极推进各类专业性园区和产业基地建设,进一步强化生产性服务业的聚集效应。

我国要学习美国硅谷高科技、英国生物技术、意大利中小企业产业集群服务体系,争取生产性服务业的世界市场份额,集聚大量企业的同时构建地域同业中小企业集群。要发展中国的金融市场,培养完善的金融服务体系,鼓励研发,通过行业协会、律师事务所、会计师事务所等专业服务机构联结不同市场主体,争取给企业提供良好的融资平台和融资体系,完善专业化的中介服务等。

(二)打造中国的生产性服务业国际城市

在推进现代生产性服务业发展过程中,首都北京突出强调现代制造业和现代服务业的融合发展。目前北京市已制定了实现产业融合发展的总体思路:以北京城市功能调整和产业结构升级为契机,以提高北京经济综合竞争能力为目标,以延伸重点领域产业链、培育产业集群为切入点,充分发挥首都行政信息中心、各大服务商云集、市场消费不断升级、高新技术产业相对发达、区位优势相对明显的比较优势,通过培育市场、营造环境、政策引导等举措,促进北京现代制造业与现代服务业的融合、协调、可持续发展,将北京建设成为现代制造业重要的高端研发、制造基地和国际化现代服务业中心。为此,将重点培育"三大产业集群":一是延伸信息产业链,培育信息产业集群,推进计算机、手机、数字视听产品等制造业与软件服务、通信服务、网络服务、电视广播服务等服务业的融合;二是延伸汽车产业链,培育汽车产业集群,加快汽车整车、汽车零部件与汽车研发、测试、销售、金融保险、物流、维修等服务业的融合;三是培育医药产业集群,促进生物医药、化学药、现代中药、医疗设备制造业与医药研发、物流配送、医疗服务等服务业的融合。此外,推出了制定产业融合发展战略、积极做大做强现代服务业、培育服务业优势产业、进一步拓宽融资渠道、搭建产业融合发展平台等五项重要举措。

根据《上海加快发展现代服务业实施纲要》,上海市提出了以国际化提升服务业能级,市场化做大服务业规模,信息化提高服务业发展水平,法治化创造服务业发展环境；依托一批重大基础性、功能性项目，加大开放力度，争取政策突破，着力提升功能型服务业、大力发展知识型服务业、延伸发展生产性服务业、改造提升传统服务业，提高国际竞争力，加快构筑与国际化大都市相适应的"高增值、强辐射、广就业"的现代服务业体系，进一步增强城市综合服务功能和服务全国的能力的现代服务业发展战略目标。拟在六大重点领域实施政策聚焦、集中突破、以点带面，带动现代服务业快速发展和能级提升：以资源积聚和金融创新为抓手，大力发展金融业；以综合改革试点为契机，积极扶持文化服务业；以扩大"两港"开放为突破口，加速发展现代物流和航运服务业；以举办世博会为契机，整合发展会展、旅游业；以公共平台建设为抓手，培育壮大信息服务业；以市场化、专业化为方向，着力提高专业服务业水平。与此同时，推出了着力打造生产性服务业集聚区和加快发展创意产业两项重大举措，通过产业集聚尽快带动产业创新发展，争取在全球生产性服务业竞争力排名中名列前茅，打开我国面向世界的生产性服务业的市场。

第六章

产业政策的微观研究之一：
研究思路、分析框架与数学模型

一、我国生产性服务业产业政策微观分析与思路

（一）产业政策的微观分析

产业政策的制定和实施是一个范围广泛而且复杂的过程，可以从不同的角度去分析。这里我们从产业政策与市场之间的互动关系的角度，或者说从企业角度来讨论这一问题。因为产业政策是政府干预市场经济的行为，产业政策的作用过程实际上就是政府行为与市场经济活动之间的相互作用过程，其作用的实际效果如何主要取决于政府行为的作用指向与市场活动取向之间的耦合程度。

作为政府行为的产业政策与市场之间存在着一个重要的活动主体，即企业。企业既是构成产业的基本单位，也是市场活动的主体。在不同的经济体制下，企业的活动有不同的归属。在高度集权的计划经济体制下，企业的行为与政府的行为是同一的，企业的活动完全受政府行为支配；在市场经济条件下，企业是市场的经济主体，受市场供求关系的支配和调节。在中国经济转型期，我们把企业单独列出，当作一个相对独立的活动主体。因为在经济体制转轨过程中，它是政府行为与市场共同作用的对象，既受政府行为的调节，又受市场的引导。问题在于：在现实的经济生活中，企业的行为更容易受到政府行为的支配，还是更容易受市场机制的支配？这个问题也可以表述为：市场与政府行为这两种作用，谁对企业的作用更大？在理论上，这个问题不成立。因为在市场经济中，企业的行为完全受市场力量的支配。但是在经济体制转轨这一特定

背景下，这确实是一个客观存在的问题。其实，即使市场经济最发达的国家，其政府也总是通过这样或那样的方式和途径干预或影响市场、干预或影响企业行为，完全不受政府产业政策作用的市场经济是不存在的。

第一，从企业的角度看，这是一个不确定的问题。在一般意义上，企业的活动取向取决于经济体制改革尤其是企业改革的实际进程。随着经济体制改革的不断推进，企业由与政府基本上合为一体逐渐转变为一个具有相对独立性的经济主体。但在两种力量的作用中，作为一个利益主体，它采取了比较灵活的现实态度。实际上，不同的企业有不同的取向。对于那些在市场竞争中处于强势的企业，它们更多地受市场的支配，并希望政府尽量少干预或不干预；而对那些处于竞争劣势的、处境艰难的企业，当能够从政府出台的产业政策中获取更多利益时，它们的眼睛则更多地盯在政府身上。如果再将企业经营者的自身利益作为影响企业行为取向的一个不可忽视的因素考虑进来的话，企业行为的取向就更具有不确定性。

第二，从市场角度看，它对企业作用的大小，首先取决于它自身的完善程度，其次取决于政府对市场作用认识的态度。比如，在市场机制不健全，市场在资源配置中具有盲目性、自发性、滞后性等缺陷的意识的作用下，政府有可能会采取更多的、更直接的政策手段来干预社会资源的配置。再次，它取决于市场运行的态势，是"供不应求"的卖方市场，还是"供过于求"的买方市场。市场的这种运行态势实际上是经济发展过程中某个阶段经济特征的反映。从理论上说，这种状况往往作为假定的前提被排除在研究者的视野之外。因为在某种产品供不应求的状况下，价格机制会引导资源进入该产业，产品的供给能力增长，市场的供求会逐渐均衡；而在供过于求的状态下，市场机制的作用会使得资源从这个产品的生产领域或产业中退出，供求状况会逐渐恢复到基本均衡状态。因而，"供不应求"或"供过于求"往往被当作市场运行的一种暂时的状况，而不是常态（至少在一段时间内是存在的）来看待。但在现实中，这种市场运行的态势恰恰不是一种短暂的现象，因为资源的进入是一个过程，并且受到生产技术和建设周期的制约和影响，而资源的退出则更是会遇到退出障碍的问题。在两类不同的市场运行态势中，市场作用的力度和指向有所不同。在卖方市场状态下，它对资源在某个产业或部门的调节和引导作用可能会远远大于政府产业政策的干预作用；而在买方市场的状态下，它的竞争机制会推动产业集中度的迅速提高。而由这种推动作用所产生的产业集中的实际效果往往会大于或优于政府产业政策在这方面的干预作用。

　　第三，从政府行为角度看，产业政策是政府干预市场经济的一种行为。在这个意义上，产业政策实际效果的大小在很大程度上取决于政府所制定的产业政策的合理性和政府为推行这一政策所采取的手段及其实施的力度。而产业政策的合理性与否、手段和力度等又取决于市场主体——企业接受的路径、接受的程度。

（二）微观分析的思路与框架

　　企业发展是一个整体系统。在这个系统中，决定和影响企业发展和企业竞争力强弱的各种因素构成了系统的结构要素，产业政策也是影响企业发展的重要因素。因此，我们首先要构建影响企业发展的要素体系，如图 6-1 所示，我们需要研究探讨具体的影响因素，并通过必要的数学方法进行筛选。在这里，我们把产业政策作为影响因素之一，当然我们会在下文中予以验证；其次，我们对产业政策也需要从企业发展的角度予以分类细化，构成产业政策体系，如

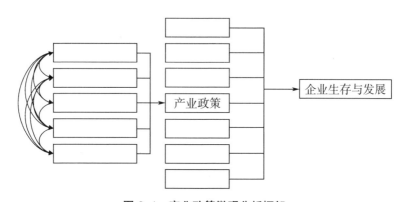

图 6-1　产业政策微观分析框架

图 6-1 所示；在上述基础上，通过数学模型分析、评价每一个影响因素的重要性程度。从中，我们就可以分析、评价产业政策对企业发展的影响，分析、评价具体产业政策的作用和影响。

二、生产性服务业企业发展影响因素分析与筛选

（一）要素的分析

1. 影响企业发展的因素

对生产性服务业企业和制造业企业而言，影响其发展的因素是不同的。对生产性服务业企业发展而言，我们所要考察的重点是产业政策总体及具体政策的重要性程度、市场需求（生产性服务业企业市场需求就是制造业企业的服务外包动机、可能与潜力）；对制造业企业发展而言，我们所考察的重点是生产性服务外包（制造业企业的生产性服务外包就是生产性服务业企业的市场及其潜力）总体及具体外包项目的重要性程度。

生产性服务业从无到有，在改革开放后的 20 多年间有了很大的发展。影响其企业发展的因素既有来自外部环境的，也有源于其自身的。

宏观经济、社会和政治环境，特别是国内和区域的经济发展会影响到生产性服务业的市场需求和供给能力，从而影响到生产性服务业企业发展；市场的竞争状态、市场的规范与否、市场的准入机制等市场环境很大程度上影响企业的进入与退出、企业的投资与扩张。

当然对于生产性服务业的具体企业而言，市场需求也许是最为重要的。现实市场需求的大小、未来市场潜量、现实和未来市场的需求弹性和价格弹性，无一不通过市场机制制约企业的发展，影响企业的投资和扩张与否。

产业发展离不开政府的作用。政府对产业发展政策的制定、对产业发展的定位及认识，都对产业的发展有重要影响。政府、企业和事业单位对生产性服务业中许多行业的地位与作用的认识，决定了社会需求的实际情况，影响着这些行业中企业的发展。在经济发展和对外开放度不断扩大的过程中，从政府到企业，在一定程度上意识到科技、信息在现代经济发展中的价值，也认识到信

息咨询业、计算机应用服务业、科学技术服务业等行业在生产、决策和管理中的重要地位。这种价值链概念的形成，导致了对生产性服务的需求的增加，促进了生产性服务的发展。当然，政府对生产性服务业企业发展的影响具体体现在政府的产业政策上。

企业资源是指企业拥有的或能够获得的，并被用来创造利润、实现企业生存和发展目标的各种要素及其关系的总称。一般来说，最简单的企业资源分类就是将其分为有形资源和无形资源两种。有形资源包含了资本资源、人力资源和技术资源三种资源。

企业能力是企业在进行资源优化配置的过程中，完成某一任务或活动所具有的能量。能力不是资源的集合，而是企业内部所形成的资源之间的相互协调的复杂关系，它是企业在环境变化下自发性和能动性的体现，反映在企业通过整合资源的方式实现预期目标的活动之中。能力因素包括企业经营能力、创新能力、融资能力、国际市场拓展能力和企业社会能力等多个方面。

类似于生产性服务业企业发展的影响因素，本书给出制造业企业发展的影响因素体系。在影响制造业企业发展的因素中，本书增加了生产性服务外包这一因素，以期考察评价外包服务对制造业企业发展的作用和影响程度大小。

综合上述，本书提出如下的制造业企业的发展影响因素分析框架（Ⅰ）和生产性服务业企业的发展影响因素分析框架（Ⅰ），如图6-2和图6-3所示。

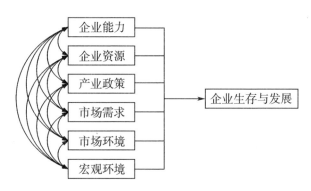

图6-2　制造业企业发展的影响因素分析框架（Ⅰ）

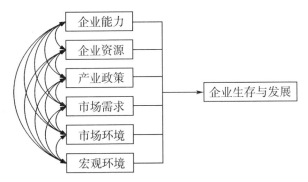

图 6-3　生产性服务业企业发展的影响因素分析框架（Ⅰ）

2. 从企业发展影响因素的角度对产业政策进行分类

以往的产业政策分类，或是从宏观角度，将产业政策划分为产业发展的产业政策、产业结构的产业政策、产业区域的产业政策、产业技术的产业政策等，或是从中观角度划分为不同行业的产业政策，而从企业角度对产业政策进行划分的则很少见。根据企业发展影响因素分析框架，从微观角度，笔者将影响企业发展的产业政策划分为提升企业能力的政策、扩大企业资源的政策、扩大市场需求的政策、有利的市场环境的政策和引导鼓励投资的政策五个方面的产业政策，并作为企业发展影响因素的第二层次的因素。这样，我们可以在上述企业发展影响因素分析框架的基础上，给出产业政策中的第二层次的影响因素，形成包含产业政策第二层次的企业发展影响因素分析框架（Ⅱ），制造业企业和生产性服务业企业的发展影响因素分析框架（Ⅱ），分别如图 6-4 和图 6-5 所示。

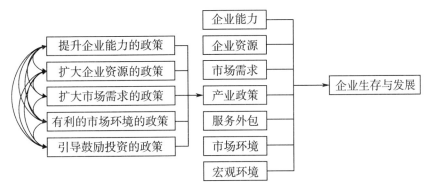

图 6-4　制造业企业发展影响因素分析框架（Ⅱ）

——打造我国生产性服务业升级版的对策研究

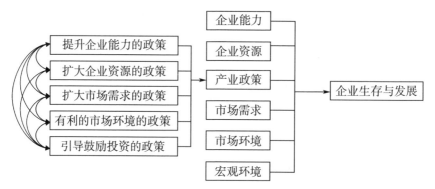

图 6-5　生产性服务业企业发展影响因素分析框架（Ⅱ）

（二）要素的筛选

1. 问卷设计

通过要素分析，我们已经初步得到生产性服务业和制造业企业生存与发展的影响因素。为进一步考察这些因素的重要性，问卷采用 5 分制来衡量其重要程度。其中，"1"表示"完全不重要"；"2"表示"不重要"；"3"表示其重要性"一般"；"4"表示"比较重要"；"5"表示"非常重要"。

以生产性服务业为例，问卷的主体部分如表 6-1 所示：

表 6-1　　　　　　　　各元素对生产性服务业企业成长重要性评价表

元素	完全不重要————————►非常重要				
企业能力	1	2	3	4	5
企业资源	1	2	3	4	5
产业政策	1	2	3	4	5
市场需求	1	2	3	4	5
市场环境	1	2	3	4	5
宏观环境	1	2	3	4	5
如果您认为还有别的对企业成长具有重要影响的因素，请在下面列出并给出重要性评价：					

2. 调查对象的选择

调查的内容决定了调查对象的选择。首先，调查对象必须对企业生存与发展的影响因素有比较全面的认识和把握；其次，需要站在企业的角度来看待这些因素的重要性。因此，本书选择企业的董事长或总经理为调查对象，他们都具有较高的素质、有自己的见解和思想，能够站在企业的最高角度对企业发展影响因素的重要性做出判断。

3. 数据分析

通过对 27 家生产性服务业企业和 21 家制造业企业分别进行调查、回收数据并进行数据分析，得到表 6-2 和表 6-3 所示结果。

表 6-2　　　　　　　　　　生产性服务业要素重要性得分统计表

要素	得分均值	离散系数	要素	得分均值	离散系数
企业能力	4.481481	0.113618	提升企业能力的政策	4.185185185	0.094583005
企业资源	4.555556	0.111154	扩大企业资源的政策	4.444444444	0.113933179
产业政策	4.481481	0.113618	扩大市场需求的政策	4.555555556	0.111154321
市场需求	4.407407	0.113607	有利的市场环境的政策	4.333333333	0.110857953
市场环境	4.62963	0.106294	引导鼓励投资的政策	4.62962963	0.106294222
宏观环境	4.407407	0.113607			

表 6-3　　　　　　　　　　制造业要素重要性得分统计表

要素	得分均值	离散系数	要素	得分均值	离散系数
企业能力	4.47619	0.114331	宏观环境	4.52381	0.113127
企业资源	4.380952	0.113586	提升企业能力的政策	4.380952381	0.113585656
市场需求	4.52381	0.113127	扩大企业资源的政策	4.476190476	0.114330773
产业政策	4.52381	0.113127	扩大市场需求的政策	4.428571429	0.11450477
服务外包	4.238095	0.102979	有利的市场环境的政策	4.476190476	0.114330773
市场环境	4.47619	0.114331	引导鼓励投资的政策	4.523809524	0.113127291

说明：上述数据分析结果显示，各要素对企业生存与发展都具有相当的重要性

三、生产性服务业产业政策微观分析的网络层次分析模型（ANP）

确定指标权重的代表性的方法是层次分析法（AHP）、信息权重法（主成分分析法、因子分析法）、德尔菲法以及层次分析法和德尔菲法的联合应用方法等。其中影响较大应用较多的当属层次分析法，不过层次分析法的实施需要有一个重要的前提，就是指标体系是一个内部独立的递阶层次结构，但是企业成长影响因素并不是内部独立的递阶层次结构，某些因素之间相互影响、相互支配。为了解决这种问题，本书采用了 Saaty 教授于 1996 年在层次分析法的基础上提出的网络层次分析法（Analytic Network Process，简称 ANP）。

（一）网络层次分析法的原理

ANP 的网络层次结构相对于 AHP 递阶层次结构来讲，显然更为复杂，既存在递阶层次结构，又存在内部循环相互支配的层次结构，而且层次结构内部还存在依赖性和反馈性。ANP 网络结构将系统元素划分为两大部分：控制层和网络层。

控制层包括问题目标及评估准则。所有的评估准则均认为是彼此独立的，且只受目标元素支配。控制因素中可以没有评估准则，但至少有一个目标。控制层是典型的递阶层次结构，控制层中每个准则的权重均可用传统的 AHP 方法获得。

网络层是由所有受控制层支配的元素组成的，元素之间相互依存、相互支配，元素和层次间内部不独立，递阶层次结构中的每个准则支配的不是一个简单的内部独立的元素，而是一个相互依存、相互反馈的网络结构。控制层和网络层组成了典型 ANP 层次结构。图 6-6 就是典型的 ANP 结构。

图 6-6 中的箭头符号表示：箭尾指标影响箭头指标，自己有对自己的箭头则表示属于该指标（元素集）的下一级指标之间是相互影响的，即该指标（元素集）内是相互依存或非独立的。

网络分析法的决策原理与层次分析法基本相同，唯一不同的是前者建立的

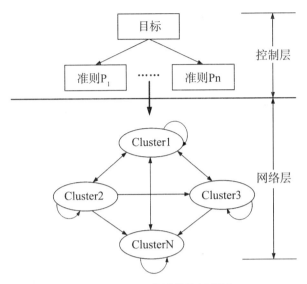

图 6-6　ANP 典型结构示意图

是网络结构模型，而后者建立的是层次结构模型。由于网络结构模型要远比层次结构模型复杂，因此在权重合成方面，网络分析法应用了更加复杂的数学知识，其中比较重要的概念就是超矩阵的应用和分析。

（二）网络层次结构模型

许多决策问题不能应用层次分析结构，最主要的原因是这些决策问题中包含有各种层次元素之间的相互作用和相互依存关系。本章所研究的知识型企业成长模型中各因素间存在着较多的依存关系，这也是本章选择网络层次分析法的主要原因。就层次表示来说，往往较高层次的元素会影响（即有相应的重要性贡献）较低层次的元素，而不仅仅是像层次分析法那样，只有低层次的元素会影响更高层次的元素，而高层次的元素不会反过来影响较低层次的元素。因此，在网络结构中，不仅方案的重要性本身决定着标准的重要性，而且标准的重要性也决定着各个方案的重要性。同时，在同一个层次中，元素之间也可以允许存在着相互依存关系。

所谓 ANP 的网络是由簇（clusters）以及连接簇之间的影响因素组成，簇又由簇所包含的节点（nodes）组成，节点之间也可以相互影响，一个簇中的节点可以与另外一个簇中的节点之间发生相互影响关系，各种相互影响关系均用 "———▶" 表示，簇之间的影响如图 6-7 所示。

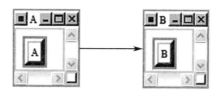

图 6-7　影响关系示意图

图 6-7 中表示簇（或者节点）A 受簇（或者节点）B 的影响，或者簇（节点）B 影响簇（节点）A。其中簇本身对自己的影响关系称为反馈关系。

ANP 中的网络结构用两种形式表示，一种是图形形式，一种是矩阵形式。图形形式定性地表示组成网络的各个簇之间的相互影响关系以及反馈关系，而矩阵形式定量地表示相互影响或者反馈的程度或者大小。

网络中的簇一般用 C_i 来表示，其中的节点假定有 n_i 个，一般用 $e_i(1)$，$e_i(2)$，…，$e_i(n_i)$ 来表示 $i=1, 2, …, m$。像在层次分析法中一样，一个簇中给定集合节点对系统中其他簇的节点的影响用优先权重向量（priorities）来表示，而优先权重向量同样由成对比较判断而得到。网络中的这种影响可以用一个矩阵表示，网络层次分析法中称为超矩阵（super matrix）。例如，考虑由 m 个簇 C_1，C_2，…，C_n 组成的网络模型，我们可以定量地用下列超矩阵表示各个簇以及簇之间的相互影响关系。

$$
W=\begin{array}{c}
C_1 \begin{array}{c} e_1(1) \\ e_1(2) \\ \vdots \\ e_1(n_1) \end{array} \\
C_2 \begin{array}{c} e_2(1) \\ e_2(2) \\ \vdots \\ e_2(n_2) \end{array} \\
C_m \begin{array}{c} e_m(1) \\ \vdots \\ e_m(n_m) \end{array}
\end{array} \times
\begin{pmatrix} W_{11} & \cdots & W_{1m} \\ \vdots & \ddots & \vdots \\ W_{m1} & \cdots & W_{mm} \end{pmatrix}
$$

其中，$W_{ij}(i, j=1, 2, \cdots, m)$ 称为该超矩阵中的一个块，具有下列形式：

$$W_{ij} = \begin{bmatrix} W(i_1,j_1) & W(i_1,j_2) & \cdots & W(i_1,j_{n_j}) \\ W(i_2,j_1) & W(i_2,j_2) & \cdots & W(i_2,j_{n_j}) \\ \vdots & \vdots & & \vdots \\ W(i_{n_i},j_1) & W(i_{n_i},j_2) & \cdots & W(i_{n_i},j_{n_j}) \end{bmatrix}$$

W_{ij} 中的每一个列对应于网络模型中的第 i 个簇中的节点对第 j 个簇中的节点的重要性影响的主特征向量，即按照层次分析法确定的局部权重向量。当 $W_{ij} = 0$ 时，表示上述簇之间不存在相互影响。

具体到网络模型的结构可以通过多种形式进行表示，但都可以转化成为用一个网络图和对应的超矩阵来表示。网络图定性地描述了所研究系统的各个子系统或者元素之间的相互影响关系，而超矩阵则采用定量的形式表达了这些相互影响的程度或者大小。

（三）权重的综合计算原理

使用网络层次分析法最关键的一步就是计算簇之间的权重，不同水平的各个簇之间以及同一层次同一簇内各个节点之间的相互影响的直接评价可以用网络结构的超矩阵来表示。因此，簇之间权重的计算实质上成了超矩阵的运算。超矩阵只用来表示决策者对簇或者节点相互之间的直观价值判断或者偏好，但由于各个簇和各个节点之间存在反馈关系，因此这种价值有间接影响的作用或者反作用。要确定一个元素对目标簇中各个节点或者最高目标的最后影响，需要综合直接与间接的作用，形成最终的综合影响权重。因此，这需要在评价直接影响作用的超矩阵基础上，进行矩阵运算。对于间接影响程度可以通过超矩阵的乘幂来获得，即直观地分析，综合影响权重应该通过下列运算得到：

$$W^1+W^2+W^3+\cdots+W^i = \sum_{i=1} W^i$$

为了使运算收敛，必须对超矩阵加以限定，使得超矩阵具有随机性，即超矩阵的每一列的元素相加等于 1。通过这种限定使得累加效应存在并且有限。

运用网络层次分析法进行评价过程中，对于超矩阵 W 的计算需要依据标准，在网络分析法中称为控制标准（control criterion）。控制标准可以是一个标准，也可以是多个标准，根据标准的数量相应的形成超矩阵。我们把含有多个标准的控制标准称为控制层次（control hierarchy）。控制层次也可以根据不同标准的权重综合成为一个控制点。同样，控制层次也可以是一个层次结构，控制层次决定着网络模型的定量化描述，即超矩阵的确定。如果控制层次是一个层次结构，我们也需要利用 AHP 的原理进行局部权重的确定以及综合权重的合成。

超矩阵 W 中的每一个块 W_{ij}，是由第 i 个簇中的节点对于第 j 个簇中节点的影响程度所组成的，该块中每个列向量对应于这样的一个权重，这个权重可以通过特征向量法或者使用在 AHP 方法中求解的方法及过程求得。

为了满足限制要求，须判断超矩阵是否为一个随机矩阵，否则我们可以通过变换把这个超矩阵转化成为随机矩阵。我们可以证明任何一个随机矩阵的任意次幂都是一个随机矩阵。假设我们得到的超矩阵是一个随机矩阵，我们考虑加权超矩阵 W_Q，W_Q 的含义是决策者对网络中任何簇中的任何一个节点对另外任何簇中的任何一个节点之间的直接影响程度的价值偏好度量。W_Q^2 的含义是决策者对网络中的任何一个簇中的任何一个节点通过第三个节点对另外任何一个簇中的任何一个节点之间的二次间接影响程度的价值偏好度量。以此类推，W_Q^i（$i=1, 2, \cdots, n$）给出了决策者 i 次间接影响程度的价值偏好度量。把这些直接影响和间接影响的价值偏好值累加，就得到了综合价值偏好度量。即

$$\text{Limit } W = \lim_{i \to \infty}$$

综上所述，给定加权随机超矩阵 W，我们可以求出其幂，如果幂收敛，我们可以把这个收敛结果作为综合权重。否则，如果出现周期性，我们就取平均作为综合权重。上述超矩阵的计算过于复杂，为此本书在具体计算过程中，使用了 SD（Super Decisions）软件辅助完成计算全过程。

第七章

产业政策的微观研究之二：
数据来源与实证分析

一、问卷调查

根据本书第六章的分析思路和 ANP 方法，本书分别设计了生产性服务业企业和制造业企业调查问卷（见附件二和附件三），并对 27 家生产性服务业企业和 21 家制造业企业分别进行了问卷调查。需要说明的是，对于选择问卷调查的这些企业，作者有两点考虑：一是填写调查问卷的人员必须是企业的董事长或总经理，以确保对企业发展影响因素的分析能站在企业的最高角度予以考虑；二是填写调查问卷的人员必须有较高的素质、有自己的见解和思想，这样才能保证 ANP 模型使用的科学性和准确性。

（一）生产性服务业问卷调查

1. 信息与软件服务

其中信息传输服务主要由电信增值服务和其他信息传输服务组成；软件服务主要包括企业电子商务服务、企业管理软件服务、行业应用软件服务等。问卷调查的企业有：浪潮齐鲁软件公司、山东政通科技发展有限公司、山东山大华天软件有限公司、山东地纬计算机软件有限公司、中国联合通信公司山东分公司、山东泰华电讯有限公司。

2. 现代物流服务

主要包括产业基地型、行业分拨型、都市配送型三类特色物流服务。问卷调查的企业有：烟台海通联合发展有限公司、烟台中联物流园有限公司、山东道恩物流有限公司、烟台联民物业管理有限公司、烟台交运集团有限责任公司、山东北明全程物流有限公司。

3. 企业金融服务

包括企业融资、企业上市、企业保险，以及企业创业过程中风险投资等服务。问卷调查的企业如下：青岛银行济南分行、兴业银行、民生银行、齐鲁银行股份有限公司。

4. 科学技术服务

主要包括两类：一是研究与开发服务，包括新技术开发、新产品概念设计等服务；二是科技交流与推广服务，包括科技中介、科技人才交流等服务。问卷调查的企业如下：山大信控学院、山东省科学院情报研究所、中国兵器工业集团第五三研究所、山东三达科技发展公司。

5. 商务服务

主要包括两类：一是咨询服务，包括企业的管理咨询、战略咨询、质量认证、会计审计、法律咨询等服务；二是市场服务，包括可行性研究、市场调查与研究、工业会展、广告与包装设计等服务。山东中喜信诺会计师事务所有限公司、山东新之航文化传播有限公司、盛高咨询、山东科创律师事务所、山东国佳基业科技开发有限公司。

6. 其他生产性服务

问卷调查的企业有：山东东方海洋科技股份有限公司、烟台华建检测工程有限公司。

（二）制造业问卷调查

制造业问卷调查的企业共有 21 家，分别是：山东金曼克电气有限公司、山东鲁信天一印务有限公司、山东法因数控机械股份有限公司、济南中燃科技发展有限公司、山东山大华特科技股份有限公司、天津天士力制药股份有限公司、山东圣阳电源股份有限公司、山东胜利股份有限公司、山东山工机械有限公司、山东山大奥太电气有限公司、山大华天科技股份公司、济南瑞通铁路电务有限责任公司、济南青年汽车有限公司、绿叶制药集团有限公司、烟台泰华海洋食品股份有限公司、烟台三环锁业集团公司、山东爱普电气设备有限公司、山东福瑞达生物工程有限公司、济南泓奥混凝土有限公司、鲁银投资集团德州羊绒纺织有限公司、积成电子股份有限公司。

二、调查问卷的 ANP 统计计算

在对上述生产性服务业企业和制造业企业问卷调查的基础上，分别对每一个调查企业的问卷做 ANP 统计计算，并做各层次的一致性检验。21 家制造业企业和 27 家生产性服务业企业的 ANP 计算结果可见附件。凡一致性检验值大于 0.1 的企业被认为其满意度不高，舍弃；凡一致性检验值小于 0.1 的企业被认为满足 ANP 的要求。在一致性检验值小于 0.1 的基础上，再将其权重做算术平均，最终得到各层次的平均权重向量。

三、实证分析

（一）生产性服务业对企业发展的作用不强

生产性服务外包对制造业企业的发展是有作用的，特别是生产性服务业中高端行业的发展将有助于解决制造企业尤其是大部分中小制造企业向高端制造环节挺进乏力的问题。生产性服务业，特别是生产性服务业中高端行业的发展将有助于解决制造企业尤其是大部分中小制造企业向高端制造环节挺进乏力的问题，帮助它们改变创新能力落后、缺少品牌、组织能力低下的局面，促进制造业持续健康发展。但目前，中国经济正处于转型期，一方面，制造业企业"大而全""小而全"的局面正在逐步改变，许多本应该由生产性服务业企业承担的外包服务仍由制造业企业内部职能部门完成；另一方面，生产性服务业企业本身的专业化水平、质量、效率由于其发展的时间和实力所限还不能满足制造业企业的需求，所以上述内容在理论上和宏观层面可能是正确的，而微观层面或者说现实层面上，生产性服务业的作用是微弱的。问卷调查统计的数据得出了这一结论，如表 7-1 和表 7-2 所示。

表 7-1 按企业规模的制造业发展影响因素权重

因素 规模	企业发展影响因素权重						
	企业能力	企业资源	市场需求	产业政策	服务外包	市场环境	宏观环境
平均	0.203	0.136	0.215	0.126	0.062	0.132	0.125
小型平均	0.256	0.144	0.225	0.096	0.045	0.129	0.105
中型平均	0.178	0.145	0.212	0.125	0.073	0.138	0.128
大型平均	0.206	0.12	0.214	0.147	0.058	0.124	0.132

表 7-2 按发展阶段制造业企业发展影响因素权重

因素 发展阶段	企业发展影响因素权重						
	企业能力	企业资源	市场需求	产业政策	服务外包	市场环境	宏观环境
平均	0.203	0.136	0.215	0.126	0.062	0.132	0.125
创业期企业	0.29	0.179	0.232	0.101	0.038	0.09	0.069
成长期企业	0.185	0.129	0.216	0.127	0.067	0.141	0.135
成熟期企业	0.202	0.124	0.182	0.154	0.07	0.132	0.138

服务外包在所列的企业发展影响因素中是权重最小的因素，平均值仅为 0.062，我们甚至可以认为服务外包目前并不是制造业企业发展的影响因素。制造业企业的服务外包就是生产性服务业本身，因此，我们可以推论：目前微观—企业层面上，生产性服务业对制造业企业的作用是微弱的。同时，按照企业规模分别计算的服务外包权重，大型制造业企业为 0.0058，中型制造业企业为 0.073，小型制造业企业为 0.045，表现为中型制造业企业服务外包权重最高，小型制造业企业服务外包权重最低，也证实了微观层面或者说现实层面上，生产性服务业的作用是微弱的。

正如上述，一方面，制造业企业"大而全""小而全"的局面正在逐步改变和变化，许多本应该由生产性服务业企业承担的外包服务仍由制造业企业内部职能部门完成；另一方面，生产性服务业企业本身的专业化水平、质量、效率由于其发展的时间和实力所限还不能满足制造业企业的需求，所以，制造业企业对服务外包的需求是微弱的，也就表明目前生产性服务业对制造业发展的作用是微弱的。同时，以科学技术服务需求为例，制造业企业对科技服务的需求还不足，这与当前较落后的企业生产经营方式有关。一方面，相当数量的企业还在采用传统以至陈旧的生产模式，竞争策略主要依赖成本优势和价格竞争，技术进步、产品开发和产业升级的速度较为缓慢，所以我们调查的小型企业对服务外包的需求权重也是很小的；另一方面，大中型企业内部的科技部门比较发达，对企业产出贡献较大，对独立科技服务机构的服务需求不足，因而所调查的大型企业也并不把服务外包作为企业发展的影响因素。

从制造业企业发展阶段来看，随着制造业企业的发展，服务外包的权重是逐步增大的。处于创业期的制造业企业服务外包因素的权重最低，仅为 0.038，成长期的制造业企业服务外包权重略高，为 0.067，而成熟期的制造业企业服务外包的权重最高，为 0.07，也从另外一个方面验证了上述的结论。因为，处于成熟期的制造业企业开始重视外包服务，也开始有条件选择外包服务。

（二）产业政策不是生产性服务业企业发展的最主要影响因素

在中国转型期，产业政策有利于提升生产性服务业的发展，这种作用宏观上应该是明显的，但对微观经济的主体——企业则可能不是最主要的影响因素。很明显，宏观上，政府通过直接投资、投资政策的扶持和支持等具体的产业政策措施使生产性服务业在较短时间里迅速发展起来。然而，对生产性服务业的具体企业而言，由于政策的主体不是面对它们，再加上产业政策由政府传递、作用于企业的路径和方式不到位等原因，必然使产业政策在企业这一微观层面的作用不明显，甚至是微弱的。

表 7-3 的 ANP 统计结果表明，在生产性服务业企业发展影响因素中，政府的产业政策的权重平均为 0.145，总体上，位居企业发展影响因素的第四位，仅在科学技术服务业的企业发展影响因素中政府的产业政策权重居第二位。这一 ANP 分析结果说明，在生产性服务业的企业发展影响因素中，政府的产业

政策的作用并不是最主要的，对有些生产性服务业企业来说甚至是微弱的。如对商务服务业企业和信息与软件服务业企业，政府的产业政策的作用权重分别仅为 0.108 和 0.092，均排在所有企业发展影响因素的最末位，我们甚至可以认为生产性服务业产业政策的作用对这两个行业是微不足道的。

表 7-3   生产性服务业企业发展影响因素权重

类型 ＼ 因素	企业发展影响因素权重					
	企业能力	企业资源	产业政策	市场需求	市场环境	宏观环境
平均	0.208	0.17	0.145	0.243	0.115	0.119
科学技术服务业	0.202	0.089	0.26	0.303	0.101	0.047
企业金融服务	0.177	0.155	0.177	0.233	0.097	0.162
商务服务	0.236	0.191	0.108	0.244	0.106	0.116
现代物流服务	0.123	0.204	0.181	0.231	0.16	0.103
信息与软件服务	0.245	0.186	0.092	0.231	0.116	0.129
其他生产性服务业	0.172	0.051	0.115	0.18	0.224	0.258

（三）市场需求是生产性服务业企业发展的最重要的影响因素

在市场经济条件下，任何企业的生存与发展最重要的影响因素就是它所提供的产品或服务是否有市场需求。市场需求决定了企业的生存与发展，对生产性服务业企业也不例外。因此政府对生产性服务业发展的政策作用不仅应该表现在通过政策及资金投入提高生产性服务业的供给能力，还应该增强制造业企业对生产性服务的需求。一个行业的发展，自身满足市场需求的供给能力是必要的，通过供给能力和层次的提高、升级与优化创造并带动市场需求是更重要的；同时，市场自身的现实和未来需求也深深地左右这个行业的发展。中国目前的生产性服务业就是如此，因此产业政策应该从供给与需求两个方面入手，同时并行地发挥产业政策的作用，才能达到既发展生产性服务业的目标和方向，又能促进制造业以及产业结构、经济结构的升级优化。

问卷调查数据表明：生产性服务业企业的市场需求是第一位的影响因素，

而制造业企业服务外包需求不明显，甚至可以认为服务外包并不是制造业企业发展影响因素中第一层次的因素，如表7-4和表7-5所示。表7-4数据表明，在所调查的生产性服务业企业中，市场需求是影响企业发展因素中最为重要的、排在第一位的因素，其权重平均为0.243，排在第二位的是企业能力影响因素，其平均权重为0.208。生产性服务业对制造业企业而言就是服务外包，在所调查的制造业企业中，服务外包是最不重要的、排在最次要位置的发展影响因素。我们完全有理由认为服务外包目前并不是制造业企业发展影响因素中第一层次的因素，其权重仅为0.062，如表7-5所示。这一方面验证了市场需求即制造业的外包服务动机与实践是生产性服务业企业发展的最重要的影响因素；另一方面，也充分表明，目前中国制造业企业的服务外包需求不明显、不强烈，还不足以形成明显的生产性服务业企业的市场，不足以带动生产性服务业企业的发展。

表7-4 生产性服务业企业发展影响因素权重

	企业发展影响因素					
	企业能力	企业资源	产业政策	市场需求	市场环境	宏观环境
平均	0.208	0.17	0.145	0.243	0.115	0.119

表7-5 制造业企业发展影响因素权重

	企业发展影响因素						
	企业能力	企业资源	市场需求	产业政策	服务外包	市场环境	宏观环境
平均	0.203	0.136	0.215	0.126	0.062	0.132	0.125

所以，促进生产性服务业与制造业互动发展是生产性服务业产业政策的重点和关键点。有效需求不足与有效供给不足是生产性服务业发展面临的主要问题之一。需求与供给虽然是一个问题的两个方面，但落脚点和着力点却是不同的，即要从生产性服务业企业和制造业企业两个方面入手；同时，生产性服务业企业与制造业企业各自的行业不同，实力差异，产品特点不同，更需要寻求它们各自的需求—供给对应点和结合点。从而，在产业政策制定上，要从多个

层面尤其是科技层面探索生产性服务业与制造业互动的方式、方法，使生产性服务业的发展能够与制造业转型升级进程保持动态的契合。

（四）产业政策的差异性和针对性更为重要

就生产性服务业内部行业而言，对产业政策需求的内容和程度是不同的；同时，制造业企业的性质、规模、实力差异和不同的发展阶段导致它们对生产性服务业的需求也是不同的。更为重要的是，在当前制造业竞争激烈且竞争停留在低端层面，以及我国整体商业环境欠完善的背景下，制造企业外包生产性服务环节的动机不强烈，只有那些企业自身无法提供的生产性服务才具有突出地提升制造业竞争力的作用。发展生产性服务业的产业政策必须充分考虑到制造业企业对生产性服务业需求的差异性。因此，生产性服务业产业政策必须充分考虑生产性服务业行业内部和制造业行业的需求差异，进而采取有针对性的产业政策。

表 7-6 的数据充分表明，对生产性服务业来说，不同的行业对产业政策的需求重点是存在明显差异的。在所调查的生产性服务业企业中，平均而言，生产性服务业企业对产业政策的需求权重最大的是提升企业能力的政策；对科学技术服务业企业、企业金融服务业企业和商务服务业企业来说，排在第一位的也是提升企业能力的产业政策；而对现代物流服务业企业来说，有利的市场环境的产业政策是权重最大的；扩大市场需求的产业政策则是信息与软件服务业企业和其他生产性服务业企业最迫切需要的产业政策。

表 7-6　　　　　　　　　　生产性服务业产业政策需求权重

产业政策 类型	产业政策				
	提升企业能力的政策	扩大企业资源的政策	扩大市场需求的政策	有利的市场环境的政策	引导鼓励投资的政策
平均	0.265929	0.191286	0.255786	0.174	0.113143
科学技术服务业	0.347	0.2005	0.3095	0.095	0.0485
企业金融服务	0.319667	0.206667	0.154667	0.203	0.116
商务服务	0.366	0.079	0.267	0.112	0.177

（续表）

类型 \ 产业政策	产业政策				
	提升企业能力的政策	扩大企业资源的政策	扩大市场需求的政策	有利的市场环境的政策	引导鼓励投资的政策
现代物流服务	0.163	0.178	0.2225	0.3115	0.1245
信息与软件服务	0.229667	0.203667	0.297667	0.150333	0.118833
其他生产性服务业	0.134	0.164	0.331	0.297	0.073

　　表 7-7 的数据表明，制造业企业对外包服务的需求是存在差异的，因此，发展生产性服务业也必须"因地制宜"充分考虑制造业企业对生产性服务业需求的差异性。对所调查的制造业企业而言，金融服务是其最为需要的外包服务，权重最大，为 0.225；其次是科学技术服务，权重为 0.223；再次为信息与软件服务，其权重为 0.205；排在第四位的是现代物流服务，权重为 0.176。

表 7-7 　　　　　　　　　　　　　　**制造业外包服务需求权重**

	外包服务					
	信息与软件服务	现代物流服务	企业金融服务	科学技术服务	商务服务	其他生产性服务
平均	0.205	0.176	0.225	0.223	0.089	0.082

（五）提升企业能力的政策是产业政策中最为重要的

　　企业是一个不断成长和演化的有机体，在特定的环境下，其成长过程中所积累的知识是独特的，其他企业难以模仿并且无法通过市场购买获得，这就是企业能力。企业能力是指企业的组织能力，即组织人、资源和工作去实现企业目标的方式，它体现了企业关于做什么和怎样做的知识。正是企业所拥有的难以模仿和交易的知识构成了企业能力的基础和竞争优势的来源。因此，企业的差异性，即企业在行为、利润和竞争优势上的差异是内生的。企业是国民经济的基本细胞，经济发展取决于企业的发展。某一产业内拥有多个具有国际竞争力的企业是该产业具有竞争优势的主要标志。因此，产业政策必须着眼于企业发展的关键因素——企业能力。提升企业能力的产业政策也必然成为最为重要的产业政策。

如表 7-8 所示，在所调查的生产性服务业企业发展影响因素之产业政策因素的第二层次中，提升企业能力的产业政策位居所有政策因素中的第一位，其权重达 0.265929，其次才是扩大市场需求的产业政策。对所调查的制造业企业而言，在企业发展影响因素之产业政策因素的第二层次中，提升企业能力的产业政策同样位居所有政策因素中的第一位，其权重更达 0.283789，其次也才是扩大市场需求的产业政策。

表 7-8 产业政策需求权重

产业政策 类型	产业政策				
	提升企业 能力的政策	扩大企业 资源的政策	扩大市场 需求的政策	有利的市场 环境的政策	引导鼓励投 资的政策
生产性服务业平均	0.265929	0.191286	0.255786	0.174	0.113143
制造业企业平均	0.283789	0.214211	0.252421	0.157895	0.091895

因此，产业政策的重点不是加强既有的企业和产品，而是通过政府与生产性服务业企业的信息互动以及促进生产性服务业企业的创业性活动，实现企业和产业竞争能力的培育和提升。

四、小结

目前，中国经济正处于转型期，一方面，制造业企业"大而全""小而全"的局面正在逐步改变，许多本应该由生产性服务业企业承担的外包服务仍由制造业企业内部职能部门完成；另一方面，生产性服务业企业本身的专业化水平、质量、效率由于其发展的时间和实力所限还不能满足制造业企业的需求，所以导致微观层面或者说现实层面上，生产性服务业对制造业企业的作用是微弱的。因此，扩大制造业企业服务外包需求既是发展生产性服务业的市场拉动力，也是制造业改变"大而全""小而全"的局面的突破口，使制造业专注于核心业务。这既是生产性服务业产业政策的重点，也更是产业政策配套体系的重要内容之一。

既然实证分析证实了目前的产业政策对微观市场经济主体——企业的作用并不是最重要的发展影响因素，那么如何使生产性服务业产业政策发挥促进生产性服务业发展的作用，就是产业政策必须充分考虑的问题，这可能涉及产业政策实施的路径和落脚点选择问题。因此，正确的产业政策实施的企业路径和落脚点，是生产性服务业产业政策作用发挥必须认真考虑和选择的。

促进生产性服务业与制造业互动发展是生产性服务业产业政策的重点和关键点。有效需求不足与有效供给不足，是生产性服务业发展面临的主要问题之一。需求与供给虽然是一个问题的两个方面，但落脚点和着力点却是不同的，即要从生产性服务业企业和制造业企业两个方面入手；同时，生产性服务业企业与制造业企业各自的行业不同，实力差异，产品特点不同，更需要寻求它们各自的需求—供给的对应点和结合点。从而，在产业政策制定上，要从多个层面尤其是科技层面探索生产性服务业与制造业互动的方式、方法，使生产性服务业的发展能够与制造业转型升级进程保持动态的契合。

对生产性服务业来说，不同的行业对产业政策的需求重点是存在明显差异的，因此，生产性服务业产业政策必须充分考虑生产性服务业行业内部和制造业行业的需求差异，进而采取有针对性的产业政策。

第八章

创新、创新管理与我国企业创新

"企业创新"的概念发展从单层面逐渐转变为多体系的构面，从起初的"技术创新"，逐渐导入管理与战略创新，而呈现更多元化的观点。而且，研究企业创新的学者和专家众多，伴随研究者的兴趣和观点的不同，对企业创新的界定便众说纷纭。

一、创新与企业创新管理的内涵

（一）国外企业创新研究

约瑟夫·熊彼特（Joseph A.Schumpeter）1912 年在其著作《经济发展理论》中首次对"创新"的进行概念界定，他指出，创新是把一种未曾出现过的生产要素和条件以及它们的新组合形式引入生产体系，以通过市场手段取得潜在超额利润的活动过程①。熊彼特的又一重要观点是：创新是一种毁灭性的创造。一次创新活动过程，既是对旧的生产要素资本的毁灭，也是从未有过的生产条件和生产要素的全新重组，创新就是通过反复的"毁灭—创造"活动，推动经济持续向前发展。他对技术创新认识的提出是为了探索经济发展过程及经济学领域众所周知的经济发展周期。他认为技术创新引起经济浪潮式发展，在技术创新理论的经济发展的基础上，经济学的发展受到了周期循环理论的深远影响。创新同时也对经济发展和活动产生动态的影响。在众多的企业经营者中，企业

---

① 熊彼特：《经济发展理论》，商务印书馆 1990 年 8 月版，第 9 页。

家是创新的主要动力源，企业家应具备的首要素质就是创新意识。约瑟夫·熊彼特的思想，重点突出对企业家创新能力的要求，反映出企业家在企业创新和经营管理决策过程中的重要地位。约瑟夫·熊彼特之后，各国学者纷纷入手对企业创新进行研究，如表8-1。

表8-1　　　　　　　　　　　国外学者对创新的认识分析表

研究者	认识分析
郝希尔特（Hauschildt）	创新理论和创新实践中的重要问题已经成为企业持续创新关注的焦点
斯莱耶格（Schreyoeg）	首先是在那些创新部门的快速发展进入我们的眼帘。在某些企业如SAP，3M，Hewlett-packard或Jil Sander等已经有了一些被纳入持续产品创新过程中的部门，这些部门也已经为此建立了相应的管理体系
谢勒（Scherer.F.M.）	由于大企业在试图形成垄断力量的活动进程中的确会进行技术创新活动，假如一旦形成了垄断地位，其技术创新的动力与行为就会逐渐消失，大企业的市场支配能力会限制、阻碍技术创新发展，因此竞争才是技术进步的原动力；再者大企业的规模效应在技术进步的过程中也会是劣势，比如由于关系网复杂导致决策过程效率低下、研发人员之间的相互沟通以及管理层对某些独特个性的创新活动的支持不够等。实践表明，反而很多中小企业对技术进步能够创造出重要贡献，故小企业在推动技术进步方面起最大的作用[1]
德姆塞茨	市场规模较大的垄断企业进行技术创新的动力大于市场规模较小的竞争企业
卡尔松（B.Carlsson）	新技术的引入降低了生产的最小有效规模，这充分表明在中小企业中出现规模经济的可能性大大增加了
克鲁格曼（P.R.Krugman）	对于技术创新或开发型技术进步，它们可以在专业化程度的提高中出现[2]

（二）国内企业创新研究

创新理论逐渐受到各界学者的重视。随着学者们对创新理论的深入研究，创新理论不断发展和成熟，但是大量的创新研究成果只在短期内收到成效，长

---

[1]　Scherer, F. M. Ross. D, Industrial market structure and economic performance, Hougton: Mifflin Company, 1990.

[2]　P. R. Krugman, A model of innovation, Technologytransfer and word distribution of income Journal of political economy, 1979.

期的企业创新管理发现以及创新行为的持续非常困难，故对创新管理的持续性研究成为企业的新挑战。自20世纪90年代以来，持续创新理论逐渐成为创新管理的新热点。历经20多年的探索研究，持续创新已经盘升到当今创新研究的重要领域，并成为主要关注对象。

到目前为止，国内相关研究成果主要表现在如下几方面：

1. 持续创新

表8-2　　　　　　　　　　国内学者对持续创新的概念及特性的主要表述

作者	持续创新的概念及特性的主要表述
向刚	企业持续创新具有在时间、效益增长和发展方面的持续性。它是企业在相当长的时期内，持续地推出和实施新的技术创新项目，并持续实现创新经济效益的过程
王渝 朱斌	持续创新是指在根本性的产品或工艺创新出现之后还会有一系列后续的渐进性创新并形成创新群从而引起新产业的成长和老产业再生
林昭文 陈一天	持续创新是指组织和其成员能在日常工作中不断提出新观念，以满足顾客变幻莫测的需要。按照现代的说法，持续创新就是组织上下的每个人随时随地都创新，使创新就像呼吸一样的自然
梁世昌	信息时代下企业持续创新是企业在企业文化的不断推动下，依靠组织学习不断地推出并实现新的战略，来达成集群集成，不断地推出各类创新项目的自组织过程。他强调了组织学习和自组织概念，使企业持续创新概念更加适合企业创新发展的趋势

2. 企业创新研究

（1）20世纪80年代末至90年代，傅家骥教授等对企业技术创新领域进行了研究。他在国外创新研究的基础理论发展上，作了基础的论述，对我国国有企业面临的技术创新障碍、经济发展如何受技术创新的影响等进行了相关研究。傅家骥教授等对持续创新领域的初步研究，对企业持续创新理论作了很好的铺垫；产品或工艺的创新并不是最终创新，它们会联动一系列后继的创新继而形成创新群。此过程中，新旧产业产生更替，即为持续创新过程。

（2）向刚教授及其团队着重研究分析了企业持续创新的内涵、特性、重要性、模式、动力、机制等方面，同时对绿色持续创新进行了系统分析。

（3）夏保华对企业持续创新的含义、本质、推动因素进行了分析研究，指出企业的技术创新是一个循环往复的新旧更替过程。技术创新周期的起落的推动、创新竞争的迫使、经济利益的驱使和企业制度的完善激励是技术创新的推动力。

目前众多研究表明，研究者们偏向对单一企业技术创新活动结构的研究，从战略技术创新、专业技术创新团队入手，建立技术创新型企业体系结构；对企业家创新源泉和规模大的企业的持续创新的理念进行阐述，指出规模大的企业技术创新与企业竞争的外部环境关系密切，企业创新体制是大企业持续技术创新的内在根据；分析指出技术创新持续性的内容包括技术创新对可持续技术创新的推动作用、支持作用、拉动作用、示范作用、衍生作用和渗透作用，创新因素从五个方面入手：技术创新机会、企业家精神、技术创新资源共享、技术创新学习、技术创新收益；同时提出阻碍技术创新持续性的五个因素：成功心理、技术、经济极限、转换成本、技术范式转换。

通过对以上国内外学者的企业持续创新理论的研究综述，本书认为，对企业持续创新研究虽仅10余年，但由于其重要性的凸显，已发展成为学术界热点研究领域。当今对企业持续创新的探讨的主要内容为持续创新的概念、动力影响因素、创新能力以及企业家激励机制等专题性研究方面。由于当前创新型企业的发展速度很快，同时系统性的企业持续创新理论系统还未出现，所以企业对创新理论引导、借鉴和参考的迫切性越来越强烈，需要专业系统的企业持续创新理论研究。本书恰好适应此需求，是一个新的突破口，具有重要的理论和现实意义。

（三）企业创新管理内涵

关于企业创新管理，世界各国专家学者从不同的研究角度对其概念进行了定义。

芮明杰（1994）认为："企业创新管理制造了一种新的十分有成效的资源整合模式，该模式为了实现企业目标和责任的全过程管理进行新的有效整合，也是新有资源整合及目标制定等诸多因素的细节管理。"

常修泽（1994）等人认为："企业创新管理是一种极为有效的而还没有被

企业应用的管理方式或方法的导入。"

杨洁（1999）认为："企业创新管理，是在市场经济背景下企业生产经营的自律和当今科技的发展形势，对过去陈旧的管理模式及相应管理方式和方法革新，创建起新的管理模式和方法。"

于中宁（1996）认为："产品创新和应变环境都是管理创新。企业创新管理就时时刻刻根据市场和社会变化，重新整合资本、人才和科技要素，通过创造适应市场，满足社会需求，同时达到自身效益和社会责任的目标的过程。"过程也是管理过程，因此，"管理过程就是创新过程"。

邢以群、张大亮（2000）认为："企业创新管理是指为了百分百地利用资源以实现而进行的创新活动或过程，或者说是一个新的管理思想由最初提出到首次并取得预期目标的非连续性创新过程。"

此外，杨俊一（2000）把创新管理理解为一种更有效的管理行为来重组资源，目的是在市场竞争中赢得管理优势，实现组织创新效益的过程。张千认为，创新管理实质上是管理的一种新形式，即按照当代企业制度、制造出一种新的有效整合配置企业资源的形式，用来达到实现企业发展和责任的全过程管理。

葛玉辉、娄洁民（1999）认为，创新管理是一种有组织、有计划的创新活动。它是以管理者为主体，从管理根本职能出发，适应市场和经济的活动，对管理所做的改革与重组，使管理工作保持动态协调性的活动总称。根据上述研究，我们可以这样认为：创新管理就是指企业通过实施新的管理模式、管理方法和手段，革新原有的不适应生产力发展要求的传统，创造一种新的科学有效的方法来整合企业内外资源，最终实现资源配置更合理化、提高经济效益、实现管理效益最大化的系统的动态活动。

二、企业创新管理的形成与发展

企业创新管理作为企业管理活动的组成部分，其形成与发展过程是循序渐进的，并非可以从时间节点来划分和追溯，因此研究企业创新管理的形成与发展，应当从创新理论的确立和研究的逐步深入来引出。

创新理论最早是由美籍奥地利经济学家熊彼特提出的，创新理论是熊彼特全部经济理论的核心内容。熊彼特界定了创新的概念，描述了创新的类型，给出了总体上的创新理论，但他没有对相应的技术创新、市场创新、组织创新等单项创新作专门的分解研究。随后，在熊彼特创新理论的基础上发展起来的创新理论，主要是沿着技术创新和制度创新两条主线进行的。

这些创新理论的研究可归纳为：一是以技术创新理论和制度创新理论等专门研究单项创新为主的理论，如曼斯菲尔德对技术创新的定义常为后来的学者认可并采用，但他的研究对象主要侧重于产品创新；弗里曼（是技术创新方面的著名学者）对创新的研究更多地从经济角度来考虑创新和把创新对象基本限定为规范化的重要创新。我国博家骧等专家研究的技术创新理论和托尼·普鲁西特（Tony Prusit）研究的管理创新理论对单项创新都作出了全面的研究和系统的表述。二是研究企业某项创新的发展过程，以及克服创新过程中种种障碍因素的办法，以创新促进企业增长的途径，如克里斯托弗·梅耶（Christopher Meyer）研究提出的创新增长理论和麦克·图什曼（Michael Tushmand）等的创新制胜理论。此外，还有的研究影响创新因素的理论，如斯蒂芬·F. 罗宾斯（Stephen P. Robbins）在他的《管理学》一书中论述了技术创新发展过程及简要的管理内容。我国杨洁的《企业创新论》、王健等的《企业创新的理论与实务》以及周朝琦等的《企业创新经营战略》对企业各项主要创新在企业发展中的作用以及各项创新的具体内容，结合我国企业创新实践进行了深入的分析研究。

虽然以上研究对研究企业创新和企业创新管理有极大的启发和帮助，是进一步研究企业创新的基础，但是在社会已发展到知识经济时代，在创新发展速度、种类、规模、内容急速变化的今天，创新已经渗透企业生产经营活动的各个方面，企业创新活动在企业生产活动中占有极为重要的地位，企业创新原有的对单项创新进行研究的理论已经难以满足企业创新发展的需要，必须把企业各项创新作为一个整体即"企业创新"进行宏观把握。而且企业中的各项创新是相互联系、相互影响的，任何一项创新的推进不仅会影响到企业创新整体的发展，而且会影响企业中其他创新的发展，进而影响到企业创新整体的发展。因此，对企业创新进行管理是势在必行的，而且，必须进行企业创新管理方面的研究。

随着学术界对企业创新管理研究的深入，更多的学者趋向从企业整体观点出发，把企业各项创新作为统一的有机整体进行研究。企业创新是指企业以提高经济效益和市场占有率，促进企业持续发展为目标，在分析研究企业外部有关因素的情况下，对企业内部相关方面进行综合和协调配套的创新。这里的相关方面，既包括对创新所涉及的各项要素如人力、物力、财力、时间、信息、知识等内容，也包括企业内部各项创新如技术创新、管理创新、市场创新、知识创新、组织创新等，还包括对各项创新系统的管理等。在未来的研究中，研究者对于企业创新管理的探索更多地从企业作为一个统一整体的角度进行考察，即把企业作为一个系统来对企业的创新进行研究，找出其运行的规律性，从而达到对企业创新进行管理，实现企业持续不断发展的目标。因此，企业创新作为一个整体独立的概念，包括了企业进行的各类单项创新，如技术创新、管理创新、文化创新、知识创新等，同时，也包括了对企业中各项创新进行的计划、组织、控制、领导等进行管理的活动过程。

三、我国企业创新管理的现状

（一）战略创新管理

伴随着国际化竞争的潮流，我国企业的战略意识水平也显著提高，许多企业制订了企业战略方面的规划。但在战略制订上，有 30% 左右的企业对市场大环境依存度上升，要依赖国家经济形势背景和政府对企业运营的帮助。企业管理层对战略的制订并没有依照当今市场竞争状况和企业自身状况。战略的提出也只是领导者的主观思想，60% 以上的企业战略大多来源于高层的决断，将近 40% 的企业主要由内部的董事会或中层以上人员探讨公司的重要事项，几乎很少有普通员工参与企业战略规划的。而尤为关键的是，企业平时制订的计划并没有考虑到长远的收益，导致了我国企业发展中高成长率和高死亡率出现的情况。

（二）制度创新管理

企业制度是关于企业组织、运营、管理等行为的规范和模式。目前，大多数企业建立了岗位责任制，但对于创新意识和创新机制仍然墨守成规；多数企业不是特别注重对员工的激励。我国企业在产权制度、组织制度、管理制度方面仍然不完善。许多企业对于产业和权力的关系不明确，把所有权与控制权混淆而谈，产权链条相当之短，基本上很少存在国际普遍承认的委托、代理关系。

（三）组织创新管理

目前我国企业普遍采用西方学者赫里格尔和斯洛坎姆提出的传统的直线职能型组织结构：以直线制为基础，在各级政府指挥下，设置层层对应的职能部门。也就是在直线制组织统一领导的原则下，增加了企业出谋划策的机构。这种直线职能型的组织方式实施起来阻力较小且便于管理。但是，由于直线职能型组织形式使企业高层的政策与命令一级一级地传导下去，高、中、低层人员的地位关系突显，下级员工必须绝对服从，在某种层面上遏制了员工的主观能动性和创造力，影响了企业高层制定决策完成的时间和质量。

（四）人力资源创新管理

我国企业越来越重视人力资源的重要性，许多企业将人力资源管理看成是管理创新工作中的尖锐问题，采用十分合理的方式招聘有能力的人才，并对员工的专业技能进行短期的培训。但现阶段我国企业人力资源引进理念仍落后于西方发达国家，没有意识到人力资源对企业的贡献，使工作人员的积极性得不到充分发挥。雇员的奖惩方案与企业绩效的评定措施仍不完善，薪酬体系不健全，相应福利政策很少，对员工奖惩方面只注重物质激励，而轻视精神激励的重要性。

（五）技术创新管理

技术创新是最关键的因素。近年来，随着一批有实力的企业转向高科技领域且迅速成长为行业的"龙头老大"，受到了社会媒体的广泛关注，一部分企业领导者也越来越认识到技术创新的重要性。但是，大部分企业对技术创新的投入仍然不足，对技术创新的战略选择也不恰当，所以距离高科技水平还相差很多。截止到 2010 年 12 月，我国企业技术创新在国际先进生产设备约占33%，国际一般生产设备约占 25%，国内先进生产设备约占 34%，国内一般生产设备约占 21%，其他生产设备约占 6%。

（六）营销创新管理

我国许多企业愈来愈重视企业管理，使得产品影响力不断扩展，国际市场竞争力增强。不过大部分企业对市场信息调研力度不够，忽视了对国内外市场大环境的分析，并没有根据自身优势制定销售策略，急于求成地实施多元化经营，导致了大部分企业虽然完成了服务和品牌的建设，但其世界品牌知名度较少的情况的出现。

（七）财务创新管理

财务管理是企业管理的核心，是企业可持续发展的命脉。随着我国市场经济体制不断完善和发展，我国企业认识到财务管理工作愈加重要，财务人员的水平和素质也有了一定的增强，财务管理制度不断完善，财务管理水平有了一些进步。但仍有不少的企业盲目追求产品的销售数量和占据的市场份额，忽视财务管理的核心地位，管理思想跟不上市场经济潮流，企业财务管理和风险控制作用、筹集资金作用没有得到充分发挥。另一方面，由于全球经济危机导致宏观经济环境不断变化，企业在加强财务管理方面遇到了阻碍。

（八）信息化创新管理

现阶段计算机网络应用技术及通信技术的快速发展背景下，在日益激烈的国际化浪潮中，信息化是企业提高竞争能力、促进经营发展的不可缺少的条件。经过 20 多年的努力，我国企业信息化建设已经取得了一定的成绩，多数中小企业已开始运用信息化管理手段进行企业的经营管理，如会计电算化、文档处理办公自动化等。但信息化应用的层次不高，在 ERP（企业资源计划系统）、CRM（客户关系管理系统）和 SCM（供应链管理系统）的使用率上较美国等发达国家存在一定的差距。

伴随着金融危机和新世纪第一个 20 年的发展机遇期的到来，企业的创新管理问题已成为社会媒介关注的焦点。中国大量的企业已经认识到创新管理的重要性，在技术创新、组织创新、战略创新、制度创新、营销创新、人力资源创新、信息化创新和财务创新等方面也都取得了一定的进步。但我国企业在创新管理的各个层面与国外先进管理模式相比仍存在着不大不小的问题，对我国企业未来更好地实施创新管理提出了的挑战。

第九章

生产性服务业企业创新的影响因素

生产性服务业在国民经济中的作用和地位目前尚不突出，不适应国民经济发展和产业结构升级的要求。目前关于这些问题，学界和政界已基本形成了共识，但究竟是什么因素影响了我国生产性服务业的发展仍是困扰研究的问题。在动态复杂的市场环境下,企业持续创新日益成为企业生存与发展的不竭动力，使企业在市场竞争中具备竞争优势，为企业的持续发展提供重要保障。随着经济全球化和技术变革的日益深化,企业的创新环境也变得更具动态性和复杂性，创新所带来的竞争优势被不断地学习、模仿和吸收，创新的周期也在不断缩短。因此，企业创新的影响因素和持续创新的能力不断受到关注。本章将以文献研究为基础，从综合研究的角度对生产性服务业企业创新的影响因素从外部和内部，对影响生产性服务业企业创新的障碍进行分析与研究，并为下文中生产性服务业企业持续创新管理和创新能力综合评价的研究提供相应的理论基础。

一、企业创新的影响因素

由于企业的生存与发展对企业的持续创新能力的依赖性日益凸显，致使国内外学者和商界人士对企业的持续创新能力高度关注。自 Hrsh（1989）[①] 和 Angel（1994）[②] 研究持续创新在美国社会的影响后，许多学者开始致力于从创新理论、企业能力理论和企业管理能力等企业创新的不同视角对企业持续创新

[①] DE Hrsh, perpttud Innovation, America: Basic Books, 1989.

[②] David Angel, Rostructuring for innovation, The Guilford Press, 1994.

进行足量的研究，并且在研究成果上取得了很大的成就。依据企业持续创新涉及的范围，本书从外部环境影响因素及内部环境影响因素两方面进行分析。

（一）企业创新的外部影响因素

早期的研究表明：企业的创新源主要是企业家，他们是仅有的主体。随着实践证明和理论研究的深入，公共部门、企业供应商、客户、科学研究机构、行业行政管理机构、合作组织以及资本市场等对生产性服务业企业创新的作用力和影响力逐渐增强，成为创新的重要源泉。再者，随着社会环境的不稳定性和研究中心、大学等科研机构的科研实力的增强以及风险资本的兴起，与企业外部创新主体联手创建创新网络平台被认为是企业组织机构发展的一次具有深远意义的飞跃。行业规范与性质的不同，使得各行业、领域创新源的地位的重要性有很大区别，如果要取得创新的成功，需要运用创新的解决措施协调利益相异却又关联的主体之间的冲突，通过这种解决措施，利益相关者的价值和兴趣也同时得到了满足。

社会文化、政治、经济等因素是重要的外部影响因素，因而宏观经济环境、资源基础、市场条件、政府法规政策、社会文化环境变迁、科技发展、竞争者情况、外部支持者等成为企业持续创新的外部环境的研究主题。Hofstede（1984）、Mokyr（1991）、Dunphy、Herbig（1994）等的研究表明，社会文化是生产性服务业企业创新能力提高的密切关联者，法律法规、国际经济变化和政治政策对生产性服务业企业的创新潜力影响深远。Paul Hyland、Ross Chapman（2004）等认为对生产性服务业企业知识管理具有深刻影响的是社会文化环境；Peilei（2006）表明网络资源可以为生产性服务业企业积累资源，政府扶持与鼓励是企业构建创新体系的重要后盾。

（二）企业创新的内部影响因素

外部创新资源仅仅为企业的持续创新奠定基础和提供可能性，企业的创新与持续创新能力不一定仅通过外部资源就能不断提高和增强。企业创新必须依靠自身内部知识管理水平的提高、自身学习、吸收资源以及内部组织结构的更新和技术变革等，发挥内部因素对企业创新发展的作用。由此可见，提升企业持续创新能力及增强企业持续创新机制关键所在是创新企业自身及其内部创新资源，包括企业内部文化、创新型技术人才、企业人力资源的创新技能及创新知识等。从组织层次的角度分析，持续技术创新的内部重要影响因素是研究与开发。在 Evangelista 等（1997）的观点中，研究与开发行为被看作公司最重要的创新活动和创新性无形投入的中心要素。在社会变幻多端的环境下，众多学者及研究专家把复杂、难以辨明的影响企业持续创新和发展的因素归纳为两方面，也就是企业的长期持续发展能力和短期竞争利润。两者是相互影响和相互促进的，而技术创新能力是影响长期持续发展能力的主要因素，是企业进步的基础条件。由于企业长期能力的发展需要源源不断的资源投入，那么企业只有依靠企业在竞争中的获利作为积累的投入。多年来专家学者的研究表明：企业持续创新最关键的内部影响因素是企业的人力资源，包括企业员工的背景、对知识的积累情况、对相关专业技能的掌握程度和对创新变革和社会环境变化的适应能力等，组织中核心人物的技术创新的能力、学习吸收新技术的能力和技术变革对企业影响的跟踪能力，企业家冒险精神、发现创新机遇的能力和创新的组织能力。企业的激励机制和奖惩机制，全体员工、企业骨干和核心层及企业家对企业永续进步发展的追求以及企业家具有的创新精神和能力是企业利润持续增长和提高企业持续创新能力的动力。

市场需求的多样化和易变性带来的不稳定性以及企业面临的竞争的日益加剧，表明企业竞争的核心因素是企业的组织能力和知识管理能力。Tushman 等（1996）提出组织二元性的观点，认为在企业创新过程中，组织进化过程是渐进式的变革模式，偶尔也会出现突变式变革。管理层的形成、组织愿景、管理层的知识和工作态度、方式以及年龄层次结构是管理二元组织。在此变革过程中，与企业组织机构、人力资源、企业战略定位、企业文化以及技术周期的联系，是实现企业系统长远创新的需要。Oliver（2004）认为，从网络合作创新视角分析，不同领域企业专家组成的团队，为了知识信息的共享与交流沟通，甚至可能为建立一些非正式规则而打破正式制度的局限。许庆瑞等（2004）对创建与完善创企业文化的影响因素作了相关的研究，其观点是企业目标、企业家精神、高效的管理团队、鼓励冒险行为、各级管理者的领导者净胜、容忍失败以及对奖励机制的认可等对企业文化的培育具有重要作用。德尔菲公司的观点是，绝大多数企业认为知识优势正在逐步取代物质资源，作为一种可持续优势和战略优势成为企业的核心资源。学者在研究中认为，企业创新态度、学习方法及危机沟通意识等对企业的持续创新和战略决策将会产生深远的影响，他们还对企业环境氛围和创新文化在企业持续创新中的影响高度重视。还有的研究学者提出企业的知识创新能力、对新技能的吸收能力、技术变革的适应能力和学习能力是企业创新的内外转换因素。通过以上综述，本书把这些统一归为企业持续创新的内部影响因素。Cohen、Levinthal（1989，1990）阐释了学习能力和吸收能力的内涵，包括组织收集和吸收，同时涵盖了传递和开发外部信息的能力。吸收能力被认为是产品创新改进和产品开发中联结内部资源和外部技术的机会的能力，是对外部知识鉴别、开发利用和吸收消化的能力。Guan 等（2006）在对我国企业技术扩散和绩效创新问题的研究中，指出我国制造企业的创新单纯依靠获取国外先进设备的推进是不能很好地发展的，企业应该重视自身对技术的消化能力与改革能力，鼓励企业战略伙伴、供应商之间的技术共享与转移等，运用本土化的创新能力来提升绩效的持续增长。

二、生产性服务业企业创新的影响因素

生产性服务业企业创新的影响因素从来源上分类，主要可以分为来自企业外部和来自企业内部两大类。创新的影响因素也可以主要分为两个层次的意义：第一，直接提供创新思想来源的因素；第二，对创新的顺利进行有重要推动作用的来自企业外部和内部的影响因素。外部影响因素和内部影响因素构成了生产性服务业企业持续创新的影响因素，两者之间保持相互联系、相互促进的作用以培育和增强企业的持续创新能力。

（一）生产性服务业企业创新的外部影响因素

自20世纪90年代至今，在经济、社会可持续发展及关联问题研究的推动下，越来越多的专家学者、企业领导及企业家逐渐认识到资源、政策、文化、市场、科技等外部环境因素对企业持续稳步发展的影响力。在特定的外部环境中，生产性服务业企业的持续创新有可能完成。特定的环境指与企业创新活动有关的制度、技术、管理等构成的外围系统，对企业的持续创新活动、能力和服务经济的发展具有有力的推动作用。

1. 外部环境因素

（1）资源环境

企业创新是一项创造性活动，需要自然资源、人力资源、基础设施、信息资源等各类资源的支持。自然资源因素包括土地、矿产以及水资源等。通常情况下，自然资源的再生周期较长，所以企业认识到必须注重自然资源的利用效率。此举措推动了技术变革脚步的加快。自然资源是企业持续创新活动的外部环境影响因素中最基本的，直接影响企业创新的规模与社会经济效益。创新活动的实质是人的活动，企业人力资源环境整体素质的高低，影响企业获取创新活动所需的人才和企业的创新活动。完善的基础设施可以提高企业创新效率、减少企业创新成本，并且作为传递创新资源的重要载体，其在企业创新当中的地位也日益提升。创新活动的各个环节，存在大量科技进步、行业发展等信息交流和互动，故信息资源在企业创新资源环境的地位日渐彰显。资源环境是生产性服务业企业的创新的必要基础条件，因而在创新活动的影响力非同寻常。

（2）政策环境

政府部门是政策的制定者，是对企业进行规范和管制的主体。政府部门拥有充足的资源，具备为生产性服务业企业提供良好政策支持的条件。政府部门不仅参与企业的服务创新过程，而且对企业的持续创新做了相关工作支持，如政府资助、政府管理和资源支持、科研项目及教育培训等一系列的政策和措施，鼓励企业进行创新活动，从而提高企业创新能力和水平。此外，政府可以通过金融、财政、税收等方面的政策支持创新型企业持续创新。

政府还通过法律法规等手段维护正常的市场环境，并能够解决某些市场失灵问题，达到激励组织创新和在必要的时候沟通协调创新者活动的目的。拥有健全的法律法规体系对创新型企业持续创新影响作用很大。企业自主创新的成果多以知识产权的形式表现，知识产权保护制度是保障企业创新利益和提高企业创新积极性的重要力量。

（3）市场环境

市场经济为组织创建信息自由、无误及快速的传递平台以及提供公平的竞争环境，故完善的市场经济体制影响生产性服务业企业的持续创新，并具有推动作用。在市场经济体制下，产品价格的变化反映市场供求状况。市场经济的核心是价格机制。在价格机制的调整下，通过对生产要素和资源的重新配置，创新主体根据市场的供求状况，生产出满足消费者需求的产品或提供相应的服务。生产性服务业企业能否在市场竞争中平稳地发展的关键因素是企业的不断创新和持续发展。再者创新的产品在市场中的认可度对生产性服务业企业的持续创新具有关键的促进作用。

（4）文化环境

企业生存于社会中，社会文化氛围即世界观和价值观、宗教信仰、风俗习惯、道德伦理、审美体系等文化因素必然会影响生产性服务业企业的持续创新行为，并存在于创新的各个环节。文化环境影响到创新活动的活动范围和前进方向，同时对从事创新活动的企业人员及外部人员的价值取向和思维产生深刻的影响。自主创新过程需要长期不懈努力并承担很大风险；在无法承担失败的社会环境之下，企业创新失败获得再次创新的机会很难。因而，具备承担、容忍失败和崇尚自主创新等特性的健康的社会文化环境可以积极地推动生产性服务业企业持续创新和创新能力的提升。

（5）科技环境

科技的进步对生产性服务业企业的创新活动带来了新的机遇和挑战。计算机技术的广泛应用，成就了信息时代的高效率和高速度。生产性服务业企业充分利用互联网络的优势收集处理技术，向客户提供广泛有效的信息服务；利用电子化设备，企业建立起全国甚至扩展到全球的电子网络，为其服务创新提供了物质资源和技术保证，进而推进了信息传递网络化、数据处理电脑化和设备远程诊断等创新活动。在技术发展生命周期的不同阶段，技术对服务创新均起着推动和支撑作用。

（6）服务环境

服务环境因素包括人才服务、技术市场、金融服务以及咨询公司、会计和律师事务所、信息情报中心等。人才是创新活动的具体执行者和创新元素的缔造者，人的思想价值观念与科技素养，直接影响生产性服务业竞争力的形成。人才质量对生产性服务业企业竞争力有着最深刻、最重要的影响，企业竞争说到底是人才竞争，企业不具备创新型人才，其竞争优势就不可能形成。因此优秀的人才服务环境能够为生产性服务业企业提供持续创新源泉，进而为企业的持续创新过程提供知识支持和智力保障。技术市场即各种形式的技术交易，具有让渡使用权、转换所有权以及作为提供信息或服务传输的纽带等功能，为交换技术创新成果提供中介平台。随着研发过程面临的风险及技术的复杂程度的增加，在技术市场中，特别是辅助性技术市场，企业显著缩短创新的循环周期，并降低物质成本与风险扩散。完善的金融服务体系所拥有的资金为生产性服务业企业获得创新所需资金的重要来源，为许多企业实施持续创新扫除了障碍。咨询公司、会计事务所、律师事务所和信息情报中心等专业提供服务机构对生产性服务业企业的持续创新活动起着积极有力的支持作用。

2.外部公共关系因素

（1）企业竞争者

目前生产性服务业企业处于不断的变化市场竞争环境中。在此市场环境下，企业只有不断地学习、吸收和创新，才能适应变化多端的市场环境。学习知识和创新成了企业的核心竞争力。创新型企业可以通过新产品的推出速度、科研经费在销售收入中的占有率、服务创新和销售渠道的创新等四个指标来分析竞争对手的创新能力，以便提出相应的对策，在竞争中取胜。

（2）企业的客户

企业的客户是生产性服务业企业的目标市场。生产性服务业企业提供的创新服务以客户需求为导向。为了满足顾客越来越高的要求，企业就需要不断创新，所以客户可以促进企业持续创新，是企业创新的重要源泉。生产性服务业企业在对客户服务并进行动态交流互动、接触的过程中，可以了解到客户对企业产品性能、特征、体验度、满意度甚至心理趋向的变化，以及个性化的服务方式的需求，从而弹性地扩充服务产品的内涵，并机动灵活和快速地满足客户的多样化变换性需求。生产性服务业企业还可以通过与客户的交流，更深入认识并挖掘顾客的潜在要求，也是创新思想的主要来源之一。交流互动过程中，企业可能注意到客户更高的服务和特殊要求，产生附加业务或全新业务，这个过程是创新服务的重要途径。

（3）企业的供应商

生产性服务业企业供应商大致可分为三类：第一类供应商为企业提供引进或购买的新的零部件，这个过程意味着新技术的引进和利用，必然会滋生出相关的新服务，故是企业服务创新的物质基础。第二类供应商是重要的硬件技术支持者，如大学中为企业服务的附属研究所、专业化技术支持公司等。第三类供应商为企业提供知识、组织管理和经营技术支持，此类供应商通常是管理咨询公司，他们积极地将新的服务管理思想与方法引入创新型企业，对于增强企业的持续创新能力起到很大的推动作用。

（4）战略合作伙伴

所谓的战略合作伙伴是指能够通过合资合作或其他方式，给企业带来资金、管理经验、先进技术，推动企业技术进步、产业升级，提升企业技术改进的核心竞争力和开拓国内外市场能力的国内外先进企业。随着全球化趋势的加强，生产性服务业企业要想在现代经济运行环境中寻求发展空间，就需要在全球范围内通过合资、协作、连锁并购或其他方式等形式来确立新的市场竞争优势，从而实现生产要素的重新分配和组合，提升创新型企业的国际竞争力。形成的合作战略联盟内各成员共同协作、互惠互利，形成服务创新的新的推动力。

（5）外部公共支持部门

在广泛的企业公共支持部门中，与企业的服务创新活动关系密切的公共部门主要有教育研究部门、公共研究部门和专业化公共支持部门。教育本身是一项公共事业，它向社会输送知识载体——人才。虽然教育部门为企业创新输送了人力资源，但它对企业的服务创新不直接发挥作用。公共研究部门一般指政府提供资金支持的研究机构，其研究工作不是以盈利为目的而是以公众利益为基础，研究内容通常包括基础自然科学和社会科学领域，研究内容具有广泛性，但是缺乏专业性和应用针对性。它们并不是企业的服务创新的直接参与者，但是一些专业技术领域的重要支持者。专业化公共支持部门是一种比较特殊的推动力量，它们为某个部门或产业所服务，并不是全社会共用的部门。专业化公共支持部门有很多种类别，如管理、协调、策划、组织、研究等。

（二）生产性服务业企业创新的内部影响因素

针对生产性服务业企业的持续创新，其内部因素是起着关键影响作用的因素，因为外部环境因素为企业创新提供条件和机会，它不能直接影响企业持续创新能力的提升。企业的永续发展还必须依靠企业自身，并发挥其实际价值。波特教授的《国家竞争优势》论文指出："将联盟当成一个建立在广泛基础上的战略，只会使厂商表现平平，而无法成为国际性的领导厂商。没有企业可以依赖外界取得自身竞争优势的技术与资产，结盟最好当成一种选择性工具，用在暂时性或非核心的活动上。"企业家精神与创新文化、创新的管理与组织、知识管理与企业员工、学习研究与成果转化能力以及市场营销能力等是企业持续创新的内部影响因素。

1. 企业家精神与创新文化

与一般的经营者相比，创新，是企业家的灵魂及主要特征。天性冒险的企业家精神、协同合作的企业家精神、敬业的企业家精神、学习创新的企业家精神以及诚实守信的企业家精神等是企业自主创新行为的重要因素。学习创新精神使企业家能够运用常人所不能运用的资源，能够找到常人无法想象的办法，是引入新产品、提供产品新特性、实施新的管理模式、采用新的生产办法及开辟新市场等的强烈的创新动力；冒险精神是企业家具备的敢于承担风险的能力，敢于冒险为企业创新并创造机会；创业精神是指企业家锐意进取、艰苦奋斗、敬业敬职、勤俭节约的精神，是创新决策主体应具备的基本能力。在知识经济时代，企业文化的独特性将越来越表现为企业差异化战略和企业的核心竞争力。创新文化要求员工在工作中创新，要求企业高层管理者和决策者在管理中创新，并且鼓励创新。创新活跃了企业的每一个构成元素并形成崭新的组合和新的体制，提升了企业的积极性和主动性。生产性服务业企业还必须培育具有忧患意识和危机意识的创新文化。具备了这种能力的企业可以及时把握创新的各种机会，从而保证了自身的竞争优势。

2. 创新的管理与组织

生产性服务业企业创新战略、组织结构、决策系统等因素影响着企业持续创新的组织机构和管理能力。创新是一项复杂动态的长期系统工程，需要企业各职能部门和全体员工的共同协作参与。企业创新机会的获取、保持企业持续创新需要企业科学地制定创新战略、组织协调参与创新活动的职能部门和员工、作出科学的决策。科学合理的创新战略为生产性服务业企业持续创新过程提供指导方针，对企业创新活动实现高效的管理与组织；自主创新企业如果有具备高弹性、灵便性和适应性的组织机构，便可以减少创新带来的对原有组织结构的冲击和风险；企业构建完善的创新决策系统和选择行之有效的科学决策方法可以提高企业持续创新决策能力，从而解决整个创新活动中带来的一系列不确定性问题。

3. 知识管理与企业员工

一个企业知识管理水平的高低不在于对知识的储备量，而在于对知识的利用率。企业知识的共享互助使用与重组和企业内部知识共享网络系统等组成有效的知识激活机制。知识管理水平的高低影响企业持续创新，企业持续创新能力的重要影响因素是知识的积累能力。广义的服务创新人力资源包括企业员工与客户，而创新投入的内部人力资本是员工。在服务创新过程中，人力资本投入作为服务生产和创新过程中劳动力资源的投入起着重要作用。在服务业中，员工能够直接接收到顾客层面的信息反馈，通过工作经验积累、学习和培训专业知识，从而为服务改进和创新奠定基础。可以看出，生产性服务业企业可以通过人力资本的长期积累产出服务创新并直接影响创新的成果和效率。因此，一个企业拥有具有不同专业知识结构的员工显然是服务创新思想的关键来源。

4. 学习研究与成果转化能力

创新时代，生产性服务业企业可以获得培育与开发持续创新需要提供的所有资源，企业需要在现有的基础上，不断学习、研究开发新技术和知识，从而实现企业长期动态的知识积累。不断提高自身的学习、吸收和研究能力是生产性服务业企业获取知识的重要途径，并通过这个途径可以保证外部资源的最大化，为其持续创新活动提供基础保障。由基础理论研究、实践研究和开发创新研究等组成的开发研究能力为企业持续创新提供根本保障和技术前提，并且能够保证企业的创新战略目标与市场发展方向保持一致，同时还可以解决技术创新难题。生产性服务业企业的生产创造能力可以把研发成果引入企业的生产系统，对自主创新的实施能力具有决定性。

5. 市场营销能力

生产关系要适应生产力的发展，企业的创新最终目的是满足市场需求，适应市场变化。在市场经济背景下，企业理所应当以市场和企业客户为中心制定组织机构。市场营销过程实际上就是企业创新产品的推广。企业营销能力的主要组成部分是市场调查分析评价、销售活动、产品更新与新产品开发、品牌塑造与保持、售后服务等。如果创新产品不能顺利引入市场，并令消费者满意，创新则是失败的。企业创新活动的成功与否是通过市场营销阶段检验的。因此，企业必须善于抓住市场营销这个关键阶段，通过强有力的市场营销与创新价值实现能力保证创新成果适应市场需求，获得创新带来的利益同时为持续创新积累资本。

三、生产性服务业企业创新的主要障碍

创新是生产性服务业企业发展的不竭动力。创新的基础是人才，抑制创新的最主要因素是模仿和复制。我国生产性服务企业创新压力和动力不足，与这两点有根本联系。

（一）高层次人才匮乏

我国生产性服务业企业正处于从低端向高端的转型时期，表现为由劳动密集型的体力服务发展到知识密集型的智力服务。从某种意义上来说，人才是创新的源泉，是生产性服务业企业创新的关键影响因素，人才供给不足、高层次人才短缺成为生产性服务业企业发展的主要瓶颈。

一直以来，我国服务业的发展受到社会歧视和限制，服务业就业人数占总就业人数的比重仍远远低于大多数发展中国家水平，服务业对人才培养的重视度不够，高层次人才短缺现象尤为严重，主要表现为：一是服务人员总体科学技术含量低，大多数是无资格证和政府认可的非专业人员；二是服务经营业务人员的职业素质低，影响了服务产品的推广，严重制约着服务业的健康发展。这些不足在生产性服务业中体现更为明显。究其原因，可以归纳为以下两点：

1. 教育体制存在缺陷，教育与实践脱轨现象严重，职教育体系不完善

我国的教育体制主要采用全日制在校教育，课程设置和授课内容趋于理论化，授课方式主要采用传统讲授式，实践教学环节安排不足，大多数学校教育成果与课程目标不一致。在很大程度上，欧美韩等发达国家的方式值得中国借鉴。为了满足对逐年增多的信息人才的需求，它们不仅建立了富有层次的人才培训和科学合理的人力资源开发利用体系，而且比较重视行业协会的协作作用。在行业协会的支持和组织下，构建专业人才能力开发和客观评价体系指导在职培训教育工作，并建立相应的职业资格认证制度。

2. 高端人才的引进力度不足

我国对高层次或海外人才引进的政策落后，结构不完善，没有相应的配

套体制，薪酬待遇低，没有充分地发挥行业协会的监管作用。欧美、韩国、中国香港等发达国家和地区吸引海外和高端人才的体制已经非常完善和健全。例如，香港的引进海外及高端的人力资源政策宽泛，为引进外籍专业人才特意出台了鼓励政策，对引进的人才不设专业限制，签证手续简易，安置家眷，发放优惠的安家费，薪酬标准不低于本港同事等。例如，2003 年韩国为了吸引国际信息技术人才，吸引海外机构设立研究机构，政府投入 132 亿韩元，与英国、德国、日本等 20 多个国家开展 150 个国际联合立项，并且设立了 20 个海外合作中心等。除此之外，韩国政府还尽量创造优厚条件，吸引外国企业在韩国设立研发机构，通过互设机构，进行高端人才交流，为韩国带来信息技术人才。

（二）法律法规体系不健全

服务业的无形性特征使得创新成果难以通过传统的知识产权或许可等工具有效保护，导致服务创新极易被复制和模仿，从而严重阻碍了企业持续创新的积极性，这是生产性服务业企业创新的最大障碍。我国法律法规体系缺乏有效规范的市场秩序和市场竞争以及专门针对服务创新的保护体制，导致我国创新主体的合法权益和市场地位得不到维护。

（三）行业准入机制不健全

进入门槛过高与不公平等问题导致了我国生产性服务业企业缺乏市场化程度，市场规模小。国外投资者被过高的门槛挡在了门外，并放弃了在华的投资动力，最终导致国际资本进入不足，生产性服务业企业供给能力的扩张受到抑制。我国生产性服务业存在行业垄断和壁垒，如国有企业在金融服务业，交通运输、仓储、邮政通信业，信息传输、计算机网络服务和软件业等领域具有绝对优势，政策垄断色彩较浓，这造成非国有经济很难参与公平的竞争。一些地区存在壁垒，限制了开放市场，对生产性服务业的聚集发展的资源配置效率产生影响。

（四）市场运行秩序混乱

市场监管体制的不完善直接导致市场运行混乱，规范化程度低、政策执行不透明、管理水平相对滞后等，造成服务需求者质疑高端服务的质量。许多调查结果显示，工业企业对外购服务缺乏信心，如担心商业机密泄露、服务企业不及时履约、难以保证提供的服务质量等。这表明，我国生产性服务业的市场发展不规范，很多机制体制有待进一步完善。首先，到目前为止我国服务业的发展规划都是针对服务业整体的，没有专门针对生产性服务业的发展规划政策，哪些有潜质的行业应该确定为主导产业的发展思路不清晰。制定阶段性、针对性的发展规划对生产性服务业发展具有重要意义。我国应尽快制订并实施相关的发展规划，促进服务业由低向高端的转型，从而加快发展生产性服务业企业。其次，地方保护主义比较严重，重复建设问题突出。随着生产要素在全社会范围内的合理配置，区域产业结构的同构化形式逐渐被瓦解，建立基于产业链差别定位和比较优势之上的区域分工体系的经济性和现实意义越来越重要。但是，由于各城市互设壁垒，同质化竞争的制度基础以及分税和分灶的财税体制并没有得到明显的改变。受区域利益的驱使，在生产性服务业企业的发展中也出现了低水平复制和模仿、资源浪费和过度竞争的现象。

（五）扶持政策体制缺失

我国政府在 1992 年和 2001 年出台的鼓励服务业发展的政策，都是针对整个服务业的。由于服务业内部构成复杂、层次繁多，并涉及多产业互动和协调发展，因此这些宏观政策对具体行业的推动作用往往缺乏具体性、可操作性、针对性和系统性，没有从根本上解除生产性服务业发展中所涉及的政策体制性障碍。近年来，一些商业银行出于安全考虑，在信贷投放过程中，采取保大策略，但是新兴生产性服务行业中的企业规模往往都较小，所以很难得到银行贷款的支持。再者，服务业企业缺少可供抵押的固定资产，得到银行贷款的难度比工业企业更大，而且大多数中小企业担保机构面向工业企业，因此生产性服

务企业具有比较突出的融资困难问题。现行的税收制度主要适应制造业为主的
经济结构，客观上不利于生产性服务业发展和创新。

表 9-1 生产性服务业企业创新的障碍因素均值表

障碍因素	总况	金融	ICT	科技服务	商务服务
创新易被复制或模仿	1.111	1.423	1.113	0.948	0.794
缺乏必要的核心员工来实现创新	1.102	1.115	1.017	1.138	1.131
创新成本或风险太高	1.061	1.231	1.078	0.948	0.916
法律和管制使创新难度大、成本高	1.045	1.300	0.939	0.776	0.916
组织结构难以有效支持创新	1.000	1.154	0.930	0.897	0.879
缺乏相应的技术用以实现创新	0.986	0.977	0.939	1.207	0.907
客户对新服务无意愿或无能力购买	0.975	1.008	1.104	0.879	0.804
公司业务繁忙，无暇创新	0.907	0.892	0.965	0.810	0.879
客户对新服务反应迟钝	0.907	0.885	0.922	0.983	0.869
目前的市场条件下不需要创新	0.790	0.731	0.870	0.828	0.776

如表 9-1 所示，不同的行业面临的服务创新的障碍也有所不同。随着生
产性服务业定制化程度的提高，企业创新被模仿及复制的障碍慢慢变少。例如，
金融业标准化程度比商务服务业的高，金融业创新被模仿和复制造成的企业影
响较大。一旦金融业服务创新被模仿、复制，必然对企业竞争产生直接影响，
从而影响创新的市场效益。而对于定制化和异质性程度都很高的商务服务业，
其创新被模仿和复制的障碍可以说是最小的。商务服务业的服务是根据客户需
求量身定做的，故其服务被复制的机会很小。生产性服务业企业为了保持企业
持续竞争优势，采用多样的创新手段，以达到不断改进其服务的目的。

第十章

生产性服务业企业创新管理模型

学术界对于生产性服务业的相关研究多是从产业集群、产业升级路径等方面展开的，专门针对生产性服务业企业创新管理的研究几乎没有。本章在对相关文献进行分析的基础上，拟从企业创新管理内容和管理过程两个维度出发，基于生产性服务业企业自身的特点构建生产性服务业企业创新管理模型，以期更为系统和深入地对其进行研究。

一、生产性服务业企业创新管理的内容

创新的本质是思想对现实的改造与变革。"管理"作为对行为的一种约束和协调方式，就创新的本质来说是不可实施的。但是，诸多理论研究表明，对于某个客体的管理，特别是非物质形态客体的管理，通常并非是"管理客体"，而是"以客体为中心的管理"。因此，创新管理不是"创新被管理"，而是将"创新"作为中心主题，围绕主题开展有效的管理活动，目的是从管理机制、企业文化、组织平台等各个方面形成对创新有利的局面，最终实现企业创新管理水平的提高。基于此，可以说创新管理有其独特而且完整的研究框架。本章在前文分析了生产性服务业企业创新影响因素的前提下，拟对企业创新管理所涵盖的内容和创新管理过程的各个阶段进行探讨，进而就以上两个维度构建生产性服务业企业创新管理模型，以期将生产性服务业企业创新管理的研究纳入较为系统的理论框架中去。

（一）企业创新管理的内容

企业创新的过程是一个群体参与的复杂行为过程，具有高度的不确定性、知识性和复杂性。为了确保企业创新工作能够顺利开展，必须从系统的角度，采用科学的方法加强对企业创新工作的管理。有效的创新管理可以降低创新过程中的不确定性，并提高创新效率。进行企业创新管理除了需要对企业创新所需要投入的资源进行有效组织外，还要运用各种手段和措施协调各个创新环节之间的衔接和创新进程的推进，以保证企业创新全过程能够有序进行。

学术界对于创新管理的定义众说纷纭，如李有荣（2002）认为企业创新管理即综合配置企业内部各种创新资源，对企业各项创新活动进行计划、组织、指挥、协调和控制的过程。龚传洲（2001）指出企业创新管理是指对企业的创新活动进行管理，即企业管理者为了使组织创新获得成功，对创新活动进行的一系列有机活动，包括筹划活动、激励活动、实施和控制活动等。而玖·笛德，约翰·本珊特、凯思·帕维特（2004）在其著作《创新管理》中对企业创新管理进行了解释：企业创新管理就是根据企业的具体情况，找到解决创新管理问题的最佳方案，以最合适企业的方式管理创新过程。白俊红（2007）基于创新的概念，对创新管理的一般概念进行了界定：创新管理是组织为了员工价值的自我实现和社会福利的增加，以创新为中心，搭建支持创新的平台（形成协调的创新机制）的过程。创新管理是一种组织内部的新型建制和理念，是一种文化氛围，一种不确定性管理。虽然学者们对于企业创新管理的界定各有各的角度和说法，但基本都是将企业创新管理作为一种管理来定义的，因此，我们可以根据管理学的理论，对于企业创新管理的内容进行分析，以深入理解其内涵。

随着创新管理理论体系的不断完善，我国学者对于企业创新管理内容的研究所涉及的领域也不断拓宽，但对于创新管理具体内容范围的限定却观点各异。有的学者从过程管理的角度对于创新管理进行探讨，如，陈伟（1998）在其著作《创新管理》中表示企业的创新管理应包括新的或改进的产品、工艺的产生及商业化过程的管理，即对企业的创新过程进行管理。多数学者还是从技术创新的角度对创新管理进行研究的。如高建等（1996）基于对我国企业技术创新状况的调查，深刻剖析了我国企业创新的影响因素。吴晓波（2005）、陈重（2001）、陈劲（2001）、许庆瑞（2000）对技术创新过程与模式进行了研究。邵云飞、陈光、唐小我（2002）选择了技术创新与进步、技术创新的层次化、创新机制与模式、创新的扩散与转移、创新与企业家行为、管理创新与组织创新等主题开展了系统研究，并在此基础上构建了技术创新理论体系。吴贵生、谢伟（2005）探讨了企业技术创新存在的问题与对策。

值得关注的是，随着研究的深入，一些学者开始从系统全面的角度探索创新的规律，尝试构建创新管理体系。如，许庆瑞等学者提出了组合创新模式。该模式是将组织与文化因素纳入技术创新理论研究中进行比较深入的理论和实证研究。基于对国内外企业创新管理的理论研究和典型案例的分析，许庆瑞、陈重（2001）提出了全面创新规律。随着研究的深入，许庆瑞、郑刚、喻子达等（2003）构建了全面创新管理体系，指出全面创新管理体系应包含战略、组

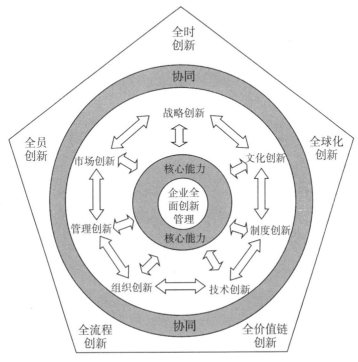

图 10-1　企业全面创新管理的五角型概念模型

织、制度、技术、文化、管理等要素，并通过五角型概念模型图进行了形象化表述（见图 10-1）。也有一些学者从过程分析的视角出发，通过对若干子系统的分析和协调，建构了企业创新管理系统，如耿峰（2002）认为，企业创新管理系统应该主要包括创新战略管理子系统、研究与发展管理子系统、信息管理子系统、市场管理子系统、运作管理子系统、员工管理子系统和资源管理子系统，并对各个子系统的运作和作用做了详尽描述。

综上所述，不论从何种角度对企业创新管理的内容进行探讨，都是出于同样的目标，即如何通过有效的管理模式、措施和方式切实提升企业创新的效率与效果，使企业各方面的创新等能够在一个存在内外交互的大系统中有序地进行，使企业创新常态化、战略化发展，使创新过程得到整个管理系统的支持，使企业创新管理能力得到科学客观的评价。

（二）生产性服务业企业创新管理的内容框架

1. 生产性服务业企业创新的主要内容

在生产性服务业企业的运营系统中，按照与客户接触的频繁程度来看，服务提供系统和服务营销系统占据了核心地位。激烈的市场竞争要求这两个系统必须以最快速度对客户的要求给以响应，服务业企业的创新内容应该以管理创新、技术创新和服务创新为核心。管理创新是企业发展的基础，技术创新是企业生存的保障，服务创新则是企业腾飞的契机。因此，技术创新、管理创新和服务创新是服务业企业创新的核心内容，如图 10-2 所示。

（1）技术创新

技术创新是企业持续发展的支撑和保障，也是企业提升核心竞争力、取得竞争优势的主要方式和途径。对于企业而言，技术创新涵盖的范畴不仅包括自主创新的技术的商业性应用，也包括对于其他创新主体开发的新技术，以及已经为人所知所用的技术创造进行创新性应用，并以此为契机取得新市场上的竞争优势。企业的技术创新管理一般包括：创新项目管理、创新资源管理和工艺创新管理三个方面。在新产品的开发过程中，应注重组建多元化、多功能的项

图 10-2　生产性服务业企业创新的主要内容

目团队。创新项目团队一般由来自营销部、研发部、质检部、工程部、生产部和服务部等各职能部门的专业代表人员构成。制订完善以及可行的创新项目计划会提高新产品的创新绩效。在整个管理过程中，创新项目的研发要经历的不同阶段，以及各个阶段目标与成效的对比都要保证有科学的评价体系作为支撑，这样的评价与反馈贯穿创新项目管理的全过程。研发资源管理是技术创新实现的重要保证。研发资源一般包括技术研发人力资源、研发资金与设备、现有技术成果（包括专利）等。企业必须合理配置各项资源，以保证其在创新过程中发挥最大效用。工艺创新是指企业为了提高企业的生产技术水平、生产效率和产品质量，研究和采用新技术、操作程序和规则体系等的活动。工艺创新不仅可以提高产品的质量、生产的效率，还能够降低单位产品能耗和生产成本。

（2）管理创新

企业的管理创新通常包含激励机制设计、管理流程标准化和交流平台信息化等三个层面的内容。因为，企业的管理创新一方面通过完善的规章制度建设来提高管理的效率，从而有效降低管理成本，另一方面还要借助技术手段和技术平台，以实现企业创新管理的标准化和信息化，提升企业的管理水平。

企业除了需要营造创新氛围以外，还要着力完善激励机制，以激发员工创新的积极性，充分调动员工创新的热情。激励机制的设计与完善，需要企业管理者针对企业具体情况和对外界环境的了解与预测，对不同类型的员工采取不同的激励方式。标准化管理是管理创新的重要表现形式之一，通过优化管理的各项流程，便于组织内的成员更加有序、透明、高效地实现信息获取和信息交流，从而提高组织运作的能力。标准化的管理对于企业高层管理人员来讲，是从繁杂的管理工作中解脱出来的良方，有助于他们把更多的精力放在把握企业发展方向和企业战略决策上来。信息化管理是随着IT技术的发展所导致的人类交流方式和市场交易方式的变迁而发展起来的。通过信息技术手段管理客户关系、员工绩效数据、产品生产信息、市场动态信息，宣传公司产品，进行网上交易，实现无纸化办公等，能够大幅度提高企业管理运作的效率。信息化管理也为企业带来明显的外部经济性。数字化的宣传手段让组织能够以更快的速度树立良好的企业形象和产品形象，扩大企业的影响力，同时，便捷的办公方式和先进的组织氛围会增加员工的认同感，激发员工的创新意识。

（3）服务创新

服务创新的根本目的是创造更大的服务价值和效用，以使企业获得经济和社会利益，这一目的的实现有赖于顾客忠诚度的不断提高，而顾客忠诚度则来源于顾客的满意度，因此，企业必须不断提高服务运营系统的工作效率，转变服务理念，改善服务传递方式和服务流程，以便能够向目标顾客提供更高效、更完备、更准确和更满意的服务产品。

服务创新的本质是社会科学基础上发展而来的一种为适应客户和市场需求而进行的活动，其主要表现形式有：对服务概念的创新、对服务内容的创新和对服务流程的创新等等。服务创新的工作重点应该放在服务传递系统、客户界面、服务工艺流程等方面，这是因为，服务创新的独特性决定了对其产生影响的因素主要在于客户参与方面。服务是交互的过程，服务创新过程中有些流程的设计与研发不可避免地需要客户参与其中，因此，客户的受教育程度、性别、年龄、阅历等个体属性在很大程度上影响着服务创新的效果。此外，服务质量的优劣、生产效率的高低，以及服务传递方式是否适宜等，还要受到的新技术在服务生产和传递过程中的应用程度的影响。

从与技术创新的关系来看，技术创新通常会有专门的研发部门、稳定的资金投入和常规性的研发活动，但服务创新则多只限于创新主体对提高服务质量、降低运营成本、改善服务流程等方面的关注，很少开展常规性的研发活动，相关的研发投入也普遍较低。服务创新其实是与技术创新紧密相关的，但由于服务的独特性，服务创新多为软技术创新（以技术为支撑的组织、结构、管理、流程、界面、功能等方面的创新）或技术创新（服务方式、技巧等方面的创新）。从产品角度来说，服务产品创新的特点与制造业产品创新的特点很相似。这是因为，在一定程度上，服务产品的设计、开发、生产、销售等过程与制造业相关环节存在密切的相关性。从服务创新的途径来看，服务创新不仅可以通过技术轨道来实现，还有涵盖更多参与者的组织内部创新轨道（内部服务研发部门和员工）和外部轨道（外部的客户、竞争者、社会制度等），因此服务创新的途径日益呈现多元化的发展趋势。

总之，对于服务业企业来说，技术创新为企业创新的实现提供技术保障；管理创新为企业创新的实现提供制度保障；服务创新发掘新的客户需求，开拓新的市场，促使企业创新确立新的目标。

2. 生产性服务业企业创新管理的主要内容

创新管理是一个动态的逻辑过程，自始至终都是围绕"创新"这一中心主题展开的。影响企业创新管理的要素是多层次、多方面的，因此研究生产性服务业企业创新管理必须使之置于多层次影响的系统之中。创新管理系统运行的目的是使创新活动成为企业内在能力提升的基础，其运作方式是针对企业创新行为存在的实际问题，对于创新活动的全程进行计划、组织、领导和控制，及时纠正企业创新行为的偏离，确保企业创新管理目标的实现。

创新管理体系是保证企业创新行为得以促进和支持后续创新行为和能力的要素集合。根据前文对于服务业企业创新管理内容的分析，我们从系统的角度出发，将生产性服务业企业创新的主要内容概括为：创新战略管理、创新支持管理和创新评价管理，如图 10-3 所示。

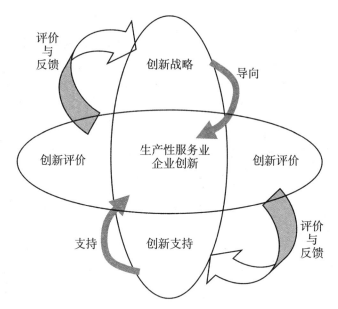

图 10-3　生产性服务业企业创新管理内容框架

（1）创新战略管理

当前的中国正处于经济转型时期，经济转型会带来企业战略同其生存环境的关系的本质变化，由此决定了企业必须制定合适的战略以随时应对环境变化。企业创新管理必须站在战略的高度，确定未来发展的目标及其能力储备的努力方向，并且保证全员上下统一思想，共同进取。生产性服务业企业的中间投入性等特征决定了其必须在积累内在能力的同时，注重协调自身与外界环境的匹配关系，以卓越的创新战略管理能力应对环境的综合变化，抓住一切可以利用的机会，实现企业跳跃式发展。关于创新战略管理的研究表明，企业战略创新管理能力是决定企业创新发展的基石。柔性创新战略是企业在变动的环境条件下生存发展的良策，而着眼于未来长远目标的企业长期战略规划则是企业创新管理成功的关键。

①战略创新管理能力

Hegarty 和 Hofflnan（1990）指出，为了促进创新，企业应从系统的角度审视未来，并构造合理的组织结构，这些可以通过制订详细的战略计划来实现。

Atkins 和 Lowe（1997）指出战略之所以对于企业的创新速度具有重要影响，是因为战略决定了流程计划的实施条件和管理任务的正式化程度等。Cooper（2000）通过研究指出，高绩效企业新产品开发的基础在于创新战略的制定与实施。战略的意义犹如战争中的军事指挥，没有战略指导的产品创新活动大多以失败告终，因为活动全过程缺乏明确的方向和正确的指导。Hadjimanolis（2000）表示，战略管理与大多数促进企业创新的组织行为都存在密切的关系。Georgellis（2000），Beaver 和 Prince（2002），Salavouet（2004）也指出，企业创新成功与否很大程度上取决于其是否拥有清晰的战略，以及战略实施的能力如何。因此，"战略管理能力"在企业创新管理能力的构成成分中居于核心地位。

②战略柔性化

基于丰田汽车公司创造的"柔性制造系统"（FMS），"柔性"（flexibility）一词应运而生。FMS 作为一种生产系统，能够应对环境变化带来不稳定性。Krjnen（1979）认为，柔性是组织为了保持生存而不断变革自身的能力。这些能力应该包括：柔性地适应充满变化、无法预测的环境中的条件和发生的事件；通过计划来预测环境中有可能发生的变化，进而对组织进行变革；组织有意识地进行各种活动，以对环境产生积极的影响。"能够对变革或新情况做出反应或适应的质量"是《韦氏大词典》对"柔性"的定义。

从战略管理理论角度分析，为适应动态的环境和市场的持续变化，企业管理者必须学会不断忘却（unlearning），包括忘却传统的经验、流程和战略，以便接受新的实践、流程和战略（Senge，1990）。柔性是一种组织潜能，也是企业应对战略意外的基础性条件，还是一种战略性资源，在出现不可预知或战略意外情况下，企业可以通过战略的实施和转换运用这种资源，以保持环境和组织之间的动态匹配性。Hitt（1998）指出战略柔性作为一种能力，能够反映企业对外部环境变化的反应速度，并通过企业关注创新活动的相关行为体现出来。Larsen 和 Lewis（2007）指出对于企业的创新实践来说，对外部环境的变化，无法通过变革来应对是企业存在的最大的管理问题。生产性服务业企业战略柔性取决于组织管控能力的强弱，管控能力不仅包括企业所具备的各种管理能力的大小，也包括在需要的时候，企业能以多快的速度激活这些能力。瞬息万变的市场环境，要求生产性服务业企业具备快速变革和进行创新的能力，组织各方面的柔性化决定了企业战略管理模式的动态化，而组织构成要素的柔性化是企业及时进行战略管理模式转换和组织变革的关键。

③长期性战略设计

研究表明，很多生产性服务业企业往往只注重短期目标而忽视了长远目标的设立，这是由其企业自身资源的局限性造成的。因此 Heunks（1998）提出，具有愿景和有开拓未来导向精神的领导者的生产性服务业企业更能够取得突破和成功。愿景（vision）是组织成员未来想要达成的状态。由于主体为了摆脱自然的奴役（物的奴役）、精神的奴役和人们相互之间的奴役而采取的试探性对策即为创新或创新的发生，而组织及其成员为了克服自然、精神和社会等因素的束缚而对未来美好前景的向往则是创新愿景。（Conger 和 Kanungo，1998）创新涉及组织运作的方方面面，要使组织成员对于创新活动树立共同的使命感和目标感，克服守旧情绪产生的阻力，则需要共同而美好的创新愿景，帮助组织成员得到精神上的升华。

Kirkpatrick 和 Locke（1996）指出，创新的长期战略规划可以提高组织成员接受变革与创新的能力，并且使员工在创新中以集体的意愿和利益为重。Avlonitis（1994），Keogh 和 Evans（1999）表示，国际化创新战略对于生产性服务业企业来说，能通过有效帮助企业拓展资源获取的空间，来推动创新活动的进行。Wolff 和 Pett（2006）指出，实施国际化战略的企业更有助于产品创新，国际化体现出企业的学习模式以及发展的能力。Freel（2000），Millward 和 Lewis（2005）指出，阻碍创新的一个重要因素就是高层管理者缺乏长期的战略眼光，专注于眼前利益。对于企业来说，长期战略最大的效用在于能够引导并激励组织成员在非确定性或非稳态的环境中对未来情景进行描绘，并为组织活动提供长期的方向性引导，让活动聚焦于核心目标上。通过建立美好的愿景，帮助组织成员以坚定的信念应对创新过程中可能出现的混沌状态或结构惯性抗力过程，有效地激励和协助组织成员发挥潜质和创造性。需要注意的是，创新目标通常不会非常精确和完美，这是由创新环境的复杂性和不确定性决定的。因此，对未来较长时间才能得到的结果进行的预期一般都是比较模糊的。[①] 因此，在实际创新过程中，管理者必须在充分分析企业的内部条件和外部环境的基础上，制定恰当的创新目标，尽量做到目标与环境条件相匹配。管理者还需要注意对组织成员创新过程中出现的失败给予容忍的态度，并帮助他们尽量减少偏差，推动创新活动向预期目标前进。

（2）创新支持管理

创新支持管理是生产性服务业企业实现创新的基础。本书所提出的创新支持涵盖了组织文化支持、组织制度支持和组织结构支持等多方面的内容，通过这些方面的共同作用，确保企业创新管理能够有序地进行。

①组织文化支持

复杂的竞争环境和多元化的竞争因素，要求企业管理者能在动态变化中发掘机遇，把握企业的发展方向。熊彼特强调："创新是企业家的真正职能和主要素质，市场竞争要求企业具有创新的观念和意识，创新也是促进企业发展的原动力。"Kav. Geinness 和 Stevens（2003）指出，应该从两个方面实现创新与管理的相互融合：第一，激发组织中每个成员内在的创新意识，并实现创新意识的最大化。第二，创建有助于创新的文化氛围，在这样的组织文化中，员工的创新意识能够蓬勃发展。Dundon（2002）形象地指出：一个强大的企业需要具有鼓励每个人都进入到寻找和培养新创意的战壕里面的基本价值观。Bessant（2003）指出，在创新管理范式下，创新活动要实现企业价值的最大化，就不能只有技术开发人员参与其中，高度参与的全员创新逐渐取代了过去企业关注的专家创新。企业创新管理是以价值增加为目标的，因此必须注意激发各类人员参与到创新中来的积极性，强调群众性的创新意识和能力，才能适应市场全方位竞争的要求，提高企业的创新效益。

---

　　① 　Millward, H. & Lewis, A, Barriers to successful new product: development within small manufacturing companies. Journal of Small Business and Enterprise Development, 2005.

创新为组织带来了新思路、新策略，但随着革新的发生，也必然引发不确定性的到来，这些不确定性会使现存组织安排之间发生冲突。正因为如此，一些风险厌恶型的组织成员会从观念上对创新活动产生抵触情绪，对于创新可能带来的不确定性和风险感到畏惧，这是很正常的。作为管理者，应尽力在营造企业文化时将鼓励创新的理念注入其中，让组织成员能够从容面对创新带来的不确定性和风险，通过组织管理的过程和组织的行为方式有效地促进创新。Shapiro（2001）在其所著的《全时创新：变革时代企业生存与繁荣的蓝图》中提出了"全时创新"（24/7innovation）的观念，即从时间上来讲，每天24小时，每周7天，时时刻刻进行创新；从创新主体来讲，组织中的每一个层面，每一位员工都参与到创新中来。全时创新是企业面对快速变化且不确定的外部环境所必须进行的。Shapiro进一步强调，企业在营造创新文化的过程中，应将创新理念持续地渗透到企业创新流程的全过程中去。鼓励创新的组织文化能够促动组织成员创新思想的产生，在组织成员之间建立彼此理解、信任，且相互包容的关系，并且可以有效激励创新者进行大胆实践，并为创新的结果负责。对于企业来讲，创新成效在很大程度上取决于管理高层是否具有创新精神、较强的风险承担意识和鼓励员工尝试冒险的态度，因为这些管理者特质会直接影响到员工对于创新的主动性和积极性。

如何实现组织创新文化的营造，保证在组织文化方面对企业创新给以支持，是学术界和企业管理者共同关注的问题。Quinn（1988）指出：组织文化对于创新及其结果影响巨大，重视创新的文化通常会促进更多的创新成果产出。组织价值观会对创新生产力产生影响，主要表现在两个方面：第一，引导组织成员基于组织价值观从事创新活动，提高创新生产力水平；第二，基于创新的重要性在组织中建立共享的价值观，从而推动创新在组织成员中的执行。在文化建设中，高层管理者有责任关注组织氛围，特别是应当在关注创新的同时，注意确保组织中不会产生对创新有抑制作用的思想，如害怕冒险或犯错等消极情绪。Tushman和Reilly（1996）指出：管理者支持员工冒险与变革，以及对创新中的失误采取宽容的态度是能够激发员工创造性的主要方法。

Tohannessen，Olsen 和 Olaisen（1999）提出：给员工以时间自主权也是创新文化的一种实现形式。让员工尝试在自己感兴趣的新领域进行创新，并且给予员工充分的自主权、独立性和责任感去完成创新任务，通常能够在更大程度上激发员工的创新潜力，取得更好的创新绩效。

②组织制度支持

制度旨在约束主体福利或效用最大化利益的个人行为，它是一系列被制定出来的规则、守法秩序和行为道德、伦理规范。制度也是一种游戏规则，决定人们的相互关系。良好的制度安排能够有效地缓解冲突，进而减少协调费用，使创新者更有效率地开展创新活动，提升创新能力。通过设立相应的制度可以有效地保护创新主体的自主领域。一些制度能够保护创新者的创新收益权，如私有产权制度、版权制度、专利制度等。从管理角度来讲，制度具有预见性的功能，因此良好的制度设计可以帮助创新者对创新结果和收益建立合理的预期，并推进创新者从事创新活动。制度及其所具有的这些功能是创新产生和发展的不可或缺的条件。

a. 组织协调制度

企业创新活动是需要多个部门协同作战的复杂活动，因为创新活动既涉及发明、创造，又包括生产和市场推广等，研发部门、生产部门、营销部门都必须参与其中，而且各职能部门间的协作程度会对创新的实现产生重大影响。组织间的协作并不是自发产生的，需要制度进行引导和规范。企业创新的组织协调制度就是要客观评价常规部门与创新部门间存在的区别，并采取不同的协调和管理方式，实现整个企业内部与创新相关的各个部门和团队间信息的充分流动、知识的充分共享与协作的不断加强，以保障常规业务与创新业务共同发展，最终提高企业的创新能力和竞争力。

b. 信息沟通制度

信息沟通制度对企业创新活动至关重要。虽然灵感突显等偶然性因素在信息产生与发掘中起着重要作用，但是通过制度化方式来扩大信息来源、提高信息针对性，同样能大力促进创新的产生。在企业内部建立的建议制度能够很好地鼓励科研人员、销售人员、行政管理人员等提出创新或改进建议。信息工具是企业信息制度顺利执行的基础，会议、提议、调研网络等都属于最常见的信息工具。会议制度、意见箱制度、创新网站制度、顾问制度、外部调查制度等就是以上述信息工具为基础设立的信息制度。此外，企业通过组织文化建设，鼓励员工利用公司提供的条件建立非正式的交流网络，通过不断的沟通、交流和探讨获取创新信息，这些都属于企业信息沟通方面的非正式制度安排，通常也会起到良好的效果。

c. 人力资源管理制度

从促进企业创新的角度来讲，人力资源制度是关键性的制度。创造性的工作有赖于创造性的人才。Zuckerman 的研究表明，有效的创新合作通常建立在具有创新精神的团队基础上，人与人之间的合作是否顺畅有赖于是否具有相同或相似的工作态度。创新活动是由人完成的，创新成果的应用会为企业带来报酬递增，而创新成果的产出则是创新者努力付出的结果，因此，增加对专业人才的吸引与培养，进行合理的人力资本投资是非常必要的。成功的企业通常会建立较为完善的招聘网络，系统地搜寻有才能的新人，并且为这些人才设计培养和发展计划。此外，从营造创新环境的角度来讲，雇用和培养创新人才也具有非常重要的意义。这样的人力资源管理制度为企业实现持续创新奠定了基础。

③组织结构支持

企业创新和管理的理论基础是系统理论、情景理论和行为理论。基于系统理论，组织是一个开放、有机和动态的系统，由若干子系统组成，各子系统之间相互联系，有一处系统改变，其他系统也会随之而改变。以组织结构为重点的变革和创新是企业摆脱管理机构臃肿、对市场变化反应迟钝等缺陷，实现企业创新管理能力不断提高的根本途径之一。组织结构创新包括：重新划分或合并部门，流程改造，改变岗位及岗位职责，调整管理幅度等许多方面。需要注意的是，企业组织结构创新过程中不可避免地存在一定的风险，因此，企业必须关注风险防范。企业风险防范的主要措施有：第一，将分析研究贯穿创新活动的始终。也就是说，无论在决定实施组织结构创新前，还是确定必须实施组织结构创新后，都要认真分析各方面的情况，包括企业的现状、企业结构创新的原因以及结构创新方案的可行性等等。第二，全员参与其中，即在组织进行结构创新之前，要对员工讲清楚创新的原因和可能结果，也就是说在企业内部进行全员宣传，使员工充分理解创新的必要性和益处，减少他们对由于组织结构创新造成未来利益受损的恐惧，从而减少对组织结构创新的抵制。

（3）创新评价管理

创新评价的目的在于协助管理者改善创新管理质量，提高创新绩效。为达到这样的目的，通过考核和度量可以找到创新状况与预期间的差距，基于对差距或偏差的分析确定问题所在和需改进的环节，进而进行有效的改进。创新评价并不只发生在创新成果商业化之后，完整的创新管理过程应自始至终贯穿着创新评价和反馈。这是因为，组织所面临的外部环境是动态的，组织自身的内部条件也是不断变化的，帮助企业根据变化及时做出相应的调整是创新评价和反馈重要性的根本体现。

评价或考核的最根本目的是激发有助于实现组织目标的行为。这一目的是通过提供与某些目标有关的信息反馈，使组织调整行为以更有效地靠近并达到目标来实现的。一般来讲，评价与考核的基本作用是：第一，通知。通过评价与考核将创新活动进行的情况和创新结果告诉相关人员，让他们掌握情况。第二，纠偏。通过评估收集数据，对与预期相偏离的环节进行矫正，保证创新目标的实现。第三，培训。评价结果可用于确定培训方案，完善员工的创新技能或提高员工的创新能力。评价和考核的内容主要包括：创新平台是否有效；创新成果是否达到创新目标；反馈并采取有效的纠正措施的及时性，必要时对创新管理过程进行全面的审计。第四，预警。良好的评价和考核体系能够在企业真正遇到问题之前，预警问题所在并提示修正措施或潜在选择。创新评价包括：事先确立评价指标体系，事中对创新过程进行评估监控和纠偏，事后对创新管理情况进行评价。惠普创始人比尔·休利特曾说过："你将无法管理你所不能衡量的事物。能实现的总是那些能得到衡量的事。"企业通过建立合理的评价体系对创新绩效和进展情况进行衡量，让参与创新的员工能够在透明化的管理状态下工作。这对于有效鼓励全员创新和保证创新活动的效果是大有裨益的。

二、生产性服务业企业创新管理的过程

（一）企业创新过程分析

1. 创新过程模型

对于创新过程的研究应基于创新的本质特征。首先，创新是新思想、新发明、新知识的商业化过程，不能独立于企业的竞争环境和商业战略而独立存在；第二，创新源自于知识积累与知识创造，创新管理要求企业对知识资产进行有效管理；第三，创新会引发组织的变革，因此要与相应的组织结构、组织机制共同展开研究；第四，创新是组织有意识的活动，具有明确的目的性，因此需要组织进行全面的事先规划；第五，创新是一个非线性的创造过程，通常具有局部周期性的特点，需要根据创新过程和具体的创新阶段实施有针对性的管理对策，才能有效推进创新的实现。

对于创新过程模型，国外学者进行了很多相关研究。Zaltman（1973）把创新过程分为创始期和实施期两个主要的阶段，并基于此提出了离散线性创新过程模型，其根本理念是对创新的前后进行划分，从而在不同阶段采取不同的决策和行动。进而，Zaltman又将两个阶段细分为一些子阶段：创始阶段包括知识感知期、观点形成期和决策期；实施阶段包括创建期和持续实施期。离散线性模型的不足在于，没有关注创新过程中固定不变的阶段，也没有意识到不同类型的创新所具有的阶段也是不同的。随后，创新过程模型又被许多学者从不同层面进行研究（比如，个人层面、团队层面、组织和社会层面等）。学者们对模型予以修正，这些修正是基于纵向观察和实证研究进行的。这些研究证实了组织的创新过程不是一次性的、线性收敛的和非周期性的过程，而是充满变数的循环过程。正如Schroeder（1986）发现了创新的构成要素虽然可以归纳为六个事件，而且从逻辑上讲是有序的，但在实践中却是非固定的。他提出的离散

非有序模型正是基于以上发现。也有许多其他的学者，试图从系统的高度建立模型，如 Bartezzaghi（1997）提出的持续产品创新模型，Dorothy（1998）提出的创新通道模型，Damanpour（2001）、Wheeler（2002）提出的商业创新周期（NEBIC）模型。从学术界对于创新过程模型的研究可以看出，研究者对于创新过程的认知是循序渐进的，从最初的线性认知观念逐渐上升到以非线性的角度去认知。这一飞跃性的认知打破了人们思想的桎梏，无论研究者还是企业家都开始注重系列性的产品创新，以及认识到创建学习型组织、促进隐性知识转化的重要性。

2. 创新过程管理

根据笛德的创新管理理论，组织只有做好以下几个阶段的工作，才能实现有效的创新管理过程。

（1）对内外部环境保持敏锐的洞察力和快速应对能力

组织在运行过程中，必须随时对内部和外部环境进行观测和探查，并从中搜集潜在的创新机遇和信息，包括：市场上各种潜在的或者新的需求；相关研究活动所创造的新机会；经济、政治等方面的新立法带来的压力；竞争对手经营模式的改变等。这些都可能成为潜在的创新机会。组织必须对这些潜在创新信息做出快速反应和合理应对。

（2）科学评估潜在创新信息并进行战略选择

组织对搜集到的潜在创新信息进行评估的意义在于，通过评价与筛选，对具有战略意义的创新思想进行资源投入和开发。因为即使是资金雄厚的大企业也无法对每一项创新思想进行资源投入，所以选择能够带来竞争优势的机会，做出正确的战略选择是企业创新管理成功的关键问题。

（3）对所选择的创新项目进行投资开发

组织在做出战略选择后，下一步就是投入资源对这些项目进行开发。对于技术资源的获取，组织可以通过两种途径实现：一是通过自主研究与开发获取所需技术；二是通过技术转移获取所需技术资源。一般来讲，通过技术转移方式获取所需技术比自主研发速度快，但从组织的长期发展来看，只靠外购获得的显性知识支撑组织创新是远远不够的，还要更多地关注自主研发所带来的隐性知识在组织中的传播与积累。

（4）创新产品商业化和经验总结

创新的最后一步是创新的实施过程，即推动创新思想经过多重发展阶段，最终形成创新产品。创新产品的商业化是组织创新的根本目标之一，这些创新产品既可以推向外部市场，为组织开拓更大的利润空间，也可以应用于组织内部，促进组织管理和运营效率的提高。此外，组织还要对创新各阶段进行评估，总结创新成功或失败的经验和教训。将创新全过程视为一个学习的过程，引导组织成员从中获取宝贵的经验，并不断积累创新管理技巧。

将笛德的创新管理理论中的四个主要方面与创新管理流程相结合，可以用下面的图10-4来表示。在图10-4中，箭头表示创新流程的管理对象，圆表示"如何实施有效创新"。

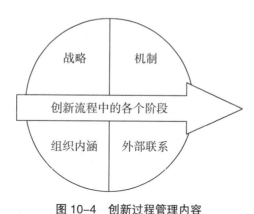

图 10-4　创新过程管理内容

（二）生产性服务业企业创新过程的主要阶段

1. 创新的激发阶段

创新的激发阶段是指通过各种措施和管理方法激发员工的灵感，帮助员工新思想、新创意产生的活动时期。创新始于设想，企业的首要任务是将创新机遇和创新信息通过适当的平台传达到全员，通过营造宽松的组织文化，进行组织结构调整，对有创见的员工进行工作指派，以及根据企业发展战略重新进行资源分配等，从物质激励和精神激励两方面来塑造一种有利于创新的环境和氛围。作为创新的起始阶段，企业管理者的管理理念、价值取向对于激发员工的创新意识起着关键性的作用。管理者应注意把握此阶段，充分调动员工的积极性，鼓励员工打破常规，激发员工的创新意识，从企业的产品、技术、工艺、制度、服务等各个方面找到创新的契机。

2. 创新的实现阶段

创新的实现阶段是指依据企业战略选择出了最适宜的创意之后，组织成员将创意付诸实际的活动时期。创新的实现通常需要组织改变固有的结构设置。为了保证创新能够由思想变为现实，矩阵式的组织结构在这个阶段比较适宜。在创新的激发阶段，人人都是潜在的创新者，并不一定需要从组织中分离出特别团队来产生创意。但当创意已经产生并被选定后，管理者则要精心挑选成员来组成一个出色的团队，赋予其特定的职责，也就是说，让他们专门负责创意到成果的转变过程，并对其实行灵活管理。作为创新的拓荒期，这一阶段是最为艰难的时期。保证创新团队对各项资源需求的满足，及时处理开发过程中出现的问题等是管理的重中之重。

3. 创新的扩散阶段

创新的扩散阶段是指将创新成果（新产品或服务）推向市场，使其商业化或将创新成果（新制度或新策略）在组织中推广的活动时期。这个阶段，企业的管理者必须注重对大环境的感知和适应，因为国家的政治、经济、制度等环境都会直接影响到创新扩散的成败。在创新扩散的过程中，管理者要注意根据需要及时调整组织结构，充分发挥"指令"的作用，通过风投和内外代理人的协同努力，来完成新产品的上市和制度创新的推广。对于企业来说，完成创新成果社会化过程是关键性的，只有这样，企业获取利润和优势，以求生存和发展的目的才能实现。

4. 创新的收敛阶段

创新的收敛阶段是指创新成果社会化后，企业通过评估反馈，及时获知市场、顾客以及组织内部成员对于创新成果的认可程度，总结本次创新的经验教训，以便从中识别出有价值的创新信息和机遇。收敛过程实际上是一个评价过程，这一阶段管理的优劣将决定企业能否让创新成为常态化工作。评估能够帮助企业更好地认识顾客对自己产品的认可程度及产品给顾客带去的价值，从而帮助企业更好地做出预测和改进。由于创新成果的优劣取决于企业的知识创造能力、选择能力、匹配能力和执行能力，企业不仅需要在一个创新过程的末期通过创新成果的使用者进行反馈，还要在创新过程的每一个阶段进行评价与反馈，这是因为，创新每一阶段的成败通常取决于前一个阶段的表现。

（三）生产性服务业企业创新过程的主要特点

1. 基于创新类型的特点分析

学术界对创新类型的分类尚无定论，但研究者普遍接受的分类方式是依据创新强度的不同将创新类型分为突破性创新（radical innovation）和渐进性创新（incremental innovation）。Baum（2000）指出：突破性创新是通过协调变化、实验、实践来获得知识；渐进性创新是指通过企业思考、探索、选择和再造现有方法来获得知识。除此之外，还有学者按照创新对象不同，将创新类型划分为产品创新和工艺创新；按照技术变动方式不同，将创新类型划分为局部性创新、模式性创新、结构性创新和全面创新等（吴贵生，2000）。需要注意的是，这样的分类方式是基于制造业为主的产业技术创新占主导的创新类型的划分，生产性服务业作为服务行业，其产品的独特性决定了该行业的创新有别于制造业，相对于技术创新，服务创新对于生产性服务业企业尤为重要。

（1）服务创新的内涵与类型

Van Ark（2003）认为服务创新是一种新的、有意义的变化，这种变化可在服务理念、与客户交往的渠道、技术理念、服务传递等之中各自独立发生，也可在它们的多个组合之中同时发生。魏江等（2004）认为服务创新是指组织中的创新参与者通过新思想和新技术在服务过程中的应用，有针对性地对现有的服务产品或服务流程进行革新或改善，从而提高企业整体的服务质量和效率，为顾客创造新价值，为企业创造新效益，最终形成服务企业的竞争优势的过程。

对于服务创新类型的划分，学者也从不同角度进行了相关研究，如Normann（1991）的研究为进一步的组织创新研究奠定了基础，他将服务业中的创新类型划分为四类：社会创新（包含顾客参与、合作创新）、技术创新、网络创新、复制创新。Miles（1993，1995）在充分分析了服务的特性的基础上，将服务创新分为服务产品创新、服务过程创新和服务传递创新三类。Sundbo和Gallouj（1998）以创新服务目标为研究视角，在以往研究的基础之上将服务创新分为四类，不仅包含了产品创新和过程创新，而且将组织创新和市场创新也纳入服务创新的类型。张宇等（2005）基于诸多方面的分析，构建了服务创新的基本类型框架，认为服务创新的基本类型包括产品创新、过程创新、组织创新、市场创新、技术创新、传递创新、重组创新、专门化创新和形式化创新。蒲雷（2008）在其专著《服务管理》中又对以上类型划分进行了更为深入的研究，指出根据不同的划分依据可以将服务创新类型进行归类。其中，按照服务创新的性质不同，可以将其分为专门化创新和形式化创新。

专门化创新是针对某一顾客的特定问题在交互作用的社会化过程中构建并提出解决方法的创新模式（Gallouj，1994）。专门化创新生产过程发生于"顾客—服务提供者"界面，由服务接受者和服务提供者双方共同完成，因此创新的实际效果不仅取决于服务企业本身的知识和能力，还取决于交互界面服务授受双方的专业知识质量和能力。从服务提供者的角度看，专门化创新与积累性的学习过程密切相关，它会诱发新知识和能力的产生，而且新知识和能力被解码后能在不同环境中被重复使用。专门化创新是一种交互作用过程中的创新，属于非计划性创新，其随机应变的特点决定了不可能像其他创新那样，在创新活动开始前进行全面的计划与安排。专门化创新引起的变化通过经验积累和知识解码会逐渐形成持久和正式的周期性变化，并由此扩展了企业的组织内涵。此外，专门化创新中"顾客—服务提供者"界面的存在，可以通过限制创新模式初始形式的可复制性，在一定程度上对创新起到保护作用。

形式化创新不同于一般服务创新，其服务要素并不发生定量或定性的变化，而只显示为各种服务要素的可视性和标准化程度的变化。形式化创新的实现方式有：使服务要素更加有序化；对服务要素进行详细说明，降低服务要素的模糊性；赋予无形服务要素以具体形式等。需要指出的是，形式化创新过程会使服务要素的标准化程度提高，这为重组创新提供了条件。

（2）生产性服务业企业的创新特点

从创新的本质上来说，生产性服务业企业的创新是一种服务创新。由于生产性服务业与制造业存在着紧密联系，生产性服务业的创新更多地表现为：为制造业提供更优质、更完善的服务。生产性服务业创新过程除了具有一般服务创新的特点外，还具有以下特点：

①模块定制化的创新过程

由于最初的生产性服务业是从制造业中分离出来的，因此生产性服务业与制造业的关系十分紧密，传统的标准化创新不可避免地会对生产性服务业产生一定的影响。但是因为生产性服务业具体行业服务的主要对象是一般生产者，生产性服务业的创新目标和服务产品主要针对客户的特殊需求，其创新必然具有定制化的特征。基于此，模块化创新介于标准化和定制化之间应运而生，即生产性服务企业拥有标准的产品要素和后台程序，根据客户要求，采用定制化方法将标准产品要素进行组合以满足客户需求。

②创新过程不可复制性

相对来讲，制造业的创新范畴决定了其创新必须具备一定程度的可复制性，也就是说，在不同的环境与需求条件下，某一项创新可以多次重复出现，创新产品可以批量生产和批量销售。不同于制造业创新的非一次性和非特定性特征，服务业创新通常是针对顾客具体要求的一种新的解决办法或方案而展开的创新活动。通常服务业的某次创新的发生是一次性的，即不会再有相同的情境或不同的情境下对创新有重复性的需求。以科技咨询服务为例，企业的每一次服务都是针对客户的个性化需求而提供的，通常企业需要分析客户的显性和隐性需求，明确其对服务价值的期望，然后为其配备合适的专业技术人员，通过服务者隐性知识与相关信息的融合与转化，归结出具备可操作性的结构化知识或信息，以个性化的形式提供给客户。这样的服务只能是"一对一"的服务，不可能像制造业那样实现创新成果批量生产。这样的创新过程代表了生产性服务业企业创新的主要模式。创新过程的非重复性也决定了服务业创新过程的不可复制性。

③创新过程的渐进性

由于服务创新是根植于服务的改善，即使是产品创新，也不可能完全摒弃某项技术或已有产品，因此生产性服务业的创新过程在现实中通常表现为一种渐进性创新，很少出现制造业创新那种"质的飞跃"式的根本性创新。生产性服务业企业实现新产品和新服务的开发有赖于对原有传递方式的改进，而非组织传递方式发生根本性改变。这种渐进性的创新过程通常是以要素重组或流程重组为主要形式，在原有经验和运行模式的基础上逐步改进而实现的。

2. 基于创新动力的特点分析

（1）创新动力的内涵

企业的创新动力的定义，受到学术界广泛认同的是库伯（Cooper，2005）的界定：创新动力是指驱使企业去进行创新的所有因素。但是驱动因素包括哪些具体内容，研究者观点各异。

邓登（Dundon，2002）认为技术、不断扩张的世界和需求水平不断提升的消费者是创新的最主要原因；Sheth（2004）认为全球环境下的竞争压力是迫使企业进行创新的原动力；Benner和Tushman（2004）则认为企业自身提高生产力的需求才是创新的动力；库伯（Cooper，2005）提出了五个促使企业进行创新的因素，即技术进步、不断变化的全球市场、不断增加的竞争压力、不断变化的消费者需求、更短的产品生命周期；Malerba，Nelson，Orsenigo与Winter（2007）认为应将不断变化的市场需求作为一个重要的指标对企业创新动力进行考察。国内学者李前兵（2010）认为企业家精神、共同愿景、创新型文化、核心竞争力和创新协同机制等五个方面激发了企业内部的创新。

综观现有的研究成果，国外学者对于企业创新动力机制的研究比较偏重于从创新的外部环境角度出发，而对于外部因素与内部创新需求如何结合，以及创新主体产生现实的共同作用则缺乏深入研究。国内学者多偏重于企业创新的内在动力研究，并将研究的重点放在各个内部要素的具体研究上，缺乏对创新动力系统中各要素之间关系与相互作用，以及企业创新动力的传导机制如何运作等方面的关注，更鲜有基于系统论从整体上对企业创新动力系统进行的研究（陈晶莹，2010）。

（2）生产性服务业企业创新动力的来源

获取创新所带来的利益和优势，追求超额利润是企业创新的最主要目的。对于生产性服务业企业来讲，创新动力一方面来源于企业生存与发展的内在需要，另一方面也来源于外部环境不断变化对企业提出的快速适应的要求。因此本书从内部动力和外部动力两个方面分析生产性服务业企业创新的特点。

①内部动力

a.企业家精神

企业家精神具有一定的职业特点，是企业家在企业经营管理活动中形成的，体现其独特性的思维意识、心理状态以及行为模式等。创新精神对于一个企业来说，是创新产生影响的内部动力因素。一个合格的企业家所具备的企业家精神，必定是主动创新，是源自企业内部的"我要创新"的行为。企业家精神体现在企业家的成就事业的决心、主动变革的意识、居安思危的前瞻性等方面。

企业家通过制度体制、感召力和创新意愿，营造并建立有利于创新的文化氛围和工作环境。具体地说，企业家不仅仅是创新活动的倡导者和组织者，更应该积极主动地构造创新观念，筹措创新投资，并努力结合创新成果大胆推广应用。企业家精神还表现在组织和倡导企业的创新活动，创造性地运用企业资源拓展经营元素或深度探究经营领域专业度。研究表明，具有创新意识的企业家往往更能够保持对市场变动的洞察力和预见性，善于发现和把握机遇；在高压力或高风险面前，体现出强烈的敬业精神和应变能力，能够发动企业全体人员去完成创新任务。企业家是否具备创新意愿和倾向往往对企业创新发展、拓宽经营思路具有决定性的作用。

企业家精神是企业从事创新活动的重要前提和基础。一方面，企业家精神以创新理念为核心，促使企业不满足于现状，主动地对现有市场、产品、流程、制度、设备和环境等进行分析，并探寻更好更完善的发展目标与方向。同时根据分析所提供的信息确定企业如何进行变革和创新，或如何更清晰地寻求和发现创新的机会，又或通过运用怎样的方式和方法才能确立企业的优势并能够以之推动企业的不断发展。另一方面，善于创新的企业管理者，会在其企业内部建立和推动对变革发展永不满足的企业文化，使它成为企业不断发展创新的内在精神原动力。创新型的企业文化会使企业全体人员都易于理解、接受和掌握新事物，甚至迫切地渴望接触新事物、主动寻求变革，并且自发地通过发现问题、分析问题或发展需要，有针对性地变革相关环节，制订相关可行性的创新计划来实现企业发展目标。

b. 组织文化

组织文化是在一定历史条件下，组织在其发展过程中形成的共同价值观、精神、行为准则及其在规章制度、行为方式和物质设施中的外在表现。良好的组织能够将全体员工的思想行为统一到组织发展目标上来，不仅对组织个体的思维和行为起到导向作用，而且对组织整体的价值取向和行为模式产生引导作用。企业创新文化包括整个企业对企业家倡导的持续创新意识、精神和价值观的认同。需要说明的是，企业创新文化的形成需要企业家的核心倡导作用和企业核心、骨干员工群体长期的持续努力。企业文化的凝聚力和团队精神是企业生存与发展的根本保障。

特别要指出的是，对于生产性服务业企业来说，共享型的组织文化能够通过打破层级观念，倡导团队合作和对人性的尊重，使组织成员致力于为组织共同的目标而努力，且由于成员的主观能动性非常强，组织在应对内外环境变化时会具有灵活性和创造性。在这样的组织文化氛围中，员工的满意度高，不再有社会阶层之间的障碍或非正式组织所划定的小圈子产生的屏障，每个员工都成为肩负平等责任的合作伙伴,领导所扮演的角色是为创新活动提供支持的"公仆"，组织文化真正成为推动创新的内源性动力。

c. 激励机制

企业内部的激励机制作为企业创新活动的一股强有力的推动力，对企业创新具有不可忽视的作用。可以说，企业创新成败的关键问题之一即能否建立有效的激励制度，不断鼓舞和引导企业员工，将其所拥有的知识、信息等资源投入到企业创新活动中去。很多企业的实践证明，在相同的外部环境下，切实可行并且行之有效的创新激励机制能够给企业带来创新的力量源泉。组织成员对于参与创新的意愿除了受组织文化的影响外，很大程度上取决于激励机制的引导和诱发。必须指出，传统意义上的激励对于知识创造的过程收效甚微，这是因为，创新者通常是具备一定知识技能，且渴望通过创新实现自我价值的人群，对于这样人群的激励应更加注重从人性的角度对其给予关怀与关注，让他们觉得自己是企业的主人，而非只是个"打工仔"。

具体来说，企业的内部激励主要包括物质激励和精神激励两个方面。第一，物质激励。物质激励是指通过物质刺激的手段，鼓励员工工作，其主要形式有正向激励和反向激励，如工资、奖金、津贴、福利等为正向激励手段，也有罚款等反向激励手段。物质激励是人们从事一切社会活动的基本动因，也是激励的最基本和最主要模式。第二，精神激励。精神激励是在物质激励的基础上，或与物质激励同时进行的激励方式。依据马斯洛的需求层次论和赫茨伯格的"双因素"理论，人的需要是多层次和方面的。只满足其物质需求，无法有效地激发员工的创造性和积极性。通过合理的精神激励方式能够提升员工的主人翁精神和责任感，实现其自我实现的需要，进而有勇气接受富有挑战性的工作，推动企业创新活动的实现。

②外部动力

a.科技进步

"科技是第一生产力"，科技进步也是企业创新的根本动力和基础。企业创新与科技进步是相互促进的关系，这主要体现在两个方面：第一，从企业角度来讲，应对激烈的市场竞争和变化莫测的外部环境，必须不断进行技术创新与产业升级，而技术创新和产业升级则有赖于相应的科学技术作支撑。因为如果社会现有技术难以满足或根本无法不满足企业的创新要求，那么再先进的创新概念和理论也无法转化为现实成果。第二，企业不断创新的过程会催生出大量新技术、新工艺、新技能等，这些创新成果会进一步推进科技的发展和进步。因此，科学技术与创新既是相互制约、互为因果的，更是相互促进，不可分割的。很多实例证明，在科技发展的推动作用下，生产性服务业企业更容易发生创新与变革。熊彼特认为科学技术的进步，促进了生产力的提高，从而使创新成为可能，愈加鼓励了企业家追求以往难以企及的高额收益。由此可见，科学技术的重大发现和突破往往是促进企业创新得以产生和发展的根本动因和基础，科学技术的进步是生产性服务业企业创新的外部动力。如物流业的飞速发展在很大程度上得益于互联网的支持；金融业的服务创新也是以新技术应用为基础的；科技咨询业的兴盛有赖于信息技术的不断升级等等。

b. 市场供求

从市场角度来讲，生产性服务业企业创新的动力来源于生产要素市场和产品市场两个方面，这二者共同构成了一个完整的市场体系。根据 2002 年欧洲创新景气度调查问卷的分析结论，市场供求已经成为各个领域企业实施创新的外部动力之一。企业实施创新的原因多种多样，但归结起来不外乎两个方面：第一，通过创新降低成本，从而在市场的价格竞争中占据优势地位；第二，通过创新优化生产流程或运营效率，提高产品或服务质量，在竞争中"以质取胜"，赢得消费者或客户的青睐。虽然生产性服务业不像制造业那样在生产过程需要大量的原材料，但生产性服务业通过改进技术，可以提高服务效率，降低相对成本，因此要素市场也是服务业创新的动力来源。从产品市场来看，满足社会需求是拉动服务业创新的重要力量。

3. 基于顾客在创新中作用的特点分析

在制造业的创新过程中，顾客通常只是扮演创新接受者的角色，没有机会参与到创新过程中去，因此除了创新扩散阶段外，顾客对于制造业创新管理的作用不大。与制造业相区别，服务业创新则多是以顾客的需求为导向，通过对顾客需求的深入挖掘和理解，以及吸收顾客亲自参与到创新中来等方式，促进服务业创新思想的形成。顾客的作用对于服务业创新结果的产生和推广起着极其重大的影响。相对于制造业，生产性服务业创新过程中充分发挥顾客参与的作用显得尤为重要。服务行业的创新以服务创新为主，而服务本身就是通过双向交互而实现的，所以，顾客在接受服务过程中表现的满意程度以及相关行为都会对企业发掘创新源起到促进作用。不同于制造业相对独立生产的过程，服务业是汇集了组织成员与顾客共同知识的协同生产过程。在服务业的创新过程中，服务的提供者（企业员工）除了应在服务中积极与顾客进行沟通与交流，还应采用多种方式鼓励顾客分享其知识和经验，有意识引导顾客参与到服务的生产和传递过程中来。应该说，服务业的价值源泉在于与客户的交互过程所实现的价值匹配与利益整合。

（1）顾客参与对创新的重要作用

Adner（2002，2006）对服务创新中顾客参与的概念进行了界定，认为企业创新中的顾客参与是一种全新的创新方式，顾客不再只是服务的接受者，而是服务创新的参与者和提供创意的人，工作人员会根据企业战略引导顾客在恰当的接受服务的阶段适时地参与到企业服务创新中去。应该说，顾客参与创新本身就是一种创新，而这种创新往往对于生产性服务业的经营管理具有十分重要的战略意义，Hippel（1986，1988，2001）在其研究中特别强调了顾客参与的重要性。Hippel 提出了"领导型用户"理论，认为企业创新中不仅需要对顾客深入地了解和分析，还应该有计划地将部分顾客纳入创新管理系统中，通过有效的启发和激励手段让他们积极地参与新产品或服务的开发。学术界对于创新过程中不同阶段顾客参与的作用进行了很多相关研究，如 Souder（1989），Christensen Bower（1996）的研究表明，顾客与企业研发人员在创新激发的过程中出于不同的立场，顾客会根据自身的需要考虑如何获得更加便捷更加实惠的服务或产品，因此他们提出的创新意见或点子通常更具有原创性，并有良好的市场价值。Martin 与 Horne（1995）指出顾客的适时参与对于创新的成功至关重要，一般来讲，管理者应注重在服务创新的初始阶段和最后阶段发挥顾客参与的作用。Johnston 等（1999）认为顾客应参与到新服务开发的服务测试、市场测试等阶段中来。Prahalad 等（2000）认为顾客的最大作用应该是帮助企业对服务概念进行全新的解释，因此顾客参与在创新初始阶段最为重要。Franke 和 Shah（2003）指出，企业创新的目标就是实现创新成果的商业化，而服务创新的成功更大程度上依赖于与顾客的互动过程。研究表明由服务接受者提出的服务创意更加贴近消费群体，其中具有商业化潜力的约占23%，由此可见企业应利用和创造各种机会，使顾客真正参与到企业服务创新的环节之中。Matthing 等（2004）的实证研究表明，在服务创新的前期，顾客参与对提高服务创新的成功率有着不容忽视的作用。因此管理者应注重在服务概念创新以及预期商业分析阶段引导顾客参与。张若勇（2007）从创新绩效影响因素的角度进行了研究，发现顾客参与服务创新能提高组织的学习效率和隐性知识向显性知识转化的能力，从而对创新绩效产生正向的推动作用。魏江等（2008）通过案例研究的方式，按照创新阶段的不同，深入探讨了顾客参与创新的相关问题，并以咨询服务企业为例进行了分领域研究，研究发现管理者在创新激发和创新扩散阶段对顾客参与程度更为关注，而在创新实现阶段则相对要求较低。

（2）生产性服务业企业创新中的顾客参与

①顾客参与的方式

通过对已有研究成果的分析可知，生产性服务业企业创新过程中顾客参与的方式多种多样，如 Skaggs 和 Youndt（2004）从顾客参与的角度出发将服务创新分为三种形式，即，顾客联合生产、顾客接触和顾客定制化等。归纳起来，生产性服务业企业创新的顾客参与方式可以分为面对面对话和虚拟对话两类。

a. 面对面对话

通过面对面交流的形式，使企业内部创新人员能够与顾客之间实现有效交互，进而在沟通过程中激发创意，推进联合创新的产生。开展企业与顾客的对话，常见的形式有面对面访谈、抽样座谈、头脑风暴、用户会晤等。需要注意的是，企业要对顾客应进行适当的引导和必要的培训，使顾客对企业产生信赖感，同时使顾客参与在企业创新中发挥更大的积极作用。

b. 虚拟对话

Nambisan（2002）认为网络可以获取顾客想法和知识，通过开发这种顾客参与的虚拟平台，使沟通更加便捷，成为一种创新的有效手段和方式。陈永顺和吕贵兴（2008）探讨了服务创新的渠道和方式，认为企业利用顾客参与创新的重要渠道应是以各种方式获取顾客意见和信息。虚拟对话的方式要求企业事先建立信息交流平台，并做好对员工和顾客的指导工作。

②顾客参与的管理

生产性服务业企业要有效管理顾客参与创新过程，就需要充分了解顾客参与创新的动机。关于顾客参与创新动机的研究，Nambisan（2002）认为，顾客在参与服务创新时能够表现出主动性和自愿性，是因为顾客认为通过自身的参与创新，可以更好地对企业进行了解，认可自己在接受服务过程中的体验，同时可以让企业的服务质量得以提升，从而满足更多顾客的不同需求。很多时候多数顾客也会在参与企业创新服务的过程中获取知识、乐趣和奖励。Martin 和 Horne（1995）的研究表明，顾客预期从创新参与中获得的利益与其参与到服务创新中的意愿成正比。也就是说，利益越大，越愿意参与。

企业创新管理者的任务是让顾客感知参与创新对其可能产生的益处，并从各方面提供支持，使创新过程与顾客参与相结合。在如何有效管理顾客参与方面，相关学者也进行了研究。如，Febbufer（2002），Henning（2003）和 Harald（2005）通过实证研究将顾客的知识分成了三个类别，即顾客固有知识、顾客需要补充的知识和关于顾客的信息知识等。他们认为管理者如果能够有效地识别和管理顾客知识，将提高顾客参与在创新中的效用。Heather 等（2005）在前人研究的基础上，进一步提出了顾客知识管理的新维度，即工作人员与顾客交流过程中共同创造的知识。他们认为有效的服务创新应兼顾顾客与企业的利益，因此对共同知识的管理能力从一个侧面反映了企业服务创新的整体效果。Liu 和 Chen（2007）将管理沟通理论引入服务创新中，他们认为在顾客与服务提供者之间建立顺畅的沟通渠道，实现二者之间的良性互动，对于顾客参与服务创新能够起到极大的促进作用。Schilling 和 Werr（2009）提出为了更好地发挥顾客参与创新的作用，企业应注重降低组织内部冲突发生的概率，特别是与顾客沟通过程中发生的冲突，企业可以通过要素调整，尽力做到资源与顾客需求相匹配，以提高顾客参与创新所带来的满意度。尹波和鲁若愚（2008）分析了参与企业创新顾客的类型，根据顾客参与服务创新的初衷和自身性格特点，可以将其分为领先型顾客、成长型顾客、逃避型顾客和滞后型顾客等类型。因此企业应针对不同类型的顾客采取不同的方式，引导他们有效地参与到企业创新中来。

三、生产性服务业企业创新的管理模型

创新管理是一个动态过程，而且是战略、技术、市场和组织相互作用的过程。创新管理成功的关键问题之一就是需要管理者以系统的思维和综合的方式进行创新管理。笛德、本珊特、帕维特（2004）指出：创新没有捷径可走，必须在企业中形成一整套行为模式。这些行为模式主要包括：第一，从战略高度出发；第二，依靠有效的内部关系链和外部关系链；第三，建立鼓励变革发生的机制；第四，营造支持创新的组织氛围。企业的竞争优势在于它的管理和组织过程，创新管理能力的建构需要经过长期的积累过程，因为企业的管理和组织过程是由其特定的资产定位和获取这些资产的路径塑造的。

基于企业创新管理理论发展的系统化趋势及其相关理论的研究成果，本书认为，生产性服务业企业创新管理过程的各个阶段都是紧紧围绕四个方面的内容展开的：

第一，从战略高度理解和对待创新及创新管理问题；

第二，建立和实施有助于创新管理的组织制度；

第三，为支持创新及其管理提供合理的组织架构；

第四，建立有效的评价反馈系统，并保证评估反馈贯穿始终。

根据这个思路，本书提出生产性服务业企业创新管理模型，在此模型的统一框架之下，对企业创新管理进行全面的分析和考察。生产性服务业企业创新管理模型如图 10-5 所示。

本书认为生产性服务业企业创新管理可从创新管理过程和创新管理内容两个层面的关键维度出发，将两个维度结合起来，以系统的观念进行考察。

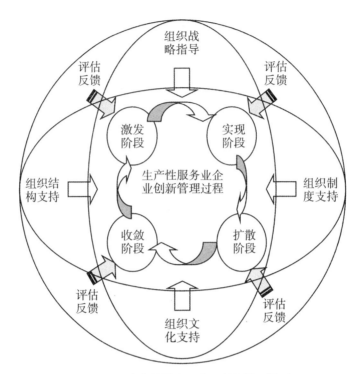

图 10-5　生产性服务业企业创新管理模型

从创新管理过程角度来说，本书提出生产性服务业企业创新管理的四个阶段，主要包括创新激发阶段、创新实现阶段、创新扩散阶段和创新收敛阶段。这四个阶段在推荐创新的过程中形成循环。

从创新管理内容的层面来说，本书认为生产性服务业企业创新管理的主要内容涉及创新战略管理、创新支持管理和创新评价管理三部分。其中创新战略管理要求企业关注企业创新战略的制定、企业战略与外部发展环境的匹配即战略柔性以及重视长期战略规划等；创新支持管理包括组织文化支持、组织制度支持和组织结构支持三方面内容；创新评价管理则贯穿企业创新过程的始终，并且对于创新战略和创新支持也负有评估和反馈的责任。

本模型将生产性服务业企业创新管理的两个层面放在整体框架内来研究，可以在企业创新管理的诸多问题之间建立逻辑联系，使之更好地成为一个系统化的整体结构。

| 第十一章 |

生产性服务业企业创新管理内容维度

在前文构建了生产性服务业企业创新管理模型的基础上，本章对于该模型的一个维度——生产性服务业企业创新管理的内容维度展开探讨，拟从创新战略管理、创新支持管理和创新评价管理三个方面进行深入研究，探求生产性服务业企业创新战略模式以及各项对于创新提供支持的途径和方法。

一、创新战略管理

（一）创新战略内涵及分类

1. 创新战略的内涵

创新战略内涵是基于战略对于企业的重要性和我国企业战略管理存在的问题而提出的。

战略是企业生存发展的指导方针，余来文、陈明（2006）指出了战略的五个重要性：战略是决定企业经营活动成败的关键因素；战略是确定企业理性目标的前提条件以及目标得以实现的重要保证；战略是企业长期、高效发展的重要基础；战略是企业充满活力的有效保证；战略是企业及其所有员工的行动纲领。[①] 可以说，战略规定了企业未来发展的目标，并对于如何利用自身有效的资源去实现目标提出了指导性意见。所以，战略是实现企业自身所定义的价值创造，是组织试图追求的结果以及实现这些结果所选择的手段。对战略的定义

[①] 余来文、陈明：《企业战略创新及其决定因素》，载《现代管理科学》2006年第8期，第17页。

可以概况为"一个组织在其内部资源和技能……与外部环境所产生的机会和挑战之间所做的匹配"。

在企业管理实践中，战略的重要作用却往往很难得到发挥。战略执行效果受到多层次多方面因素的影响：在战略管理过程中，每一个环节（战略预见、战略设计与选择、战略控制、战略调整与再实施）都要做到相互协调和匹配，才能确保战略实施的效果；考察战略管理的影响因素，无论是"硬"的配置（组织结构、工作流程、制度安排），还是"软"的约束（企业文化、组织惯例、信息沟通、人力资源等）方面都对战略执行效果产生影响。"匹配"是企业在战略管理实践中最关键的问题。大量的实例说明，匹配难以实现是使战略难以发挥重要作用的原因。韦华宁（2005）通过问卷调查总结了中国企业的战略特征：在战略形成方面，战略决策中"一言堂"现象明显，战略决策具有很强的偶发性，战略规划的"短时窗"特征突出；在战略执行方面，缺乏充分的战略沟通，战略共识"缩水"，人力资源与信息系统成为战略执行的"短板"，执行进程和效果未能得到有效的监控，业绩评估与奖惩激励成为战略执行的"软肋"。归纳起来，企业战略形成过程中普遍存在自上而下的决策过程，管理者在战略制定过程中，往往从自身的认知出发，忽视了自下而上的共识性和倡导性；在战略执行过程中也普遍存在自下而上的运作过程，战略的执行缺乏自下而上的能力支持、协调性以及自上而下的有效激励。这些问题造成企业战略制定和实施过程中所需要的内外匹配难以实现，战略执行效果受到严重制约。此外，由于企业运营缺乏连贯性，资源投入缺乏持续性，各环节通常是出现问题后才被动调整，企业的创新活动也往往处于被动局面。为此，学者们提出创新战略的概念，以期解决战略制定和执行过程中的匹配难题。

基于创新管理理论，企业的创新前提是全员参与和全时空创新。全员参与强调的是组织中所有成员积极参与创新活动中的一种"我要创新"的心理诉求和工作态度；全时空创新强调的是将外部环境和组织内部运作直接联系的一种积极的、主动的、快速反应的交互作用过程，反映出一种在全员参与基础上的"我能创新"的能力和状态。"我要创新"和"我能创新"的企业创新状态将促进企业战略、技术、制度、文化等要素的匹配，即企业全部要素都积极参与、支持和推动创新的发生。因此，本书对创新战略界定如下：通过倡导、推动并引导创新的过程建立起全员的创新动力与创新能力，改变企业自身发展障碍，将创新行为转化为企业的自生能力，实现企业持续性发展的要素匹配过程。

2. 创新战略的分类

学术界对于创新战略至今尚无统一的划分。本书基于生产性服务业企业的特点，仅从创新来源的角度对创新战略进行分类，即划分为自主创新战略、模仿创新战略和合作创新战略三种基本类型。

（1）自主创新战略

自主创新战略，顾名思义，通常是企业不借助外力的情况下，仅靠企业内部成员的努力和探索，实现概念性的突破或核心技术的创新，并在此基础上继续推动创新活动后续环节的完成。也就是说，这是向市场推出全新的产品、新工艺、完成科技成果的商品化，或率先使用管理新方法或新策略，以取得垄断利润和竞争优势，从而实现预期目标的一种创新战略。自主创新战略的特点如下：

①内生性

自主创新是企业依靠自身力量，通过独立的研究开发活动而获得的，其所需的核心技术是企业内部的技术突破。自主创新不仅有助于企业形成较强的技术壁垒，而且很可能会引发一系列的技术创新，形成创新的集群现象，推动整个产业的发展。

②率先性

率先性是企业实施自主创新的重要目标。自主创新能够给企业带来的主要优势就是实现"人无我有"的竞争局面，使企业无论在技术上还是市场上都能保持领先地位。领先性能够帮助企业积累生产技术和管理经验，降低产品成本，有效监控产品质量，获取更多超额利润。同时，由于"人无我有"，企业可以以"龙头老大"的身份率先制定产品标准和技术规范，推进这些标准与规范在行业中成为共同遵守的统一标准，从而让更多消费者和竞争者认识企业。

③风险性

企业为占据市场优势地位，必须保证创新产品的持续更新。这需要企业将创新贯穿于企业整个的生产经营活动中，能够持续进行创新的研究与开发活动，持续的研发活动必然需要持续的资金与人力投入作为支撑。创新的复杂性以及创新结果的不确定性让风险厌恶型的管理者对自主创新望而却步，希望通过寻求合作或其他方式实现风险共担。

（2）模仿创新战略

模仿创新是企业在竞争者率先创新的基础上，对其创新成果进行改进和完善，进而参与竞争的一种渐进型创新活动。模仿创新战略不同于自主创新战略，其实现创新的主要手段是引进或破解相关企业已经率先研发出来的创新成果，并在此基础上改进、完善并进一步研发，在工艺技术、质量控制、成本控制、大批量生产管理、市场营销等创新链的中后阶段投入主要力量进行创新，产出在性能、质量、价格方面有竞争力的产品与率先创新者竞争，以此确立企业的竞争地位，获取经济利益并获得竞争优胜的创新战略。

由于模仿创新是在一定的创新基础上进行的改善，所以企业所承担的市场风险和市场开发成本相对较小。虽然模仿者不能取得市场领先地位，但可以通过某些独占的市场发展条件来获得较大的收益和竞争优势。模仿创新战略的特点可以概括为以下几点：

①跟随性

模仿创新战略属于跟随型战略，通过曲线方式巧妙规避了自主创新的风险，但模仿创新绝不是简单的效仿与追随，而是通过找到领先者未发掘的空间，利用延迟创新带来的优势在竞争中占据主动的战略。创新过程中，企业最大限度地利用率先者成功的经验，吸取其失败的教训，在率先创新者的成果的基础上继承与发展、改进与完善，从而推出更优的成果。

②投入的聚积性

模仿创新是从创新链的中后阶段开始，所以企业应集中力量将主要人力物力投入在创新链的重要环节，即企业应在产品质量控制、产品配套设备、创新成果商业化等方面投入大量的资源，使得创新链上的资源分布聚积于中后部。

③针对性

模仿创新的研究开发活动是在引入和破解率先创新成果的基础上对其进行的完善与应用，这些研发活动相对于自主创新来讲，更具有针对性，通常是从企业自身资源条件出发进行的创新和改良。

（3）协同创新战略

协同创新战略是指以企业为主体，联合相关企业、科研院所共同推动创新的创新战略。企业由于自身经济实力、研发力量等因素的制约难以自主完成创新时可以借助于外部力量，实现创新。协同创新战略的基础和前提是合作伙伴之间的优势互补和资源共享，参与者通常会就创新的某些环节进行资源投入，并按照事先约定好的规则分享创新成果，同时，合作也意味着风险共担。协同创新的具体形式多样，常见的有联合创新、战略联盟、技术联盟、授权许可等。协同创新战略的特点是：

①共享创新资源

全球化竞争形势下，企业过去单打独斗的创新模式已经无法应对市场需求，消费者需要更加便捷和系统性的创新。因此，以企业间协同创新的方式推进重大创新项目的完成，对于企业来讲可以实现外部资源的内部化，通过协作创新占领市场，保证资源共享和优势互补。

②降低创新风险

自主创新意味着企业必须独自承担所有创新可能带来的风险，而协同创新则可以通过合作者的参与有效地分散创新风险。当然，创新活动协同的规模越大，内容越丰富，所可能导致的风险就会越大，通过协同创新分散风险的作用也就越显著。

③提高创新效率

创新效率的高低取决于企业能否以最快的速度搜集创新所需的资料与信息，且保证这些资料与信息真实可靠，进而还要求企业注意降低获取信息带来的创新成本。协同创新可以优化创新各个环节之间的界面环境，并通过参与创新的多方面人员的交流与沟通，减少资源浪费和信息泛滥，切实提高创新效率。

（二）生产性服务业企业创新战略选择

1. 通过自主创新增强企业核心竞争力

选择自主创新战略的生产性服务业企业应充分认识创新的重要性。作为企业管理者，要把工作重点放在构建合理的创新管理机制上，通过制度建设和文化建设，在企业中营造全员参与创新的良好氛围，同时注意开发企业内部的研发团队，增加对创新活动的投资力度；支持企业内部和企业之间各种形式的知识流动与技术转移，提升企业技术集成与产业化能力；加快企业信息化发展速度，广泛普及和应用先进技术；重视品牌的力量，改革生产方式，由被动变主动，用更高的产品附加值和超值服务吸引消费者和投资商。将创新活动融入品牌建设的全部流程，在不同地区、不同区域以企业商标和产品专利为纽带采用灵活的经营方式。

2. 通过模仿创新规避企业创新风险

利用各种渠道挖掘、引进新产品，并在产品引进后进行拆分，进行渐进性创新；通过调整生产工艺流程，以及改变产品在原价值链上的位置，增加产品附加值，提升产品的科技含量；通过改善生产环节及各环节之间的连接方式，发挥优势，克服劣势，通过对拥有价值链的"战略性环节"，来获取竞争优势。模仿创新战略选择可以有效地规避自主创新可能带来的风险，并降低资金投入，同时有利于企业发掘创新潜力，洞悉自身优势，有针对性地实现企业创新及创新管理能力的提高。

3. 通过协同创新降低研发成本

企业与其他利益相关者建立合作关系，进行协同创新是由创新活动本身存在的复杂性决定的。面对日趋复杂、变化莫测的外部环境，企业必须摆脱孤立无援的状态，通过各种方式和渠道最大限度地获取有用的资源与信息。这些渠道可能是其他的公司（如供应商、客户、竞争者），也可能是大学、研究机构、投资银行、政府部门等。协同创新战略是要求生产性服务业企业为企业创新构建能够吸引和适应不同行业、不同类型的创新者参与进来，从而构成企业创新协同群的一个相对松散的、非正式的、嵌入性的、重新整合的相互联系的网络系统。协同创新的参与者之间的顺畅交互关系决定了他们可以以正式或非正式的方式达成创新观念的统一，进而充分发挥"1＋1＞2"的协同效应，将其惠及新产品（服务）的形成、开发、生产和销售等的全过程中去。协同创新有利于企业获取更广泛的资源支持，降低创新成本。

（三）生产性服务业企业创新战略模式

生产性服务业企业应结合自身的实际情况，选择适宜的发展模式，如图11-1 所示。

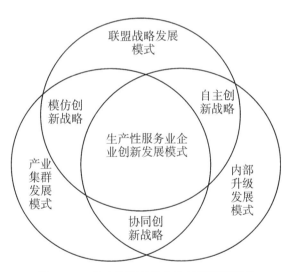

图 11-1　生产性服务业企业创新战略模式

1.联盟战略发展模式

战略联盟，是指两个或两个以上的企业为了达到自己在某个时期的战略目标，通过合作协议方式所结成的联合体，以实现资源互补、风险共担、利益共享。战略联盟的基本出发点是弥补单个企业战略资源的有限性。战略联合可以是同类企业间的联合，也可与相关产业企业、科研机构及高等院校进行联合。

采用联合竞争战略可以使企业更有效地利用有限的资源,有利于形成规模效应。按照联盟者之间的关系密切程度,生产性服务业企业的联盟方式可分为两类:第一,松散型联盟。企业之间在资金、技术等方面基本没有往来,彼此约束力弱,仅局限于生产协作或专业化分工的联合,遇到风险时联盟内部成员不会成为命运的共同体。第二,紧密型联盟。企业之间除了生产协作或分工上的联系之外,还进行资金和销售等方面的联合,如互相持股、按股分息、互相调剂余缺、建立统一的销售队伍等。企业如何选择联盟方式,应该视具体情况而定。

2. 内部升级发展模式

20世纪70年代的经济滞涨使西方发达国家经历了前所未有的困境,此后在经济复苏的过程中,众多的实践经验证实了服务业内部结构的升级会促进国民经济的稳定发展。遭受经济重创的西方国家也正是通过服务业内部升级实现了经济健康稳定的增长与发展。因此,服务业,特别是与制造业等相关产业联系密切的生产性服务业不断进行内部结构升级,并使之成为产业发展模式,对国家经济发展具有至关重要的作用。伴随着市场竞争的日益激烈,产业分工日趋细致化,工业企业走上专业化和集约化的发展道路,生产性服务业从制造业中分离出来是顺应产业发展规律的大势所趋。从产业发展规律来看,信息服务业在其他行业对于信息收集、处理及加工的需求带动下得以发展壮大。与此同时,社会分工的进一步细化促使企业进行结构调整和组织变革,也带动了一些新兴服务业的发展,如广告设计、财务管理、科研开发、管理咨询等业务逐渐在原有专业分工基础上独立出来。丰富了的生产性服务业的产业内涵,促进了产业内部结构升级。应该看到,一方面,多方面的服务需要科技进步和信息支持,另一方面,生产性服务业本身生产能力的提高也得益于信息技术的进步和科技发展,也就是说,服务业的生产技术是在"知识化"和"信息化"的背景下发展壮大的,如连锁经营、电子商务等服务在全球得到了极大的发展。生产性服务业内部升级发展模式是有效带动国民经济发展和经济结构调整的一种产业发展模式,这种模式可以使生产性服务业在市场竞争环境下顺应需求,根据产业自身条件不断实现内部结构的优化与升级,从而有效促进整体经济的发展。

3. 产业集群发展模式

生产性服务业企业在空间上集群，对于企业来说，首先可以通过位置上的靠近使服务企业之间便利地享受相互间的服务；第二，企业间的集群可以形成集群效应，以使企业更有效地应对经济环境的快速变化以及由此产生的不确定性；第三，在集群中的生产性服务企业可以通过集群学习机制来获得优势。集群学习机制主要通过三种途径来实现：第一，通过非正式的社会关系网络获得新知识；第二，通过集群中生产性服务企业之间正式的合作关系促进集体学习机制的建立；第三，通过集群中技能性劳动者的流动来促进知识的流动；第四，生产性服务企业在空间上集群，会为集群企业带来一种社会文化上的接近，使这些企业之间形成共同的价值观念、共同的信念和相互理解，形成一种非交易性的相互依赖关系，这种社会文化上的接近能够使集群中的企业共同获益。

近年来，我国各省市相继设立了众多的高新技术园区、物流园区等，其建设目的无不在于形成产业集群效应。但现有的生产性服务业集群多是以低成本为基础的聚集，缺乏创新能力和参与国际竞争的能力。此外，集群建设中，企业间缺乏区域协同的观念，运作过程中低层次重复现象较为普遍。因此，整合区域经济资源，努力消除区域产业集群的制度壁垒，培育促进集群区域的社会文化环境是我国生产性服务业企业集群发展模式建构中的必要对策。

二、创新支持管理

（一）生产性服务业企业文化支持管理

创新文化可以成为企业竞争优势的主要来源，也能够让企业长年保持不衰。每一种高效能的文化都很难原封不动地移植，但创新却与众不同。只要员工愿意学习，创新就会成为一种生活方式。创新能够让企业的人力资本按部就班地配置，并顺利产生组织希望得到的价值效果。最重要的一点是，创新文化是竞争对手无法抄袭和效仿的企业特质。对企业创新文化的建设一方面要形成保守文化向创新文化转化的机制；另一方面，在相对稳定地时期内，应尽力维持创新文化在组织中的主导地位。要建设对创新具有支持作用的企业文化，就要以对传统企业文化的批判为前提，对构成企业文化诸要素包括企业宗旨、经营理念、管理制度、运营模式等进行全方位系统性的建构或重新表述，使之与企业的创新发展需要和外部环境变化相适应。

1. 创新理念下的有效领导

企业文化建设过程中，领导能力毋庸置疑是关键因素。在管理实践中，领导阶层所带动的改革通常都是改变文化的第一步，也就是说，高层管理者在文化创新与建设中起着"星星之火可以燎原"的作用。有效的领导应该做到以下工作：对于创新的益处坚信不疑，在全员上下树立坚定的信念；建立和宣扬组织的理念和远景；调动组织内部成员形成危机意识，使组织成员能够居安思危；将组织中的各项资源集中起来，按照创新的需要进行重新分配，以便将创新扩展到全组织。此外，需要注意的是，管理者必须改变自上而下发号施令的权力结构，转变管理观念，在较为宽松的管理环境中促进创新文化氛围的营造。

2. 以学习促创新

应该说，良好的企业文化是企业的核心竞争力之一。自从彼得·圣吉提出了"学习型组织"后，在世界排名前 100 家企业中，已有 40% 的企业以"学习型组织"为榜样，进行了流程再造。在大张旗鼓筹建学习型组织的同时，管理者必须认识到：相对于学习来说，创新既是手段，也是目的。因为只有创新才能给企业带来卓越的价值、成长和高报酬，可以说，创新是企业的核心功能。组织如果能够营造一种善于创新的氛围，会得到"创新附加价值"的额外好处。因此，加强知识管理，建设"学习型组织"，以学习促创新，从根本上提高企业整体素质将是企业增强竞争力，迈向成功的基石。

3. 发掘与培养人才

外部环境的不确定性和人才市场的激烈竞争使得优秀企业更加致力于人才的发掘与培养。作为企业文化的受众及推动者，组织成员是创新的主要生产力，企业管理者要明确全员培训是推动企业文化变革的根本手段，同时也要注意采取相应的激励和约束机制来创新企业文化。在人才的培养过程中，应注意三项关键技能的训练：第一，引导员工注重成效与结果，而非本身从事的活动，也就是说，让员工跳出工作岗位的局限，舍弃本位主义的思想，了解自身工作对于组织整体的贡献有多大，而不是只考虑自己分内的工作；第二，帮助员工明白自己是团队的一部分，而不是单独执行任务的个人，同时了解团队中每个人的角色和工作关系，特别是各个功能之间的关联；第三，培养员工学习新技能、适应新工作的兴趣，摒弃守旧或排斥新技术的惰性观念，使其接受这样的观念，"良好的绩效必须以持续的学习作为后盾，而且什么都要学"；第四，让员工在理解的基础上认同，并树立支持的观念，进而实现行为模式的转变，使新的企业文化能够在员工接受的基础上顺利推进。

（二）生产性服务业企业制度支持管理

企业制度环境的优化对于生产性服务业的健康成长至关重要。生产性服务业必须走标准化、法制化的道路，才能保障产业规范而顺畅地发展。具体来说，首先，制度构建上要以政策引导为原则，区分不同领域的特点，推进生产性服务业制度空白领域的规范建设；第二，立法技术上既要注重法律的刚性，又要发挥政策的柔性作用，用限制性条款纠正违规行为，用倡导性条款来引导创新主体，推动生产性服务业快速发展；第三，建立健全制度支撑体系，即构建由在生产性服务业发展中起基础作用的人才培养与激励体系和起关键作用的标准化和产权保护体系构成的制度支撑体系架构。

1.人才培养体系

加快生产性服务业发展的关键是人才的支撑。对于生产性服务业来说，培育人才要突出重点，也就是说，要加快培养社会急需的信息服务、现代物流、旅游、金融、保险等新型服务人才以及熟悉国际服务贸易规则等方面知识的复合型人才。在培养过程中，还要充分发挥各类院校和载体在生产性服务业人才培养中的作用，协调培养基地根据各行业的特点和需求及时调整学科设置。同时，还要注重生产性服务业在职人员的培训，大力引进国内外高层次人才，提升产业劳动者素质。现代企业之间的竞争实质上是创新能力的竞争，而创新能力主要来源于组织成员知识积累和知识转化效率的不断提升。Barnett 和 Storey（2000）指出：学习机制对企业创新的成功实现非常重要。企业只有在技术积累方面具有继承性和相对的稳定性，并对现有技术积累中的过时部分具有自我升级能力，才能通过不断创新赢得竞争优势。这不但需要员工具备相应的知识和能力，更需要员工对于新知识、新技能具有迫切的学习欲望和与之相对应的学习能力。完善的学习机制所能够提供给员工的并非只是通常意义上的学习、培训机会，而是有助于员工提高学习能力和自身素养的综合管理体系。在这样的管理体系中，培训只是手段而非目的，最终的目的是通过员工能力的提升推动企业整体创新能力的提高。Gupta 和 Wilemon（1996）曾明确指出，定期的专业培训可以加速创新。培训有针对性地对创新过程中出现的集中问题进行解决和指导，从而可以帮助组织成员克服自发学习的片面性和无目的性等缺陷。

2. 激励制度体系

除了人才培养制度建设以外，还要完善人才激励机制，通过有效的激励手段不断挖掘员工的创新潜质，并保证他们对于创新具有主动性和积极性，进而提高整个企业创新的效率和成功率。有效的激励应当从构建愿景开始，帮助员工了解并认同组织的未来愿景，并使他们了解如何实现愿景，或者说实现的路径是什么，这能够让员工对于工作和创新产生一种使命感和自我实现的满足感。在组织成员共同为实现愿景而努力的过程中，管理者应当制定合理的评价和奖罚标准，并建立宽松的组织环境，使创新成为组织成员的工作习惯。高层管理者对于失败的宽容，以及针对员工制定的长期激励制度，将非常有利于创新活动的开展乃至最终获得成功。

3. 标准化与知识转化体系

大前研一在其著作《知识创造的螺旋》中强调了暗默知识向形式知识的转化是知识积累和创新的关键。Boneset（2001）曾经对影响企业知识积累的因素进行了专题研究，研究中发现 ISO 9000 的执行过程能够通过知识编码并显性化促进知识转化，进而影响企业知识积累的效率。ISO 9000 标准以手册的形式记录对企业有用的规则、经验和科技知识等，并对专有名词和相关规定进行界定，能够有效促进隐性知识向显性知识的转化，使企业创新过程有章可循。

根据 Kim 和 Wilemon（2002）的观点，要提升创新绩效，应倡导企业内部对于组织成员的个人经验、技巧进行记录，建立系统性的知识积累机制和记录模式，搭建有利于内部交流和沟通的知识平台，从而推动组织整体学习能力和创新能力的提高。在创新过程中，实现隐性知识的显性化，需要做好技术文档的记录以及相关资料的汇编，这是一个经验和知识积累的有效方式。Rothwell（1992）强调了组织知识积累制度化的必要性，他认为：企业管理流程能否在严格的规章制度约束下有序进行将直接影响到组织学习与创新的推进效率高低乃至最终结果的成败。创新过程是在原有知识的基础上对于新知识或新技能的探索过程，在此过程中评价与反馈应贯穿始终，而随时保存和记录相关资料，并进行有效的整理分析，则可以为评价的科学性提供保证。需要注意的是，生产性服务业企业目前尚处于新兴阶段，很多领域还不具备制定统一标准的条件，但可以通过开展服务规范、服务承诺和服务公约等方式进行行业自律制度建设。另一方面，上层管理部门可以通过加强培训，鼓励生产性服务业企业根据国际先进标准提高服务质量，规范服务行为，优化知识的传递过程。总之，要实现我国生产性服务业企业整体水平的提高，必须促进先进服务技术和标准的引进，使个人的学习信息得以共享、群化，并融合为组织的知识，将创新引入管理机制、组织形式、业态改良等组织的全程管理中去。

4. 最佳产权保护体系

由于企业创新的资源投入很高，而且率先创新的企业要承受较大的风险，因此生产性服务业的发展有赖于以专利制度为核心的创新产权制度的健全与完善。专利制度和知识产权制度的垄断性，是其显著的经济特征。可以说，合法的垄断是创新的原动力因素之一，但同时必须明确的是过度垄断会带来创新成果的扩散障碍，不利于创新活动后期环节的顺利运行。因此，政府和相关部门必须加强和完善知识产权保护机制，培育良好的市场经济秩序和信用环境，根据创新过程各个环节的特点，制定配套政策，加大对生产性服务业重点领域的专利申请资助力度，发挥知识产权制度对于促进创新活动开展、新技术扩散和公平竞争等方面的作用。

（三）生产性服务业企业结构支持管理

在知识经济时代，生产性服务业企业要保持竞争优势，必须拥有远见和打破常规的勇气。从组织结构上讲，就是要求企业管理者能够超越传统意义上的金字塔层级管理体制，接受自发组织或非管理的理论观念，构建新型的组织结构。Miller（1983）指出，灵活性、协同和整合能力是与创新相匹配的组织结构应该具有的特性。Burns 和 Stalker（1966）指出：只有宽松的结构才能带来足够的创造力。彭纪生（2000）认为企业要优化资源配置，必须保证信息流通的顺畅性，与之相适应的组织结构应该具备柔性化、扁平化的特征。刘景江（2004）指出，非正式的组织结构，如矩阵式的扁平化结构能够发挥运作灵活的优势，可以有效地与创新活动相匹配。组织结构是涵盖了组织内部协调机制、联系方式以及组织权责分布形式等方面内容的管理设置，只有具有较强应变能力的结构模式才能适应创新的需求。

组织结构是对企业创新活动发生作用的核心因素。管理者必须认识到，组织结构会影响创新者的创新意愿，而正如 Kim C. 和 Mauborgne 所描述的："知识是封闭在人脑中的资源，这种资源与徒弟、劳动力和资本等传统的生产要素是大相径庭的。创造和分享知识是一种无形活动，既无法监督，也不能强迫，只有人们心甘情愿合作时，才能创造和分享知识。"创新活动的开展涉及组织中各个层级和部门的人员，合理的组织结构可以创造良好的组织氛围，协调各部门的行动，调动部门成员的积极性，为新产品开发提供组织保证。

企业组织的结构是由其复杂性、正规化和集权化程度决定的。为了使组织结构对企业创新活动起到积极的支持作用，可以根据企业的具体情况对组织结构进行革新，主要的革新内容就是转变组织结构形式。管理者必须摒弃等级式的传统管理模式，以全新的理念来面对未来，通过组织成员间自发组成的工作团队，以非线性的自然管理模式充分调动员工的潜质，促进创新的实现。这些革新的具体内容包括：

1. 组织规模的调整

企业的技术条件、企业的成长阶段、外部环境的有利程度、企业的管理水平和领导者的管理风格等都在不同程度上影响和决定着企业的组织规模。一般情况下，随着企业规模的扩大，为了提升对外界环境变化的反应能力，企业在组织结构革新中通常会尽可能限制或减少人数。有相关的科学证据显示，能够保证社会"智力"的最大组织规模是 150 人，也就是能够维持紧密关系的组织规模上限。因此，无论组织规模大小，只要是由不超过 150 人的小型自主团体组成的，就可以实现有效的知识共享和创新。

2. 组织层次和管理幅度的调整

在规模一定的组织中，管理幅度与管理层次成反比。相关研究发现，管理效率高的大中型企业中，总经理的管理幅度一般为 24 人以下，中层管理人员的管理幅度为 6—9 人。组织层次过多会导致上下沟通速度慢，信息在被层层过滤的过程中易产生扭曲。管理幅度过大则会使管理者陷入事无巨细的繁杂的事务性工作中，无法将主要精力投入组织决策中，同时，组织成员之间以及组织内部部门之间的协调与沟通也易发生障碍。因此，生产性服务业企业的组织层次与管理幅度的设置应根据企业自身的特点，以及工作任务的复杂程度等进行合理的安排。

3. 集权与分权相结合

企业的高层管理者肩负着研究组织发展战略以及其他重点问题的责任，不应被日常琐事所困，同时，企业创新活动要求组织成员能够最大限度地发挥自己的潜质并参与到企业决策中去，因此，组织的集权与分权必须有机结合，既保证全局性管理的统一性和协调性，又保持组织的弹性和适应性，为向企业创新活动提供最大的支持，目前组织结构革新的主要取向是更大程度的分权。

4. 组织行为模式的改变

Ashby·W. R（1956）提出了"必要多样性"规律，主旨为"系统要顺利存活下来，必须应对环境的多样性"。通常来讲，企业在传统管理理念指导下，只能通过管理层自上而下地以政策、标准运营流程和规章制度的形式来实现组织的必要多样性。企业一般会根据以往的经验和发展趋势把组织决策的过程固化为一系列的行为规范，以降低不确定性。这样的做法对于生产性服务业所处的竞争环境难以起到积极的作用，因为服务行业工作对于知识和智力资本的要求会随着企业发展而日趋增多，固化的行为或管理模式难以应对意料之外的情况或环境变化，所以会阻碍生产力的发展。在现实多变的环境条件下，实现企业条件与环境变量的一一对应是不可能的，但企业可以将获取的信息传播给组织中的所有成员，以便用集体的智慧应对环境的多变性，为企业创新活动提供支持。

5.组织内管理流程的变更

企业流程再造是创新管理研究的热点，实质上企业流程与组织结构是紧密相关的，流程的革新必然需要相应的组织结构设置予以支持。就如，一些企业一边宣扬创新理念，一边以控制型的组织结构管理组织成员，最终的结果只能是创新思想被禁锢，合作意愿被竞争打破。因此，流程再造与变革的基础是管理模式上的转变，这种管理模式转变的第一步通常就是改变原有的组织结构，让组织成员打破层级限制，在更为和谐的工作环境中发挥创造性。

此外，为了快速应对企业内外环境的瞬息万变及其复杂性，组织必须优化管理流程和创新环境，将企业创新战略融入组织结构设计中去，改变传统管理观念，以人性化的管理模式和共享型的组织结构设置推进企业创新的实施。

三、创新评价管理

评价的意义在于发现问题，并变向引导组织成员不再出现类似的问题。企业创新评价就是通过对创新活动的跟踪评估与即时反馈，以最快的速度和最高的效率找到问题所在，挖掘潜在危机，让决策者能够在"救火"的同时有效"防火"。同时，科学而有效的创新评价与反馈能够充分调动企业员工进行创新的主动性、参与组织决策的积极性，以及将创新理念融入全工作流程的自觉性等，从而推动企业创新活动持续、稳定地发展。

（一）创新评价原则的确立

生产性服务业企业具有服务业的基本特征，又因其中介性不同于一般意义上的服务业，因此对于生产性服务业企业的创新评价应确立合理的原则，以便顺利开展创新评价，并对未来企业创新活动的开展起到良好的导向作用。

1. 科学性原则

创新评价应以经济理论、生产性服务业发展的有关规律为基础，通过多项评价指标的筛选与合成，选取有代表性的综合性评价指标。这些指标应该能够科学准确地反映生产性服务业创新的状况，并可以揭示不同领域或不同地区生产性服务业创新状况的差异及其根源。

2. 经济性原则

经济性原则是企业创新评价的基本原则之一。进行创新评价的目的之一就是要考察创新成果的经济效益如何。企业生存的关键是能够赢取经济利润，企业一切管理活动、创新活动都是围绕更大的经济目标而开展的，因此企业创新评价应秉承经济性原则，把经济效益水平的高低，作为企业创新活动成功与否的关键性指标，力争科学客观地评价创新活动的经济效益。

3. 人本性原则

人才是创新活动的主体，也是组织中最具有主观能动性的资源。创新理念要求组织对于人力资源进行有效管理，最大限度地发挥人的创造性和创新潜力。因此，企业创新评价应体现以人为本的思想，在指标体系的设计上注重对组织成员考评的公平性和对创新行为的激励性。

4. 财力支撑原则

企业创新的成功需要人、财、物各方面资源的合理配置，其中财力支撑是必不可少的条件。企业对于创新的财力投入能够反映出管理者对创新活动的重视程度，也在一定程度上反映了企业的整体创新能力水平。卓越的创新灵感或创新方案，没有一定的财力支持就无法付诸实施并实现其价值，企业在创新过程中必须投入必要的财力。对于企业财力支撑程度、方式等方面的评价应成为创新评价的重要内容。

5. 开创市场原则

企业开展创新活动的最终目的在于满足市场需求，实现创新成果的商业化，为实现这一目标，必然需要在实践中不断发现和挖掘各类需求，进而安排与之相适应的创新活动。因此，对于企业创新活动的评价离不开对创新产出是否适应市场需求的评估。对于这方面的评价可以通过考察企业市场开拓能力，及其与创新活动的相关性等方面内容来实现。

（二）创新评价内容的确定

1. 企业创新的基础评价

企业创新的基础评价结果通常会作为创新项目可行性研究的基础数据。创新活动的资源投入需求较高，而创新结果具有很大的不确定性，因此给企业带来的风险比较大，对于创新项目进行可行性分析是降低风险的有力措施之一。企业创新的基础评价主要是针对企业内外环境特点，综合分析创新方案实施的必要性和可操作性，以帮助管理者做出取舍。本书将基础评价分为创新投入能力评价、开发能力评价和生产能力评价三个方面。

（1）创新投入能力评价

通过衡量创新投入能力可以反映企业的创新基础支撑条件的优劣，通常以组织资源投入情况为衡量指标。创新投入能力主要考虑企业内部研发活动的投入，包括财力投入和人力投入两部分。

①财力投入评价

资金支持是创新活动得以顺利开展的前提和保障，创新的全过程都需要资金的不断追加与注入。需要注意的是，创新过程的研发阶段所需要的财力通常只占创新总投入的一小部分，特别是生产性服务业企业的创新通常以服务创新为主，相对于 R & D 来讲，创新费用主要发生在与新产品（新服务方式）有关的设备设施购置费用、试生产和商业化费用上，创新实现更多的是依靠非 R & D 投入。鉴于 R & D 只是创新全过程的一个阶段，因此对于企业创新财力投入方面的评价则不应只局限于对 R & D 投入的评价，而应同时兼顾非 R & D

投入的力度和强度，具体来讲，可以通过测度研发资金投入强度和非研发资金投入强度两项指标，来系统考察企业创新财力投入情况。

研发资金强度＝研发投入费用／销售收入

非研发资金强度＝（创新费用总额－研发投入费用）／销售收入

②人力投入评价

企业创新成功的关键之一就是人员能否实现最优配置，创新参与者的知识、技能乃至整体素质都影响着企业创新活动的质量。人力投入的评价不应只局限于数量方面的测评，更应将关注的重点放在人员匹配水平方面的评估。具体来讲，人力投入的评价指标可以选择研发人员占比和创新人员配置水平等。

研发人员占比＝研发人员人数／总人数

创新人员配置水平＝非研发人员创新成果数变化数 × 研发团队人数／研发人员创新成果变化数 × 非研发团队人数

（2）研究开发能力指标

研发能力是企业创新的基础，也是衡量企业创新能力的重要指标。培养卓越的研发能力不仅需要对研发设备给予充足的资金投入，而且要组建具有创新精神和研究能力的创新团队，在创新管理过程中，营造宽松、和谐、提倡合作与共享的创新氛围，提高团队的研发能力。对于研究开发能力的衡量可以从创新效率和创新平台两方面着手。

①创新效率

创新效率衡量的是企业创新周期的长短和创新成果商业化的速度和效果。具体来说，可以选取创新成果转化水平和创新周期作为评价指标进行评估。

②创新平台建设水平

创新平台是企业创新活动得以顺利开展的基础。创新平台建设既包括企业内部交流与沟通渠道的开辟与维护，也包括企业与外部合作研发渠道的建设。企业与外界合作创新主要通过产学研相结合的方式，这种方式有利于多方分担创新风险，共享成果。创新平台建设水平的高低可以通过衡量产、学、研合作效率来体现。

（3）创新生产能力

创新生产能力是创新活动进入发散环节时最为关键的能力之一。企业成员已将最初的创意通过相关技术转化为可批量生产的创新成果，这一阶段是完成创新成果价值的显性化的过程，对于企业来说则是实现经济效益与社会利益的阶段。创新生产能力的评价指标主要包括企业技术装备水平（通过生产设备先进度体现）、员工技术水平（员工的综合素质）、创新标准化水平（企业计量、测试和标准化水平）和节能降耗水平（资源利用的充分程度和环保程度）等四个方面。

2. 企业创新经济效果评价

企业创新经济效果评价，实质上是从经济角度对企业创新活动做出的评价。与可行性研究评价发生的时间不同，企业创新经济效果评价不是发生在创新之前，而是属于事后评价。生产性服务业企业的创新经济评价是对最终的创新效果进行的评价，可以选取创新收益水平和创新技术水平作为评价指标。

（1）创新收益水平

创新收益水平指新产品能够为企业带来的收益，即新产品的商业效果，包括新产品国内市场占有率（反映新产品的国内市场竞争力）和新产品出口收入比率（反映新产品的国际市场竞争力）。

（2）创新技术水平

创新技术水平体现了企业创新的先进程度，包括发明专利拥有数、每千人发明专利拥有数、科技成果获奖数、Know-how 数量（Know-how 是研究开发和生产制造系统关键的专有技术，Know-how 数量反映该企业在研究开发和生产制造方面的核心竞争力）。需要注意的是，专利包括发明专利和实用专利等，只有发明专利才能够体现创新的先进程度。

3. 企业创新管理效果评价

企业创新活动能否顺利推进，创新成果能否顺利投产并成功推向市场都有赖于企业创新管理是否有效。优良的企业创新管理能力能够确保企业及时根据内外环境的变化调整创新战略，优化资源配置，推动企业创新体系高效运转。

对企业创新组织管理效果进行科学评价，有利于企业创新管理能力的提高。

（1）管理创新能力

管理创新是企业创新活动开展的助推器，也是创新活动获得成功的基石。管理创新能力指企业从战略高度，以系统的眼光安排创新和组织实施创新的能力，具体由企业运行机制来反映、体现。对管理创新能力的评价可以通过创新理念、知识产权管理能力、创新战略管理能力、信息管理能力、财务管理能力、协调能力等来衡量。

①创新理念

创新理念包括企业家创新精神和员工创新意识，体现了企业的创新倾向。

②知识产权管理能力

知识产权管理对保护企业知识产权至关重要，主要由无形资产管理能力评价。无形资产管理能力指对企业形象、品牌、商标、专利等无形对象的管理。

③创新战略管理能力

创新战略体现了企业对创新活动在战略上的指导和掌控，由企业创新战略完善程度、战略柔性等评价。

④信息管理能力

信息管理能力是企业提高创新能力的保障，包括信息获取能力和信息处理能力，反映了创新信息的获取和处理对技术创新能力的影响。

⑤财务管理能力

财务管理能力是企业提高创新能力的保障，融资能力和财务风险规避能力的强弱决定了企业创新活动能否健康持续地开展。

⑥协调能力

协调能力分为企业内部协调能力和企业与外部协调能力，反映了企业内部运转的顺畅程度以及与外界环境的沟通和协调对创新的影响。

（2）制度创新能力

制度创新能力反映了组织在创新管理过程中，为适应环境与市场要求，根据自身创新条件灵活设置和监督实施组织制度的能力。鼓励创新的制度环境可以使创新人员人尽其才、顺畅沟通、团结协作，提升组织成员进行创新的主动性和积极性。企业的制度创新能力包括企业产权制度和激励制度。

①企业产权制度

现代企业必须具有良好的企业产权制度。通过考察企业产权制度明晰度，能够有效评价企业制度对于创新成果归属性的保障程度。

②激励制度

对于激励制度的测评应该主要考察其能否有效地促进企业员工积极参与创新活动并勇于承担创新风险。在指标设计上可以通过测度研发人员对其投入与收益的满意度，以及人员晋升机制完善程度等对激励制度的总体状况做出评价。

（三）创新评价方法的选择

生产性服务业企业创新评价，是指评价者选择若干评价指标，确定权重系数，应用数学模型进行多属性评价。这里介绍的三种综合评价方法，可根据实际需要用于生产性服务业企业创新评价。

1. 递阶综合评价法

该评价法将生产性服务业企业创新过程作为一个大系统。随着时间推移，企业创新计划在不断变化，这种变化是各层次子系统变化的综合（或集成）。递阶综合评价方法可用来评价这类多层次大系统的运行状况。在递阶综合评价方法中，逐层"拉开档次"法和层次分析法应用较为普遍。

在逐层"拉开档次"法中，综合评价函数 $y = \sum_{t=1}^{n_1} b_t x_t$ 用来描述系统 S 的运行状况，式中 $b = (b_1, b_2, \cdots, b_n)^T$ 仍为待定向量，而 $x \equiv y^{(1,t)}(t=1, 2, \cdots, n_1)$ 为子系统 $s_t^{(1)}$ 的综合评价值。应用逐层"拉开档次"法评价，可整体反映企业创新状况，也可分别反映企业各层面创新的个别特征，以及不同部门、团队对于整体创新的贡献大小。

层次分析法主要解决评价对象的选择问题。层次分析法的具体运用分为五个步骤：建立递阶底层次结构，构造两两比较判断矩阵，计算各元素相对权重，判断矩阵一致性的检验，元素的组合权重及总体一致性的检验。

2. 协商评价法

在多属性综合评价中，常用评价模型 $y=(x_j, \omega_j)$，$j=1, 2, \cdots, m$ 对被评价对象进行评价，式中 x_j 为第 j 个属性，ω_j 是相应的权重系数。多属性综合评价的关键是确定权重系数 ω_j。在有多个评价者的情况下，评价者之间对指标权重评价者的判定有差异，这类评价问题称之为协商评价问题（BEP）。

对取定 n 个被评价对象 $s_1, s_2, \cdots, s_n$ 及选定的 m 项评价指标 $x_1, x_2, \cdots, x_m$ 来说，评价指标值 $\{x_{ij}\}$ 是客观的，不存在任何意义的协商问题。存在判定差异的双方只能就各自指标权重系数进行协商，取得共识。其中，在点赋值情况下，可以用极小—极大法、平均值法和加权综合法给出协商权重系数；在区间赋值情况下，可以用交集生成法、平均值法和加权综合法给出协商权重系数。

3. 立体综合评价法

在综合评价理论中，所谓"立体"综合评价，实际是指基于理性决策的思维，对评价对象的评价应兼顾"历史""现在"和"未来"。具体来说，对于"历史"的评价可描述为系统 s_i 在过去的时间区间 $[k_0, k_0+T-1]$ 的整体运行水平，即

$$y_i^{(1)}=\sum_{k=k_0}^{k_0+T-1}\sum_{j=1}^{m_1} w_j(k)r_{ij}(k)i=1, 2, \cdots, n$$

$$y_i^{(1)}=\frac{1}{T}\sum_{k=k_0}^{k_0+T-1}\sum_{j=1}^{m_1} w_j(k)r_{ij}(k)i=1, 2, \cdots, n$$

在上两式中，$w_j(k)$ 为权重函数，对任意的 k，有 $w_j(k) \geq 0$，$r_{ij}(k)$ 为 s_i 在 k 时刻关于评价指标 x_i 的测评值；T 为已知正整数。

对于"现在"的评价可描述为系统 s_i 在时刻 $k=k_0+T$ 处的整体运行水平，用 $y_i^{(2)}$ 表示为：

$$y_i^{(2)}=\sum_{j=1}^{m_2} \mu_j r_{ij}(k_0+T)i=1, 2, \cdots, n$$

其中 μ_j 为权重系数；$r_{ij}(k)$ 含义同前；k_0+T 为给定的表示现在的时刻。

$$y_i^{(3)}=\sum_{j=1}^{m_3} \rho_j \bar{r}_{ij}\ i=1,\ 2,\ \cdots,\ n$$

对于"未来"的评价可描述为系统 s_i 在未来时间区间 $[k_0+T,\ k_0+T+N]$ 的整体运行水平，用 $y_i^{(3)}$ 表示：

$$y_i=\sum_{j=1}^{3} \lambda_k y_i^{(k)}\ i=1,\ 2,\ \cdots,\ n$$

$$y_i=\sum_{j=1}^{3} \lambda_j (y_i^{(j)}-y^{*(j)})^2\ i=1,\ 2,\ \cdots,\ n$$

其中 ρ_j 为相应的权重系数，r_{ij} 为 s_i 关于评价指标 x_j 的预期平均值。

对于"历史""现在"和"未来"的综合评价值可以用下式描述：

上述两式中 $y^{*(j)}$ 分别为 $y_i^{(j)}$ 的（已知）理想值，λ_j 为相应的（已知）权重系数。

（四）创新评价过程的管理

目前创新评价中的评价方法、评价指标、评价标准和评价组织都存在一些问题。其中一个比较显著的问题是：过分强调评价方法和指标体系设计的研究，而对评价过程的质量控制机制及其控制策略重视不够。缺乏评价过程的质量控制机制，已经成为致使评价结果不准确的原因之一。评价过程的质量控制不仅影响到最终评价结果的质量，而且也影响到对所评科技成果价值的正确认同，从而影响到其实施产业化的前景。因此，加强创新评价过程的管理是十分必要的。具体来说，可以从以下几个方面着手进行创新评价过程管理。

1. 区分不同的评价对象

对于不同的创新成果，所采用的评价方法、指标、体系都应该是不同的，所以，在进行评价时要区分不同的评价对象。不同的研究成果具有不同的特点，细分创新成果可以更加清楚地发现这些不同点，以保证评价侧重点的正确无误。区分不同的评价对象实质上就是要使创新评价与所评对象更加匹配，从而在可靠性和可行性上达到评价质量的要求。

2. 确定有针对性的评价目标

在区分评价对象的基础上，要确定有针对性的评价目标。对任何不同的创新成果进行评价时，都存在特定的评价目标。只有达到了指定的目标，所评的创新成果才是合格的，所进行的评价才是有效的。强调面向评价目标的评价，就是要使创新评价更加具有针对性。所以，明确评价目标，可以在适用性和实效性上保证评价结果的正确性。

3. 选择适合评价对象的方法

创新评价使用的评价方法产生于综合评价过程，是对综合评价过程理论的高度概括。具体方法的选择要基于评价对象，面向评价目标，优化、识别最适合的评价方法。没有一种万能的方法适用于所有的创新评价，也并不是越新的方法就越好，而是应用最适合、被接受程度较高的方法，来进行有针对性的评价。国际上一些权威机构，如世界银行评估部明确指出：在选择评估方法时，应首先在成熟、公认的方法中进行恰当的选择，而不是首先考虑开发新方法。所以，选择适合的评价方法可以有效地保证评价质量。

4. 建立科学的评价指标体系

基于不同的评价对象，面向不同的评价目标，注重能力价值和战略效益导向，建立一套科学合理的创新评价指标体系和评价标准，使其应用于不同的科研成果，是创新评价的核心。科学的构建多指标综合评价体系，可使评价结论更加清晰、可信度高、指导作用增强。另外，要尽量避免创新评价指标设置的误区，如条件指标过度化、绩效指标泡沫化、加权处理主观化等，这也是保证评价质量的关键。

5. 采取逐步检查的控制措施

评价质量控制的一个显著特点是全程监控。除了注意以上几点控制策略外，还应该采取层层把关、逐步检查的控制措施。因为创新评价是一个复杂的系统过程，一旦其中一个环节出现问题就会对最终的评价结果产生影响，而当发生问题时，又往往很难判断是在哪个环节上出了差错。因此，在每一阶段都实行监控有利于在过程中消除质量隐患。

第十二章

生产性服务业企业创新管理过程维度

本章是对生产性服务业企业创新管理模型中创新管理过程维度的进一步研究，在介绍学者已有研究成果的基础上，从创新类型、创新动力以及顾客在创新中的作用等角度分析了生产性服务业企业创新过程的主要特点。进而在上文对生产性服务业企业创新过程划分为不同阶段的基础上，分别分析了各个阶段的管理工作重点。

一、生产性服务业企业创新过程管理惯例

企业创新过程是技术、组织和市场相互作用的过程。创新没有捷径可走，必须建立一整套综合行为模式。笛德（Tidd J.）、本珊特（Bessant J.）和帕维特（Pavitt K.）（2004）总结出四组具有重要意义的行为模式：成功的创新必须从战略的高度出发、必须依靠有效的内外部关系链、要求建立鼓励变革发生的机制、必须有支持创新的组织氛围。他们还指出：在企业创新管理的过程中，开发企业能力的过程存在层级关系。基本技能是与计划、项目管理或理解顾客需求等相关的一些行为。

笛德、本珊特和帕维特（2004）从技术、市场和组织变革集成的视角研究了企业的创新管理。创新管理成功的关键因素主要有两个。

第一个关键问题是，建立一套完善的新型惯例与成功的创新管理密切相关，而且适时打破旧惯例，也可以产生企业特有的竞争能力。成功的创新惯例是某个公司经过长时间实验、学习研究，经过不断的试错过程得到的，是每个

公司与众不同之所在。每个公司应该开发自己的惯例,开发过程如图12-1所示。

第二个关键问题是,需要运用整体综合的方式进行创新管理,仅仅开发部分能力或者片面地管理都是不够的。事实证明,不少公司对创新过程的某些领域的管理能力已经达到较高的水平,但是因缺乏其他方面的管理而以失败告终。

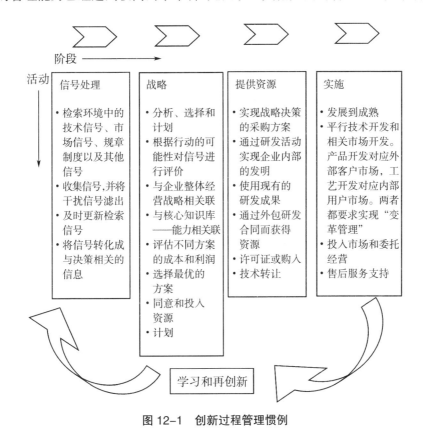

图12-1 创新过程管理惯例

二、生产性服务业企业创新过程各阶段的管理

从系统的角度来讲,创新过程与管理过程是相互融合、相互促进的,创新过程需要有效的管理,管理过程也需要不断创新。基于对已有文献的研究,本书将企业创新过程划分为四个主要阶段:创新的激发阶段、创新的实现阶段、创新的扩散阶段、创新的收敛阶段。在企业创新过程中,由于各个阶段所需要的条件不同,管理者创造和满足相关条件的管理活动就会有所不同。不同阶段

的管理综合起来，便构成了一个完整的企业创新管理过程。

（一）激发阶段管理

创新激发阶段可以分为两个环节来阐述：第一，创新的起始阶段。在这个阶段，企业通过大量收集来自内外部各方面的信息，并对其简单加工处理，特别是要结合组织成员间的各种知识的共享和知识的交流，促发企业能够持续产生新的创见。这一阶段实质上是企业建立创新意识，发掘外部机遇和内部机会，并将创新逐步外化的阶段。第二，各个阶段所涉及的知识创新的过程。众所周知，创新是一个艰难和复杂的过程，无论是在研发阶段，还是在生产阶段都可能会遇到各种难以预料的困难和阻碍,甚至包括在创新相对成熟的商业化阶段，某一个环节、某一个知识点的疏忽和失误，都可能造成较为严重的后果。因此企业在创新管理过程中，要对各个阶段进行认真评估，及时反馈和分析，通过渐进式的创新攻克难关，使创新能够顺利进行。同时，递进式的创新模式也可能引发出新的系列成果。创新激发阶段并不是独立存在的，而是与每个创新环节息息相关，贯穿和衔接整个创新过程始终。这个阶段的工作重点是：

1. 创新知识整合

在创新激发阶段，企业要特别注意引领组织成员完成从思想发散到思维收敛的过程。因为组织成员之间的差异性以及思维模式的不同，需要通过交流和碰撞，才能引发新思想的出现，乃至出现知识膨胀现象。但是由于企业受自身资源和能力的限制，在同一时间或同一件事情上，一般不会采用多种创新，往往更倾向于选择可以承受和较为适合企业发展的一种或几种，因此知识膨胀现象不能无止境扩张。所以在思维发散之后需要通过有效收敛的过程来整合创新方案。企业创新管理者在创新激发阶段的主要职责之一就是引导和管理创新思维的发散和收敛过程，实现创新知识的有效整合。

（1）发散过程管理

①从企业内部和外部收集相关的数据、事实、信息和建议。

②对数据和信息进行分类整理与再加工，建立关于每一创新知识的共享平台，对有价值的新信息和新知识进行有针对性和选择性的共享。

③激活组织成员固有的隐性知识，促进隐性知识在组织内部的沟通与转化。

④鼓励和倡导组织成员的创新思维，对新创意、新知识进行收集、整理和共享。

以上步骤是企业创新发散过程的简要介绍。在实践中，由于组织创新过程是渐进性的过程，因此发散过程的各个阶段会循环往复地进行下去。需要注意的是，管理者要注意把握好创新发散的度，也就是说，组织收集和储蓄的信息量应当适度。因为信息量过少可能导致决策的着眼点过于片面；信息量太多则会造成信息泛滥，使决策者无法快速识别重点机遇，降低创新收敛的效率（Schultze 和 Leidner，2000；March，1991）。

（2）收敛过程管理

①整合信息和新知识，剔除无效的信息和冗余的知识。

②结合企业内外部环境、资源状况和发展潜能等因素进行深入分析，并明确企业创新战略和方向，确定和统一选择创新方案的分析标准和执行标准。

③在统一标准的指导下，分辨和识别对于企业发展最有战略价值的新知识和新机会。

收敛过程管理的关键是推动知识转化，而知识转化的前提是信息的收集与分析、筛选与处理、传输与共享的过程。收敛过程实质上是一个决策过程，在这期间组织通过信息传播使相关知识在员工中经历显性到隐性、隐性到共识、共识到显性的过程，最终实现暗默知识的激发与外化，从而使创新知识与创新机遇得以显现出来。

2. 过程评估与反馈

在创新过程中，评估和反馈是自始至终伴随创新活动的。对于激发阶段，阶段性、持续性的评估和反馈能够以最快的速度使相关创新的信息传递到企业内部，并迅速被组织成员转化、理解和吸收。组织成员通过统一认识，激发新知识，形成认同型的方案，解决不同创新阶段存在的各种困难和问题。再通过企业内部和企业与外部的进一步交流，将其外化、概念化、具体化为真正的解决方案。相关负责人将解决方案与产品融合，应用到产品中。

（二）实现阶段管理

创新实现阶段是在完成了知识积累与转化后，将最初的新思想、新创见、新发现转变为新的产品或新方法、新策略的过程。具体来说，实现阶段主要要做的工作包括：对企业创新激发过程中研发人员所产生的构思创意进行检视，对已经开发制造出来的原型产品或样品进行测试、评价、甄选及完善等工作。但是对于很多企业来说，创新实现阶段也可以简化为新技术因受企业现实条件限制而与企业自身产品相结合的过程。因为对于企业来说，除了自主创新之外，企业还可以选择合作创新或模仿创新的方式。这样的创新方式通常是通过外部机构，如研究机构等进行技术方面的研发，研发成功后，企业只需结合自己的产品进行"组装"就可以实现创新了。

与激发阶段类似，实现阶段同样经历了一个发散与收敛的过程，但实现阶段的涨缩过程管理却最容易被忽视。需要注意的是，实现阶段与激发阶段的区别。第一，选择范围小。实现阶段的选择范围只包括研制出的原型产品和方案及它们的相关信息，这一范围相对于激发阶段来讲要小得多。第二，决策冲突小。创新产品的初具规模缩小了决策者的选择范围，同时随着创新活动的开展，管理者也对创新产品和相关市场有了更为深入的认知和了解，因此实现阶段决策者的冲突会比激发阶段小，收缩的速度也比较快。第三，参与人员少。在创新激发阶段，为了广泛收集创意，企业通常会号召全员参与知识创造过程，即发散过程；但实现阶段是关系到具体研发和战略决策的时期，通常会缩减参与人数，一般只有少数人能够参与其中，包括企业高层管理、技术部门和部分市场开发部门等相关人员。第四，评价标准不同。激发阶段由于创新活动的结果尚不可知，所以评价标准的制定一般会依据企业高管或专家对未来的预测来进行；而实现阶段创新结果已初具雏形，企业对于市场情况也有了一定的了解，因此评价标准是在对近期市场发展变化的跟踪、调查基础上结合近期预测结果而制定的。

在整个创新管理过程中，实现阶段的工作重点依然是关注发散和收敛的过程，在区别了与激发阶段发散与收敛的不同后，本书将实现阶段的主要工作概况如下：

1. 发散过程管理

（1）对产品进行小范围试点，通过分析客户试用报告，以及内部人员测试结果，了解和发现原型产品存在的问题，进而开展有关解决办法的方案筹集，并进行筛选。

（2）根据创新产品的生产状态和市场反馈情况，制定不同产品的生产相关数据及其商业化可行性方案。

（3）通过市场分析、跟踪调查等市场调研工作，了解近期顾客的需求变化。

2. 收敛过程管理

（1）通过对市场调研信息和企业目前经营状况数据进行整合，从而客观地制定评价此次创新产品方案的标准。

（2）在匹配过程中，企业通过对市场和产品相关信息的大量获取与分析，评价出每种创新产品方案的优劣势和市场匹配情况，撰写可行性方案。

（3）决策层可通过考虑市场需求、社会技术及自身资源等方面因素，排除不匹配的产品方案，选择最适合企业发展需要的方案，迅速投入生产，强化创新产品和外部市场的联系，并进行市场开发。

（三）扩散阶段管理

创新的扩散阶段是指将创新成果或产品投放市场的活动时期，也就是指新产品或服务的商业化过程，以及方法创新或制度创新的推广实践过程。创新扩散阶段的工作依然要回溯到创新的起始阶段。在正式投入市场之前，再一次回顾创意的诞生根源（需求分析），并着力进行目标市场的调查与测评，有针对性地制订营销计划并推动其付诸实施。在此阶段，国家的制度环境将直接对创新扩散产生影响，企业创新管理的工作重点应放在对于外部大环境的适应上。同时，企业管理者要发挥"集中权力"的作用，适时调整组织结构，完善风险共担制度的设计，通过内外代理人的协作，来完成创新产品的商业化和管理创新的推广过程。

1. 适应宏观环境

作为微观层次的活动，企业创新不可避免地会受到宏观环境条件的影响。企业创新特别受到国家政策、法律的大环境的影响。创新扩散过程中，政府的作用主要体现在：政府制定的政策和规定将直接影响创新扩散的模式。如，国家推出的企业联合创新政策，包括鼓励企业之间建立创新战略联盟，或以合资、合作研究的形式进行合作创新等政策措施将对企业创新扩散起到极大的支持和推动作用。还有一些政府制度或规定会直接影响创新扩散速度乃至成败，例如，政府对新产品、新工艺方面研发的直接规定；对新技术或现有某项特定技术制定的认证标准；制定的产业政策、引导消费者需求变化的政策；为消费者提供的技术性公共服务；对于环境保护、劳动安全、国家机密等方面的规定等等。企业的管理者必须保证创新活动符合国家的有关规定，实现微观活动与宏观环境相协调。

2. 合理利用权威

为了创新活动的顺利进行，在创新初期，企业的相关部门和结构的设置往往会做出相应的先期调整，因此，创新成果出台后，使其有效扩散的关键就是保持组织环境的稳定。如果创新成果与其所要扩散的对象之间信息沟通较为方便快捷，二者之间有着较强的直接联系，则创新扩散通常会比较顺畅，一般不需要管理者再通过高度集中的权力来推动。但是，如果企业中各部门之间对于创新成果（特别是组织创新成果）存在争议，那些没有参与创新活动全过程的部门成员可能会阻碍创新成果的推广与扩散。这种情况下，高层管理者必须充分发挥"集中权力"的强制作用，来使创新成果迅速被接受，进而通过正式渠道实现创新扩散。

3. 加大投资力度

相对于在创新激发阶段对资源的需求，创新扩散阶段的需求可能更大。因为创新扩散阶段是创新活动商业化的阶段，直接决定了整个创新活动的效益情况。因此，此时，高层管理者对于资源配置方面的决策，可能会直接影响到创新的成功与否。有关资料显示，"成功的"创新风险投资一般都会设立较高的经营目标，如市场占有率、盈利水平等，而且这类投资在研发部最初一到两年的投入是其他失败的风险投资的 2 倍或更多，创新扩散期的营销费用则高达 115 倍。当创新活动进行到后期，管理者开始考虑对创新成果的商业化、批量生产或者制度化时，追加投资的力度将直接影响创新成功的前景，不够周详的资源分配计划或投资不足常常是风险投资失败的主要原因。在创新扩散阶段，有效而及时的融资可以保障企业更好地配置资源，加速创新扩散的进程。

4. 建立专项管理团队

创新扩散过程需要所有与创新成果相关联的主体参与其中，并在彼此之间建立密切的联系。特别是创新活动实施者与创新成果的使用者之间，如何在创新成果的效用和价值等方面达成一致，关系到创新扩散的成败。更细化来讲，与客户的交互过程中，如何实现信息的有效沟通和传达，也在很大程度上影响创新扩散的效果。从管理策略上讲，管理者可通过组织一系列的内部会议或研讨会，将创新成果与现有客户，或者潜在客户，乃至有待深层挖掘的客户建立联系。还要注意的是，创新扩散活动必须指派专人负责，也就是说应当设立专项管理团队，专门负责创新产品全程的管理，无论是工艺设计，还是市场推广，都由该团队全权负责。当然，由于外部代理人与顾客的更加广泛的直接接触，企业在组织外部也可为创新成果招标代理商，通过合理的竞争机制，选择最佳代理，以便创新产品迅速占领市场。

（四）收敛阶段管理

收敛阶段是企业创新过程中的最后阶段，也是下一轮创新的起始阶段。此阶段的工作重点就是对创新全过程进行战略规划、创意选择、创新产品设计制造、创新产品商业化或创新方法的实施进行科学的评估与反馈。从本质上来讲，收敛阶段的工作应贯穿企业创新的始终。

有效的评估反馈能够帮助企业更好地认识自身创新过程中存在的问题，以及客户对创新的认可程度和创新的价值，从而帮助企业为下一轮创新做好预测和改进的基础性工作。对于生产性服务业企业来讲，服务创新在企业创新中占主导地位，而服务创新的根本目的就是增加服务的附加值，为顾客创造新价值。企业的创新过程是循序渐进的过程，整个过程中的每一个环节都影响着创新活动的推进，可以说创新每一个阶段的成功与否取决于前一个阶段的表现。作为管理者，必须认识到，企业不仅要在一个创新过程即将结束的时候通过评估反馈综合评价创新效果如何，还要在创新过程的每一个阶段进行跟踪评估与反馈，及时掌握创新推进情况和纠错。生产性服务业企业创新过程收敛阶段的工作重点是建立能够有效推进创新活动进行的相应管理机制。

1. 创新协调机制

企业的创新是一种系统性活动，是由若干个客体子系统有机构成的总系统。为了使这一创新总系统发挥协同放大效用，必须要协调各个客体子系统的创新。根据创新的含义和创新的诱发机制，要在企业系统内部建立一种协调机制，通过内外系统的协调控制，迫使企业系统走出混沌，走向新的平衡带来的另一层级的稳态，这种稳态将使组织形成新的管理结构，并会保持较长一段时间，直到下一次需要新的创新活动的开展。

创新系统的各子系统之间存在着一定的内在联系，通常表现为相互依赖性、空间并存性和时间连贯性。整个创新过程中既会发生序贯的变化，也不乏界面的变化。企业创新过程管理中必须杜绝孤立地对待创新的各子系统，避免由此带来的片面性。创新协调机制的建立旨在对创新各个子系统进行科学的分析，并基于此适时调整和矫正各个子系统创新的运作过程，实现创新子系统在具体运作时的衔接与匹配，以促进企业在市场竞争中占据有利地位。

2. 创新评价机制

取得适应市场需求或管理需要的创新成果是企业创新的目标。建立合理的创新评价机制，可以使企业及时了解创新活动的实际效果，有针对性地选择策略改善创新活动中的不足之处。具体来说，企业管理创新成果的评价可以在新方案、新策略投入管理实践后，充分发挥评价机制的导向作用，以评促建、以评代管，在潜移默化中引导员工向组织需要的方向努力，同时推进组织管理水平和经济效益的提高。科学的评价体系和评价机制将有利于员工素质和能力的改善以及企业核心竞争力的增强。选取评价指标时，应在充分分析企业内部条件和外部环境的基础上，选择最能反映企业创新能力的相关指标，并采用最符合企业创新战略要求的评价方法进行评价。通过评价，如果发现企业创新活动已经产生了理想的预期成果，则应该进一步引导企业创新活动向常态化发展，以便企业在下一轮创新过程中成功培育、产出和利用创新成果。

3. 创新分享机制

在创新过程中，更需要政府和社会组织提供各种支持，如相应的政策、专业技术以及资源条件等等，因为参与创新的主体通常除了需要付出大量的精力和艰辛的劳动，还要承担风险，分担机制条件下创新活动可能带来的风险或利益损失。因此，为了维护每次参与创新各方主体的利益以及再次进行创新投入的积极性，形成长效的创新机制，企业应在确定和取得创新成果后建立相应的成果分享机制。创新成果的分享要从知识产权和成果应用效益的角度出发，以确保创新主体和相关各方获得与投入相一致的创新利益为原则，根据企业创新活动及成果产出得到具体情况，合理地进行分享机制设计。

企业的创新活动复杂多变。从动态上看，企业的创新是个循序渐进且具有周期性的过程。企业应通过各种制度设计、文化倡导和政策支持保证创新管理的连续性和有效性。从静态上看，企业创新过程中每一阶段的工作重点都有所不同。创新激发阶段的知识激化和创新文化建设，创新实现阶段的需求感知和资源匹配，创新扩散阶段的制度创新和策略选择，以及创新收敛阶段的评估反馈和成果分享等，共同构成了一个完整创新过程中的企业创新管理工作重点框架。

第十三章

生产性服务业企业创新管理能力评价

随着企业创新能力研究的进一步发展，创新管理活动在创新活动中的重要作用日益凸显，对创新资源的协调和整合配置的过程构成了创新管理的主要内容。相对于技术创新能力，创新管理能力更关注创新的过程。可以说，创新管理能力就是创新资源的整合和配置能力，是在创新管理过程中形成的一种相对稳定的行为模式。对于企业创新管理能力评价的研究一直是学术界研究的热点。综观现有的研究成果，虽然国内外许多学者从不同角度对企业创新管理能力进行了评价，但专门针对生产性服务业企业创新管理能力的评价尚不多见。本章在对相关文献进行整理的基础上，构建了生产性服务业企业创新管理能力评价指标体系，并运用 ANP 方法确定了各级评价指标的权重。

一、创新管理能力的含义

学术界对于创新管理能力构成的研究由来已久。Andkleinschmidt（1995）确定了与技术创新管理有关的影响创新绩效的变量，包括新产品开发过程、新产品开发战略、组织、文化和管理承诺。Goffin 和 Pfeiffer（1999）认为企业创新管理能力应从以下几个方面进行评价：创造力和人力资源，创新战略，组合管理，项目管理等。Benn Lawson 和 Danny Samson（2001）认为创新管理可以作为组织的能力，体现了创新能力的七个维度：战略和愿景、治理能力、组织智力、创造性和观点管理、组织结构和系统、文化和环境、技术管理。笛德（2004）从创新管理过程角度出发，认为创新管理的核心能力包括基本技能以及相应的规程，即识别、调整、获取、创造、选择、实施、贯彻、学习和组织发展等几个方面。Richard Adams 等人（2006）构建了创新管理测度综合框架，从六个方面进行了分析。他们的研究为开展创新管理能力变量测评的开发，开展创新管理能力实证研究提供了依据。该框架包括：输入管理（人、物质和财力资源、工具）、知识管理（创意、知识库、信息流）、创新战略（战略方向、领导）、组织文化与结构管理（文化、结构）、投资组合管理（风险及收益平衡、优化工具的应用）、项目管理（项目效率、工具、沟通、合作）和商业化管理（市场研究、市场测试、市场营销）等。毛武兴（2006）则构建了全面创新管理能力的框架，认为全面创新管理能力由战略管理能力、技术创新管理能力、市场需求管理能力，以及基础管理能力构成。

通常，管理能力被界定为：管理者在管理过程中所采用的方法、技术等一切手段和所表现出来的管理艺术的综合体。根据生产性服务业企业的特点，以及前文对生产性服务业企业创新管理内容的分析，本书将生产性服务业企业创新管理能力界定为：生产性服务业企业在创新管理过程中所具备的创新战略管理、创新支持管理、创新评价管理等所需的一系列有助于实现企业创新管理目标的知识、技术、制度、文化等要素的组合。

二、创新管理能力的基本构成与测度

创新管理能力的概念提出了创新管理能力是一个学习的过程，分析了创新管理如何随着时间不断发展。企业仅仅拥有创新管理经验很难进行持续创新，关键在于对其进行评价和反思，因而当下一次出现类似问题的时候，就可以用准备好的反应方式适时解决问题并发展组织。笛德、本珊特和帕维特（2004）指出：在企业创新管理的过程中，开发企业能力的过程存在层级关系。基本技能是与计划、项目管理或理解顾客需求等相关的一些行为，经过简单惯例整合的广泛的活动合为一体，形成组织创新管理的能力（见表 13-1）。

笛德、本珊特和帕维特（2004）提出了企业针对创新管理的五个关键问题，分别列出了审核企业创新管理能力的测评方法和评估指标及评估创新过程更具体的一些指标或特殊因素（见表 13-2）。

表 13-1 创新管理的核心能力

基本能力	对于能力的解释
识别	寻求能够激发变革过程的经济技术环境
调整	确保企业整体战略和提议性变革之间的匹配，这里所说的提议性变革不是创新，而是对竞争者本能的和适当的反应
获取	认识公司自身技术基础的局限性，能够联系外部知识、信息和设备等资源，对各种各样的外部技术进行技术转移，并将其与组织内部的相关点联系在一起
创造	具有通过企业自有的研发力量和工程团队，开发新技术的能力
选择	通过探索和选择活动，找出应对环境刺激的最适当反映，使这些反应适应企业战略、内部资源基础和外部技术网络的要求
实施	对新产品和新工艺的开发项目，从最初创意到最终投产的各个阶段，实施管理、监督和控制
贯彻	在引入技术或其他变革的时候实施有效管理，确保企业能够接受和充分利用创新
学习	具有评价和反应创新过程的能力，以及从管理的改进中识别教训的能力
组织发展	对企业内部适当的活动建立有效的惯例——结构、过程以及根本行为等

表 13-2 审核企业创新管理能力的测评方法和评估指标及评估创新过程的指标

企业创新管理的审核框架内容	主要内容
五个问题	组织有创新战略吗？ 组织建立了有效的外部联系吗？ 组织有有效的实施机制吗？ 组织有支持创新的组织氛围吗？ 组织是一个与创新管理相关的学习型组织吗？
创新活动的评测方法和评估指标	测评各种具体的产出。例如，将专利和科学论文作为衡量知识创造的指标，或将新产品的数量作为衡量产品创新成功与否的指标（Tood，2000） 评测运作或过程。例如采用顾客满意度调查来评测和追踪产品质量（Lochs，1990） 评测战略成功与否，整体经营绩效是否有某种程度上的提高，是否至少有某些利润直接或间接来源于创新。例如，年业务收入的提高或市场占有率的提高、利润率的增加、取得更高的附加值等（Key，1993）

（续表）

企业创新管理的审核框架内容	主要内容
评估创新过程更具体的一些指标或特殊因素	过去三年新产品的数量和这些新产品带来的销售额或利润 启动产品创新系统所产生的新构想 失败率——在产品开发过程中、在市场销售中 顾客满意度测评——产品是顾客所需要的吗 进入市场时间（与平均值或产业标准进行比较） 产品成本（相对于本行业的平均水平） 质量水平（相对于本行业的平均水平） 制造能力（相对于本行业的平均水平） 可检测性 可回收性 每件新产品耗费的工时数 新工艺的领先时间 过去三年中采用新工艺的数量和类型 对持续改进的测评——员工人均提出的改进建议数、"问题解决"团队的数目、每个员工的节约水平、积累的节约额等

三、生产性服务业企业创新管理能力评价指标体系

在生产性服务业企业创新管理能力概念界定的基础上，通过深入调研和综合分析，最终确定了三个一级指标：创新战略管理能力、创新支持管理能力、创新管理评价能力，进而对各一级指标做进一步剖析和分解，设定了 8 个大类共 20 项评价指标，由此构建了生产性服务业企业创新管理能力评价指标体系结构（见表 13-3）。

表 13-3　　　　　　　　　　　评价指标体系结构

生产性服务业企业创新管理能力 A	一级指标	二级指标	三级指标
	战略管理能力 B1	环境识别 C1	企业对自身优劣势的理解能力 C1.1
			企业对外部机会威胁的感知能力 C1.2
			企业对竞争对手的了解程度 C1.3
		资源配置 C2	企业对外部资源的获取能力 C2.1
			企业对内部资源的整合利用能力 C2.2

（续表）

	一级指标	二级指标	三级指标
生产性服务业企业创新管理能力 A	战略管理能力 B1	计划制定 C3	企业创新战略计划的清晰度 C3.1
			企业创新战略计划的可操作性 C3.2
	支持管理能力 B2	组织文化 C4	企业内部创新思想生成氛围 C4.1
			企业对经验的学习能力 C4.2
			企业员工之间的知识交流与共享程度 C4.3
		组织制度 C5	企业内部制度的完备程度 C5.1
			企业内部制度的执行力度 C5.2
		组织结构 C6	组织动态调整能力 C6.1
			企业各部门之间的协作水平 C6.2
	评价管理能力 B3	经济效果评价 C7	评价方法的科学性 C7.1
			评价内容的完备性 C7.2
			评价结果反馈的及时性 C7.3
		管理效果评价 C8	评价方法的科学性 C8.1
			评价内容的完备性 C8.2
			评价结果反馈的及时性 C8.3

四、生产性服务业企业创新管理能力评价的网络层次模型

（一）创新管理能力评价的网络层次结构模型

本文的网络层次结构模型（见图 13-1）控制层的问题目标是生产性服务业企业创新管理能力（A），该项指标既是评价目的又是评价准则，子目标包括战略管理能力（B1）、支持管理能力（B2）和评价管理能力（B3），可以直接用层次分析方法获得三个子目标的权重。为简化叙述，具体操作过程本书不再介绍。在网络层中，有8个元素集，分别是环境识别（C1）、资源配置（C2）、计划制订（C3）、组织文化（C4）、组织制度（C5）、组织结构（C6）、经济效果评价（C7）、管理效果评价（C8），每个元素集中分别由其相应的三

级指标作为元素构成，共有 20 个评价指标。网络层的评价指标（元素集）之间并非相互独立，而是存在互相依存和反馈的关系。

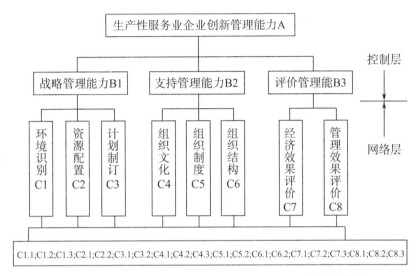

图 13-1　生产性服务业企业创新管理能力网络层次结构模型

（二）创新管理能力评价指标相对重要性权重计算

1. ANP 权重计算步骤与方法

（1）确定主元素层中的元素权重。设 ANP 的控制层中有元素 $B_1, \cdots, Bn$，控制层下，网络层有元素组 $C_1, \cdots, C_N$，其中 C_i 中有元素 $c_{i1}, \cdots, c_{in_i}$，（$i=1, \cdots, N$）。ANP 权重计算步骤如下：

以 1—9 为标度，将其中一个主元素做比较准则，其他元素相对于该准则做相对影响度比较，共构造两两比较判断矩阵。在 ANP 结构中被比较元素之间可能不是独立的，而是相互依存的，因此在每个决策准则下受支配元素将以两种方式进行比较。

①直接重要性程度比较：给定一个评价准则，两元素对于该准则的重要程度进行比较，比较适用于元素之间互相独立的情形。

②间接重要性程度比较：给出一个准则，两个元素在该准则下对第三个元素（用作评价准则，所以又称为次准则）的影响程度进行比较，来间接获得重

要性程度，这种方法适用于元素之间互相依存的情形。所有重要性程度标度的确定方法如表 13-4。

表 13-4 　　　　　　　　　　　　 **重要性程度标度 a_{ij} 取值表**

标度 a_{ij}	代表含义
1	Ai 因素与 Aj 因素相同重要
3	Ai 因素比 Aj 因素稍微重要
5	Ai 因素比 Aj 因素重要
7	Ai 因素比 Aj 因素明显重要
9	Ai 因素比 Aj 因素绝对重要
2, 4, 6, 8	以上两判断之间的中间状态对应的标度值
倒数	若 Aj 因素与 Ai 因素比较，得判断值为 $a_{ij}=1/a_{ij}$，$a_{ii}=1$

计算每个矩阵最大特征值所对应的特征向量，并一一进行一致性检验，按照惯例，判断矩阵的一致性检验结果低于 0.1 时为可以接收。若通过检验，则将这些特征向量归一化处理，重新构成判断矩阵。

（2）确定次元素层的元素权重。类似权矩阵的计算，构造每个主元素下的次元素组的权矩阵，由特征根法得排序向量（$w_{i1}^{(jl)}$，…，$w_{in_i}^{(jl)}$），记 W_{ij} 为：

$$W_{ij} = \begin{bmatrix} W_{i1}^{(j1)} & W_{i1}^{(j2)} & \cdots & W_{i1}^{(jn_j)} \\ W_{i2}^{(j1)} & W_{i2}^{(j2)} & \cdots & W_{i2}^{(jn_j)} \\ \vdots & & & \\ W_{in_i}^{(j1)} & W_{in_i}^{(j2)} & \cdots & W_{in_i}^{(jn_j)} \end{bmatrix}$$

这里 W_{ij} 的列向量就是 C_i 中有元素 c_{i1}，…，c_{in_i} 对 C_j 中元素 c_{ji}，…，c_{jn_i} 的影响程度排序向量。若 C_j 中元素不受 C_i 中有元素影响，则 $W_{ij}=0$，这样最终可以获得 B_s 下，超矩阵 W：

$$W = \begin{array}{c} \begin{array}{cccc} 1\cdots n_1 & 1\cdots n_2 & \cdots & 1\cdots n_N \end{array} \\ \begin{array}{c} 1 \\ \vdots \\ n_1 \\ 1 \\ \vdots \\ n_2 \\ 1 \\ \vdots \\ n_N \end{array} \begin{bmatrix} w_{11} & w_{12} & \cdots & w_{1N} \\ & & & \\ w_{21} & w_{22} & \cdots & w_{2N} \\ & & & \\ w_{N1} & w_{N2} & \cdots & w_{NN} \end{bmatrix} \end{array}$$

此类超矩阵都是非负矩阵，共有 m 个，超矩阵的子块 W_{ij} 是列归一化的，但 W 却不是列归一化的。接下来以 B_s 为准则，对 B_s 下各组元素对准则 $C_j=1，\cdots，N$ 的重要性进行比较。将权矩阵的每个元素与超矩阵的块相乘，与 C_j 无关的元素组对应的排序向量分量为零，由此得加权矩阵：

$$A=\begin{bmatrix} a_{11} & \cdots & a_{1N} \\ \vdots & & \\ a_{NI} & \cdots & a_{NN} \end{bmatrix}$$

加权超矩阵反映了主元素对次元素的控制作用以及与次元素的反馈作用。最后，对超矩阵 W 的元素加权，得 $\overline{W}=(\overline{W}_{ij})$，其中 $\overline{W}=a_{ij}W_{ij}$ $i=1，\cdots，N;$ $j=1，\cdots，N,$ $\overline{W}$ 就为加权超矩阵，其列和为 1，称为列随机矩阵。如此，最终可以得到各项指标的权重。

2. ANP 权重计算演示

ANP 法的计算过程比较复杂，但是利用 Super Decision 软件求解则可以有效地解决这个问题。Super Decision 软件给出了矩阵式、口头式、绘图式、问卷式等方式确定判断值输入数据，凡是存在相互依存关系和反馈关系的都进行两两比较。为构造指标的两两重要性程度比较矩阵，我们邀请 10 余家生产性服务业企业（涉及金融、物流、科技咨询等行业）高、中层管理者 118 人，对于生产性服务业企业创新管理能力评价指标进行重要性程度比较、打分，取其加权平均值作为最终取值。8 个元素组及其 20 个元素之间的每个关系矩阵都进行一致性检验，计算一致性比例。

（1）一级指标权重的计算

在生产性服务业企业创新管理能力准则下，将战略管理能力、支持管理能力、评价管理能力进行比较，列出两两比较矩阵，如下表 13-5 所示。表中数据是通过对专家问卷调查后所得，反映他们对元素相对重要性的看法，相对权重由 AHP 软件计算得出。

表 13-5　　　　　　　　　　　　一级指标比较判断矩阵

A	B3	B2	B1	相对权重
B3	1.0000	0.6703	0.8187	0.2693

（续表）

B2	1.4918	1.0000	1.2214	0.4018
B1	1.2214	0.8187	1.0000	0.3289

（2）二级指标权重的确定

W_1 是在生产性服务业企业创新管理能力评价准则下，8 个二级指标重要性程度的两两比较矩阵。通过软件计算可知二级指标关系判断矩阵的一致性检验结果为 0.0298，低于 0.1，表示可以接受（见表 13-6）。

$$W_1 = \begin{array}{c} \\ C1 \\ C8 \\ C5 \\ C4 \\ C6 \\ C7 \\ C3 \\ C2 \end{array} \begin{array}{cccccccc} C1 & C8 & C5 & C4 & C6 & C7 & C3 & C2 \\ 1.00000 & 3.00000 & 2.00000 & 2.00000 & 4.00000 & 2.00000 & 2.00000 & 2.00000 \\ 0.33333 & 1.00000 & 0.50000 & 0.50000 & 2.00000 & 0.50000 & 0.33333 & 0.33333 \\ 0.50000 & 2.00000 & 1.00000 & 0.50000 & 3.00000 & 0.50000 & 0.50000 & 0.50000 \\ 0.50000 & 2.00000 & 2.00000 & 1.00000 & 3.00000 & 2.00000 & 0.50000 & 0.50000 \\ 0.25000 & 0.50000 & 0.33333 & 0.33333 & 1.00000 & 0.33333 & 0.25000 & 0.25000 \\ 0.50000 & 2.00000 & 2.00000 & 0.50000 & 3.00000 & 1.00000 & 0.50000 & 0.50000 \\ 0.50000 & 3.00000 & 2.00000 & 2.00000 & 4.00000 & 2.00000 & 1.00000 & 0.50000 \\ 0.50000 & 3.00000 & 2.00000 & 2.00000 & 4.00000 & 2.00000 & 2.00000 & 1.00000 \end{array}$$

表 13-6　　　　　　　　　二级指标比较判断矩阵的一致性检验

Priorities		
The inconsistency index is 0.0298. It is desirable to have a value of less than 0.1		
C1	环境识别	0.22992
C8	管理效果评价	0.059105
C5	组织制度	0.087941
C4	组织文化	0.12506
C6	组织结构	0.038621
C7	经济效果评价	0.104871
C3	计划制定	0.161678
C2	资源配置	0.192803

（3）三级指标权重的计算

上文确定的生产性服务业企业创新管理能力指标网络结构模型的网络层

中有 8 个元素集，我们不考虑控制层，分别以企业创新管理能力最大为准则，元素集中的元素为次准则，建立两两比较矩阵。下面给出两个示例：

①表 13-7 是以 C1.3（企业对竞争对手的了解程度）作为评价标准（即评估次准则，此时仍然以企业创新管理能力作为最终评价准则），分别对 C7.1（经济效果评价方法的科学性）与 C7.2（经济效果评价内容的完备性）、C7.1 与 C7.3（经济效果评价结果反馈的及时性）、C7.2 与 C7.3 的重要程度进行比较（即间接重要性程度比较）的结果。其一致性检验结果为 0.0089，低于 0.1，说明是可以接受的。

表 13-7　　　　　　　　　　三级指标间接重要性程度比较矩阵示例 1

C1.3	C7.2	C7.3	C7.1	相对权重
C7.2	1.00000	0.50000	2.00000	0.296961
C7.3	2.00000	1.00000	3.00000	0.539614
C7.1	0.50000	0.33333	1.00000	0.163424

②表 13-8 是以 C1.3（企业对竞争对手的了解程度）作为评价标准，分别对 C8.1（管理效果评价方法的科学性）与 C8.2（管理效果评价内容的完备性）、C8.1 与 C8.3（管理效果评价结果反馈的及时性）、C8.2 与 C8.3 的重要程度进行比较的结果。一致性检验结果为 0.0516，低于 0.1，说明可以接受。

表 13-8　　　　　　　　　　三级指标间接重要性程度比较矩阵示例 2

C1.3	C8.2	C8.3	C8.1	相对权重
C8.2	1.00000	0.50000	0.50000	0.195800
C8.3	2.00000	1.00000	2.00000	0.493386
C8.1	2.00000	0.50000	1.00000	0.310814

以上两个示例所得的相对权重在下文的未加权超矩阵中表现为对应位置的矩阵子块。网络层次分析法用超矩阵计算各相互作用因素之间的最终权重，超矩阵是一个隔离矩阵。在本例中，我们用 W 表示由相互作用因素两两比较的特征向量组成超矩阵。W 第 1 列第 14、15、16 行以及第 4、5、6 行对应的数值就是表 13-7 和表 13-8 中计算所得的各三级指标的相对权重。

$$
W = \begin{pmatrix}
 & C2.1 & C2.2 & C3.1 & C3.2 & C7.1 & C7.3 & C7.2 & C6.2 & C6.1 & C4.3 & C4.2 & C4.1 & C5.2 & C5.1 & C8.1 & C8.3 & C8.2 & C1.1 & C1.2 & C1.3 \\
\end{pmatrix}
$$

	C2.1	C2.2	C3.1	C3.2	C7.1	C7.3	C7.2	C6.2	C6.1	C4.3	C4.2	C4.1	C5.2	C5.1	C8.1	C8.3	C8.2	C1.1	C1.2	C1.3
C1.3	0.00000	0.00000	0.19580	0.33333	0.00000	0.00000	0.00000	0.00000	0.33333	0.00000	0.00000	0.00000	0.00000	0.19580	0.00000	0.00000	0.00000	0.00000	0.00000	0.33333
C1.2	0.00000	0.00000	0.00000	0.33333	0.00000	0.00000	0.00000	0.00000	0.33333	0.00000	0.00000	0.00000	0.00000	0.31081	0.00000	0.00000	0.00000	0.00000	1.00000	0.66667
C1.1	0.33333	0.00000	0.49339	0.33333	0.00000	0.00000	0.00000	0.00000	0.33333	0.00000	0.66667	0.00000	0.00000	0.49339	0.00000	0.00000	0.00000	0.66667	0.33333	0.66667
C8.2	0.00000	0.31081	0.00000	0.00000	0.00000	0.00000	0.00000	0.00000	0.00000	0.00000	0.33333	0.00000	0.00000	0.00000	0.00000	0.00000	0.00000	0.00000	0.23848	0.19580
C8.3	0.00000	0.49339	0.00000	0.50000	0.00000	0.00000	0.00000	0.00000	0.00000	0.00000	0.00000	0.00000	0.00000	0.00000	0.00000	0.00000	0.00000	0.31081	0.62503	0.49339
C8.1	0.00000	0.19580	0.00000	0.50000	0.00000	0.00000	0.00000	0.00000	0.00000	0.00000	0.00000	0.00000	0.00000	0.00000	0.00000	0.00000	0.00000	0.19580	0.13650	0.31081
C5.1	0.00000	0.00000	0.00000	0.33333	0.00000	0.00000	0.00000	0.00000	0.00000	0.33333	0.66667	0.66667	0.00000	0.00000	0.66667	0.66667	0.66667	0.49339	0.00000	0.00000
C5.2	0.00000	0.33333	0.00000	0.66667	0.00000	0.00000	0.00000	0.00000	0.66667	0.66667	0.00000	0.33333	0.00000	0.00000	0.33333	0.00000	0.33333	0.33333	0.00000	0.00000
C4.1	0.00000	0.66667	0.00000	0.00000	0.33333	0.33333	0.00000	0.31081	0.16342	0.00000	0.00000	0.00000	0.00000	0.19580	0.00000	0.24998	0.00000	0.00000	0.00000	0.00000
C4.2	0.00000	0.00000	0.00000	0.00000	0.33333	0.33333	0.00000	0.19580	0.29696	0.00000	0.00000	0.33333	0.00000	0.31081	0.00000	0.75002	0.00000	0.66667	0.24998	0.33333
C4.3	0.00000	0.00000	0.00000	0.00000	0.33333	0.33333	0.00000	0.49339	0.53961	0.00000	0.00000	0.66667	0.00000	0.49339	0.00000	0.00000	0.00000	0.00000	0.75002	0.66667
C6.1	0.00000	1.00000	0.00000	0.00000	0.00000	0.33333	0.66667	0.00000	0.00000	0.33333	0.00000	0.00000	0.66667	0.00000	0.33333	0.00000	0.00000	0.00000	1.00000	0.00000
C6.2	0.00000	0.00000	0.00000	0.00000	0.66667	0.66667	0.33333	0.00000	0.00000	0.66667	0.66667	0.00000	0.33333	0.00000	0.66667	0.00000	0.00000	0.00000	0.00000	0.00000
C7.2	0.00000	0.16342	0.00000	0.00000	0.00000	0.00000	0.00000	0.00000	0.00000	0.00000	0.00000	0.00000	0.00000	0.00000	0.00000	0.00000	0.00000	0.00000	0.31081	0.00000
C7.3	0.00000	0.53961	0.00000	0.66667	0.00000	0.00000	0.00000	0.00000	0.00000	0.00000	0.33333	0.00000	0.00000	0.00000	0.00000	0.00000	0.00000	0.19580	0.19580	0.53961
C7.1	0.00000	0.29696	0.00000	0.33333	0.00000	0.00000	0.00000	0.00000	0.00000	0.00000	0.00000	0.00000	0.00000	0.00000	0.00000	0.00000	0.00000	0.49339	0.49339	0.16342
C3.2	0.66667	0.66667	0.66667	0.00000	0.00000	0.00000	0.00000	0.66667	0.33333	0.00000	0.00000	0.00000	0.66667	0.33333	0.33333	0.66667	0.00000	0.33333	0.33333	0.00000
C3.1	0.00000	0.33333	0.33333	0.00000	0.00000	0.00000	0.00000	0.33333	0.66667	0.00000	0.00000	0.00000	0.33333	0.66667	0.00000	0.33333	0.00000	0.00000	0.00000	0.00000
C2.2	0.00000	0.00000	0.00000	0.00000	0.00000	0.00000	0.00000	0.00000	0.00000	0.00000	0.00000	0.00000	0.00000	0.00000	0.00000	0.00000	0.66667	0.00000	0.33333	0.00000
C2.1	0.19580	0.00000	0.33333	0.33333	0.00000	0.00000	0.00000	0.00000	0.00000	1.00000	0.66667	0.66667	0.33333	0.00000	0.00000	0.00000	0.66667	0.66667	0.00000	0.00000

$$\bar{W} =$$

	C2.1	C2.2	C3.1	C3.2	C7.1	C7.3	C7.2	C6.2	C6.1	C4.3	C4.2	C4.1	C5.2	C5.1	C8.1	C8.3	C8.2	C1.1	C1.2	C1.3
C1.3	0.00000	0.08926	0.10363	0.10140	0.00000	0.00000	0.00000	0.00000	0.11794	0.00000	0.00000	0.00000	0.00000	0.09787	0.00000	0.00000	0.00000	0.00000	0.00000	0.05797
C1.2	0.00000	0.22492	0.00000	0.10140	0.00000	0.00000	0.00000	0.00000	0.11794	0.00000	0.00000	0.00000	0.00000	0.15536	0.00000	0.00000	0.00000	0.00000	0.00000	0.01206
C1.1	0.00000	0.14169	0.00000	0.10140	0.00000	0.00000	0.00000	0.00000	0.11794	0.00000	0.00000	0.00000	0.00000	0.24662	0.00000	0.00000	0.00000	0.00000	0.00000	0.02856
C8.2	0.00000	0.00000	0.03969	0.00000	0.00000	0.00000	0.00000	0.00000	0.00000	0.00000	0.00000	0.00000	0.00000	0.00000	0.00000	0.00000	0.00000	0.01799	0.02108	0.03652
C8.3	0.00000	0.00000	0.06300	0.04599	0.00000	0.00000	0.00000	0.00000	0.00000	0.00000	0.00000	0.00000	0.00000	0.00000	0.00000	0.00000	0.00000	0.01133	0.05525	0.09201
C8.1	0.00000	0.00000	0.02500	0.04599	0.00000	0.00000	0.00000	0.00000	0.00000	0.00000	0.00000	0.00000	0.00000	0.00000	0.66667	0.00000	0.44444	0.02856	0.01206	0.05797
C5.1	0.00000	0.09569	0.00000	0.05762	0.44444	0.00000	0.00000	0.00000	0.04573	0.29195	0.00000	0.46252	0.00000	0.00000	0.00000	0.00000	0.00000	0.12597	0.00000	0.00000
C5.2	0.00000	0.19138	0.00000	0.11524	0.22222	0.25000	0.00000	0.00000	0.09146	0.58391	0.00000	0.23126	0.00000	0.00000	0.33333	0.00000	0.22222	0.06299	0.00000	0.00000
C4.1	0.00000	0.00000	0.00000	0.00000	0.00000	0.25000	0.00000	0.17237	0.03666	0.00000	0.00000	0.00000	0.07136	0.00000	0.00000	0.00000	0.00000	0.00000	0.00000	0.00000
C4.2	0.00000	0.15650	0.00000	0.00000	0.00000	0.25000	0.00000	0.10858	0.06662	0.00000	0.10207	0.00000	0.11327	0.00000	0.00000	0.00000	0.00000	0.09796	0.05609	0.15782
C4.3	0.07825	0.00000	0.00000	0.00000	0.00000	0.25000	0.00000	0.27362	0.12105	0.00000	0.20415	0.00000	0.17980	0.00000	0.00000	0.00000	0.00000	0.04898	0.16830	0.31563
C6.1	0.10393	0.03338	0.11528	0.06626	0.00000	0.08333	0.66667	0.00000	0.00000	0.04138	0.04382	0.00000	0.15552	0.04524	0.00000	0.05000	0.11111	0.00000	0.00000	0.00000
C6.2	0.00000	0.10393	0.06677	0.00000	0.00000	0.16666	0.33333	0.00000	0.00000	0.08276	0.08764	0.00000	0.07776	0.09049	0.00000	0.15000	0.22222	0.00000	0.00000	0.00000
C7.2	0.00000	0.04692	0.00000	0.00000	0.00000	0.00000	0.00000	0.00000	0.00000	0.00000	0.00000	0.00000	0.00000	0.09314	0.00000	0.00000	0.00000	0.03280	0.07952	0.10098
C7.3	0.00000	0.15491	0.00000	0.10694	0.00000	0.00000	0.00000	0.00000	0.00000	0.00000	0.00000	0.00000	0.32486	0.00000	0.00000	0.00000	0.00000	0.02066	0.07952	0.18350
C7.1	0.00000	0.08525	0.00000	0.05347	0.22223	0.00000	0.00000	0.00000	0.00000	0.00000	0.14518	0.29036	0.00000	0.04524	0.00000	0.00000	0.00000	0.05207	0.05010	0.05557
C3.2	0.13698	0.13200	0.23696	0.00000	0.00000	0.00000	0.00000	0.29696	0.06006	0.00000	0.00000	0.00000	0.18628	0.04524	0.53333	0.00000	0.00000	0.07371	0.00000	0.00000
C3.1	0.06849	0.06600	0.11848	0.00000	0.11111	0.22223	0.00000	0.14848	0.12013	0.00000	0.00000	0.00000	0.09314	0.09049	0.26667	0.00000	0.00000	0.14743	0.00000	0.00000
C2.2	0.00000	0.00000	0.00000	0.20429	0.00000	0.00000	0.00000	0.00000	0.10446	0.00000	0.14518	0.00000	0.16243	0.00000	0.00000	0.00000	0.00000	0.09318	0.14230	0.28460
C2.1	0.00000	0.00000	0.00000	0.00000	0.00000	0.00000	0.00000	0.00000	0.00000	0.00000	0.29036	0.00000	0.00000	0.00000	0.00000	0.00000	0.00000	0.18637	0.18637	0.00000

$$\overline{W}^8 =$$

	C2.	C2.2	C2.1	C3.1	C3.2	C7.1	C7.3	C7.2	C6.2	C6.1	C4.3	C4.2	C4.1	C5.2	C5.1	C8.1	C8.3	C8.2	C1.	C1.2	C1.3
C1.3	0.03663	0.03663	0.03663	0.03663	0.03663	0.03663	0.03663	0.03663	0.03663	0.03663	0.03663	0.03663	0.03663	0.03663	0.03663	0.03663	0.03663	0.03663	0.03663	0.03663	0.03663
C1.2	0.07946	0.07946	0.07946	0.07946	0.07946	0.07946	0.07946	0.07946	0.07946	0.07946	0.07946	0.07946	0.07946	0.07946	0.07946	0.07946	0.07946	0.07946	0.07946	0.07946	0.07946
C1.	0.06444	0.06444	0.06444	0.06444	0.06444	0.06444	0.06444	0.06444	0.06444	0.06444	0.06444	0.06444	0.06444	0.06444	0.06444	0.06444	0.06444	0.06444	0.06444	0.06444	0.06444
C8.2	0.00691	0.00691	0.00691	0.00691	0.00691	0.00691	0.00691	0.00691	0.00691	0.00691	0.00691	0.00691	0.00691	0.00691	0.00691	0.00691	0.00691	0.00691	0.00691	0.00691	0.00691
C8.3	0.01630	0.01630	0.01630	0.01630	0.01630	0.01630	0.01630	0.01630	0.01630	0.01630	0.01630	0.01630	0.01630	0.01630	0.01630	0.01630	0.01630	0.01630	0.01630	0.01630	0.01630
C8.1	0.01011	0.01011	0.01011	0.01011	0.01011	0.01011	0.01011	0.01011	0.01011	0.01011	0.01011	0.01011	0.01011	0.01011	0.01011	0.01011	0.01011	0.01011	0.01011	0.01011	0.01011
C5.1	0.07383	0.07383	0.07383	0.07383	0.07383	0.07383	0.07383	0.07383	0.07383	0.07383	0.07383	0.07383	0.07383	0.07383	0.07383	0.07383	0.07383	0.07383	0.07383	0.07383	0.07383
C5.2	0.09248	0.09248	0.09248	0.09248	0.09248	0.09248	0.09248	0.09248	0.09248	0.09248	0.09248	0.09248	0.09248	0.09248	0.09248	0.09248	0.09248	0.09248	0.09248	0.09248	0.09248
C4.1	0.02224	0.02224	0.02224	0.02224	0.02224	0.02224	0.02224	0.02224	0.02224	0.02224	0.02224	0.02224	0.02224	0.02224	0.02224	0.02224	0.02224	0.02224	0.02224	0.02224	0.02224
C4.2	0.05862	0.05862	0.05862	0.05862	0.05862	0.05862	0.05862	0.05862	0.05862	0.05862	0.05862	0.05862	0.05862	0.05862	0.05862	0.05862	0.05862	0.05862	0.05862	0.05862	0.05862
C4.3	0.07944	0.07944	0.07944	0.07944	0.07944	0.07944	0.07944	0.07944	0.07944	0.07944	0.07944	0.07944	0.07944	0.07944	0.07944	0.07944	0.07944	0.07944	0.07944	0.07944	0.07944
C6.1	0.06375	0.06375	0.06375	0.06375	0.06375	0.06375	0.06375	0.06375	0.06375	0.06375	0.06375	0.06375	0.06375	0.06375	0.06375	0.06375	0.06375	0.06375	0.06375	0.06375	0.06375
C6.2	0.03686	0.03686	0.03686	0.03686	0.03686	0.03686	0.03686	0.03686	0.03686	0.03686	0.03686	0.03686	0.03686	0.03686	0.03686	0.03686	0.03686	0.03686	0.03686	0.03686	0.03686
C7.2	0.01156	0.01156	0.01156	0.01156	0.01156	0.01156	0.01156	0.01156	0.01156	0.01156	0.01156	0.01156	0.01156	0.01156	0.01156	0.01156	0.01156	0.01156	0.01156	0.01156	0.01156
C7.3	0.03311	0.03311	0.03311	0.03311	0.03311	0.03311	0.03311	0.03311	0.03311	0.03311	0.03311	0.03311	0.03311	0.03311	0.03311	0.03311	0.03311	0.03311	0.03311	0.03311	0.03311
C7.1	0.01928	0.01928	0.01928	0.01928	0.01928	0.01928	0.01928	0.01928	0.01928	0.01928	0.01928	0.01928	0.01928	0.01928	0.01928	0.01928	0.01928	0.01928	0.01928	0.01928	0.01928
C3.2	0.07523	0.07523	0.07523	0.07523	0.07523	0.07523	0.07523	0.07523	0.07523	0.07523	0.07523	0.07523	0.07523	0.07523	0.07523	0.07523	0.07523	0.07523	0.07523	0.07523	0.07523
C3.1	0.05549	0.05549	0.05549	0.05549	0.05549	0.05549	0.05549	0.05549	0.05549	0.05549	0.05549	0.05549	0.05549	0.05549	0.05549	0.05549	0.05549	0.05549	0.05549	0.05549	0.05549
C2.2	0.06902	0.06902	0.06902	0.06902	0.06902	0.06902	0.06902	0.06902	0.06902	0.06902	0.06902	0.06902	0.06902	0.06902	0.06902	0.06902	0.06902	0.06902	0.06902	0.06902	0.06902
C2.1	0.09527	0.09527	0.09527	0.09527	0.09527	0.09527	0.09527	0.09527	0.09527	0.09527	0.09527	0.09527	0.09527	0.09527	0.09527	0.09527	0.09527	0.09527	0.09527	0.09527	0.09527

对超矩阵 W 的元素加权，得加权超矩阵 $(\bar{W}_{ij})$；其中：$\bar{W}=a_{ij}W_{ij}$；$i=1,\cdots,N$；$j=1,\cdots,N$；a_{ij} 为元素层判断矩阵；W_{ij} 为超矩阵中各子矩阵块。对加权超矩阵进行 $2k+1$ 次演化，k 趋近于无穷大。结果达到一致，形成一个长期稳定的矩阵 $\bar{W}^{\infty}$。各行的非零值均相同，则原矩阵所对应行的值为各评价指标相对于目标的稳定的权重。

表 13-9　　　　　　　　　各级评价指标相对权重结果

	一级指标	二级指标	三级指标	Normalized By Cluster	Limiting
生产性服务业企业创新管理能力 A	战略管理能力 B1 0.3289	环境识别 C1 0.2299	C1.1	0.064441	0.35697
			C1.2	0.079456	0.44014
			C1.3	0.036627	0.20289
		资源配置 C2 0.1928	C2.1	0.095268	0.5799
			C2.2	0.069016	0.4201
		计划制订 C3 0.1617	C3.1	0.055494	0.42451
			C3.2	0.07523	0.57549
	支持管理能力 B2 0.4018	组织文化 C4 0.1251	C4.1	0.022236	0.13872
			C4.2	0.058617	0.36569
			C4.3	0.079437	0.49558
		组织制度 C5 0.0879	C5.1	0.073826	0.44391
			C5.2	0.092482	0.55609
		组织结构 C6 0.0386	C6.1	0.063749	0.63362
			C6.2	0.036862	0.36638
	评价管理能力 B3 0.2693	经济效果评价 C7 0.1049	C7.1	0.019278	0.30149
			C7.2	0.011558	0.18075
			C7.3	0.033107	0.51776
		管理效果评价 C8 0.05911	C8.1	0.010108	0.30338
			C8.2	0.006911	0.20743
			C8.3	0.016299	0.4892

表 13-9 是运用 Super Decisions 软件经计算得到的各级指标相对重要性权重整理结果。一级指标和二级指标的权重已在上文中通过 ANP 方法计算得出。需要说明的是，表 13-9 中，在考虑了各个指标之间相互依存和反馈关系之后，每一个三级指标在生产性服务业企业创新管理能力评价体系中的重要性权重表现为 "Normalized By Cluster" 列，也就是矩阵 $\overline{W}^\infty$ 所对应行的值，该列数值总和为 1；每个三级指标在其所属的二级指标内的相对重要性权重表现为 "Limiting" 列，例如，C1 下的 C1.1、C1.2、C1.3 的权重分别为 0.35697，0.44014 和 0.20289，三者之和等于 1。

五、山东省生产性服务业企业创新管理能力评价的实证分析

表 13-10　　　　　　　　　　　　指标权向量 W

$$Y=\begin{pmatrix} 0.500 & 0.333 & 1.000 & 0.000 \\ 1.000 & 0.250 & 0.000 & 0.000 \\ 0.250 & 0.000 & 1.000 & 0.250 \\ 0.333 & 0.000 & 0.667 & 1.000 \\ 0.250 & 1.000 & 0.000 & 0.500 \\ 0.800 & 0.000 & 0.600 & 1.000 \\ 1.000 & 0.000 & 0.333 & 0.667 \\ 0.333 & 1.000 & 0.167 & 0.000 \\ 0.000 & 1.000 & 0.333 & 0.667 \\ 0.200 & 1.000 & 0.000 & 0.200 \\ 0.750 & 0.000 & 0.250 & 1.000 \\ 0.400 & 0.000 & 0.400 & 1.000 \\ 0.600 & 0.400 & 1.000 & 0.000 \\ 0.571 & 0.286 & 1.000 & 0.000 \\ 1.000 & 0.000 & 0.167 & 0.667 \\ 1.000 & 0.000 & 0.500 & 0.667 \\ 1.000 & 0.000 & 0.500 & 0.500 \\ 0.333 & 0.667 & 0.000 & 1.000 \\ 0.750 & 0.500 & 0.000 & 1.000 \\ 0.750 & 1.000 & 0.000 & 0.250 \end{pmatrix}$$

　　通过矩阵运算（指标权向量 W 即为表 13–10 "Normalized By Cluster" 列向量转置矩阵），可以得到四类生产性服务业企业创新管理能力评价值向量。

　　R=W×Y=（0.549163；0.333175；0.427804；0.324058）。由此可得四类生产性服务业企业的创新管理能力排序为金融服务企业、信息服务企业、物流服务企业、科技服务企业。根据评价结论可以看出，山东省生产性服务业不同领域的企业在创新管理能力上存在一定的差距。特别值得注意的是，作为创新主要承担者的科技服务企业在创新管理能力上却排在其他三个领域企业的后面，有关部门需要反思相关管理理念和管理方法，以便有效提升企业创新管理水平。

第十四章

发展我国生产性服务业的对策建议

一、发展我国生产性服务业产业政策的对策建议

（一）制定生产性服务业分类产业政策

随着服务业规模的不断扩大，我国生产性服务业在增加值、就业、贸易和税收等方面的地位出现了一些新的变化，其重要性日益凸显。但应该注意到，一个产业的发展应该因地制宜，并需要根据国家的战略规划和经济、社会发展特点来做出适当选择。从我国的实际国情出发，发展服务业需要不断拓展生产性服务业。在生产性服务业中，需要优先发展交通运输业，建设便捷、通畅、高效、安全的综合运输体系；大力发展现代物流业，推广现代物流管理技术，积极发展第三方物流和物流信息化，建设大型物流枢纽和区域性物流中心；有序发展金融服务业，健全金融体系，拓宽金融服务领域，完善服务功能，创新服务品种，提高服务质量；积极发展信息服务业，完善邮政和电信基础业务，积极发展电子商务，稳步推进电子政务；规范发展商务服务和商贸服务；大力发展旅游业，全面发展国内旅游，积极发展入境旅游，规范发展出境旅游；加快发展社区服务业；积极发展体育事业和体育产业。改善我国生产性服务业的政策环境，大力发展生产性服务业的基础设施，完善生产性服务业的法律法规。

第一，对于生产性服务业中的信息服务业发展来说，一方面，我们要充分利用现有的基础设施资源。目前我国已经建成了一批宽带通信网、数字电视网以及互联网等，但这些网络的作用没有得到充分利用，因此，需要对现有的网

络资源进行整合，发挥其最大效用。另一方面，要加快信息资源产业基础设施建设。在建设过程中，要注意统筹全局，因为我国目前的信息资源产业基础设施建设各自为政的现象非常严重，这样不仅不利于全国资源的共享，还造成了很大的浪费，因此，应该从全局的角度出发进行信息资源产业的基础设施建设。制定完整清晰的信息资源产业发展战略，明确信息资源产业政策目标。一个完整的信息资源产业发展战略包括信息资源产业发展的目标以及为实现目标所应采取的措施。信息资源产业战略的重要作用在于其可以为信息资源产业发展指明方向，尤其是在信息资源产业发展的早期阶段，制定完整清晰的信息资源产业发展战略可以避免在信息资源产业的发展中走弯路。

第二，对于生产性服务业中现代物流服务业的发展，需要借鉴发达国家的经验，通过相关的产业政策加以扶持。在需求培育上，鼓励新办企业外包物流服务；积极引导已有企业剥离低效的物流部门和设施，通过购买物流服务降低运行成本。在物流管理上，进一步加大管理创新的力度，积极有效地发挥好现代物流发展联席会议制度及各级协调机构的协调作用，变分力为合力；继续做好部门、行业、地方物流政策的梳理工作，加快形成相对统一的有利于物流产业发展的政策制度。在结构优化上，坚持整合与发展并重，既着力于制造业企业内部和供应链管理两大物流主体资源的整合和优化，又重视占发达国家物流企业很大比重的第三方物流的发展。在设施建设上，要从有利于物流业发展的要求出发，统筹和协调区域内外的物流设施建设；改造提升现有公路、铁路、网路、河流、港口的通行能力；积极发展大通关。在装备提升上，进一步加快物流领域信息化改造步伐，积极推广物流技术和装备的标准化，不断提高物流标准化作业水平以及接轨国际的能力。

第三，对于生产性服务业中的商务服务业发展，仍然要借鉴国外先进成熟的经验。首先必须积极引导中小企业通过收购、入股、兼并、联营等多种方式走联合发展之路，加快形成一批规模大、知名度高、服务能力强的大企业大集团。其次要进一步拓宽业务范围，在引导和创造企业需求中发展壮大自己。加快改变目前法律服务诉讼业务多、经济谈判等非诉讼业务少，会计服务做账业务多、理财业务少，咨询服务工程咨询业务多、管理和投资咨询业务少，市场调查服务国内市场调查多、国外市场调查少等服务结构不合理状况。再次要不断强化市场管理和行业管理。切实改变商务服务业发展中的散、乱现象，严禁违法违规经营和不正当经营。进一步规范广告行为，制止恶性竞争，培育发展市场化的行业组织，强化行业自律。还要加快推进商务服务业的市场化和产业化改革。彻底打破行业分割、政企之间藕断丝连的关系，加快形成能真实反映商务服务业市场供求关系的价格机制。借市场化和产业化之手，增强商务服务业发展的原动力。此外，在商务服务业中电子商务发展日趋壮大，其发展的关键和重点在于建立政府推动与企业主导相结合的互动发展的良性运行机制。为此，必须加快电子商务法律法规建设，抓紧研究出台电子交易、信用管理、安全认证、在线支付、税收、市场准入、隐私权保护、信息资源管理等方面的法律法规。发挥政府资金的导向作用，进一步加大对电子商务基础性和关键性领域研究开发的支持力度；建立健全适应电子商务发展的多元化、多渠道投融资机制。密切跟踪研究国际电子商务发展的动态和趋势，加快形成有利于电子商务发展的信用、认证、标准、支付和现代物流等支撑体系；积极参与国际电子商务重要规则、条约与示范法的研究和制定工作。不断提升企业信息化水平，进一步夯实电子商务的应用基础；大力扶持以中小企业为服务对象的第三方电子商务服务平台建设。切实提高电子商务平台软件、应用软件、终端设备等关键产品的自主开发能力和装备能力。大力推动电子商务服务体系建设，加快形成网络化、系统化、社会化的电子商务服务体系。

（二）借鉴国外法律法规、基础设施和人才培养政策

结合 WTO《服务贸易总协定》的要求，进一步清理现行服务业法律、法规和政策中不适应形势发展要求的内容，取消投融资、用地、用电、用工等方面歧视生产性服务业发展的有关政策和规定，继续梳理各项收费。加快清理妨碍生产性服务业发展的法规和政策。特别是与生产性服务业发展有关的部门，要认真贯彻《国务院关于鼓励支持和引导个体私营等非公有制经济发展的若干

意见》，加快修订完善部门法律规章，切实将"放宽非公有制经济市场准入"的相关政策落到实处。努力形成政策限制少、产业间公平发展、不同所有制平等竞争的良好发展环境。应为生产性服务业各行业确定合理的市场准入门槛，促进竞争，规范竞争；应积极推动生产性服务业行业协会的发展，加强对企业的服务和管理；通过法规、政策等一系列行之有效的保护措施，加强知识产权保护；要积极发展社会信用中介服务业，建立健全社会信用评价评级体系，建设社会信用监管和立法执法体系等。

为了促进国内生产性服务业的发展，要加大对生产性服务业基础设施建设的投入，进一步开放各级政府投资的各种实验室，形成基础技术知识、信息高速公路以及经济技术数据库等重大基础设施资源的共享机制。整合政府部门、科研单位和其他机构的信息资源，建立多层次的公共信息网络，为生产性服务企业提供信息服务。结合城市改造和城市建设，在较大城市的中心地带形成若干中央商务区，努力营造生产性服务业集聚发展的基本条件。借鉴韩国、香港等地的做法，建立科技基金等各种专项基金，积极搭建生产性服务业产业化平台，切实解决资金投入不足问题。

越是高端生产性服务业，越是知识密集型的生产性服务业，因此，发展生产性服务业，人才是关键。为此，应促进高端生产性服务业人才的空间集聚，发挥其对生产性服务业发展的关键作用；充分利用当地高等教育和职业培训系统，动态地储备人才；通过完善人力资源管理机制，优化城市大环境等，留住人才；要在加强财政支持的同时，采取有效措施，积极支持职业教育和培训体系的多层次、多元化和市场化发展，快速地培养人才。相对充足的高素质专业人才是建设生产性服务业高地的有力保证。改变目前生产性服务业人才短缺的现状，必须从高等教育专业调整入手，加快设置一批生产性服务业发展急需的紧缺专业，大力培养复合型、国际型的服务业人才。同时，制定和实施新的人才政策，保护使用好现有的服务业人力资源，允许服务技术入股，改革服务领域的收入分配制度。我国劳动力资源丰富，但高素质服务业人才仍短缺。要多层次、多渠道培养和引进各类生产性服务业所需人才，构建强有力的人才支持体系。要拓宽人才培养途径，积极吸引和聘用国内外高级人才，鼓励海外留学人员回国创业，为其提供良好的创业环境。要针对不同类型生产性服务业从业人员的特点，开展多层次、多形式的岗位职业培训，提高生产性服务业从业人员的职业道德素质、服务意识和业务水平。总之，加快现代化服务人才的培养和引进，强化具有现代经济特征的服务业发展的人力资本支撑。结合实施人才强国战略，多渠道加强现代服务业人才的培养，不断完善服务业人才的培养、引进、开发和利用机制。

（三）产业政策必须结合产业结构调整

调整生产性服务业内部格局，更好促进特别是金融、房地产、现代物流、信息服务的业务创新和制度创新。目前各行业的竞争环境、开放程度、经营效率的差距不只是由经济发展阶段决定的，而是在很大程度上缘于社会诚信、体制机制和政策规制的约束。因此，理顺市场机制、打破市场垄断、规范市场运行秩序和政府行为，应该成为政策制定的着力点。逐步放开生产性服务业价格，促成市场形成价格。金融产品、交通运输产品、房地产价格、信息服务价格形成抑制了有效需求；各种中介如会计、律师、审计、咨询逐步放开行政性审批。对生产性服务业各行业的主要矛盾要高度重视，金融的服务创新和监管、房地产价格、信息服务质量和效率以及物流业低碳高效化运作应施以相应对策。

大力发展生产性服务业和生产性服务贸易，提高生产性服务业在第三产业、GDP中的比重。借助产业变革特别是工业重化阶段对生产性服务业的要求，以及国际金融危机带来的价值链重新分工的良机，全面拉开服务经济序幕。增强生产性服务业，转变经济发展类型，发展低碳经济和节能环保产业，为先进制造业插上服务增值的翅膀。进一步与国际接轨，深度融入世界经济的生产性服务业的垂直分工。

可以说，多年来，为了加速推进工业化，各地自觉不自觉地形成了工业优先的产业政策导向，造成了制造业突进和服务业慢进的不协调局面。今后，在制定宏观调控政策时，必须把促进生产性服务业的发展放在更加重要的地位。

加快实施先进制造业和生产性服务业"双轮驱动"的经济发展新战略，转变重点鼓励制造业发展。同时，鼓励制造业和服务业协调发展，当务之急要把生产性服务业纳入各级政府鼓励发展的产业目录，实行与制造业相同的产业支持政策；同时转变全面鼓励制造业企业自建研发机构为有重点地支持大中型企业搞自主研发，鼓励小企业和微小企业从市场上购买技术服务，加大对各地经济结构优化和产业升级的考核比重。

优化生产性服务业结构政策要做到以下两点：一是要加快企业专业化进程。面对激烈的竞争环境，一个企业很难具有全面的资源优势。可以将服务业务分包出去，或者直接剥离出去单独设立服务公司，以增加企业专业性，同时便于管理，有利于降低业务成本，避免资源浪费。二是确立生产性服务业重点领域。根据当地产业优势、人力资源优势、区位优势、生态环境优势等方面确定重点发展的领域，打造城市服务品牌。推进科技研发服务业发展，培育创新环境。推动信息服务业发展，提高城市效率。为促进城市建设和可持续发展，主要途径是以信息化带动工业化，走出一条科技含量高、经济效益好、资源消耗低、环境污染少、人力资源优势得到充分发挥的新型工业化之路。发展现代物流业，降低全社会的物流成本。发展现代物流业，能够带动商贸、餐饮、仓储、金融、中介服务等第三产业的发展，保障产业结构调整目标的实现，提升城市综合服务水平及综合实力。可以培育和引进一批重点物流企业，建设内外贸一体化的区域性物流基地。

大力调整服务业结构，积极推进传统服务业的转型和现代服务业的发展。未来的发展重点是优化结构、提高竞争力。大力发展作为商品生产中间投入和中间需求的生产服务业，积极发展新兴服务业，运用现代技术和现代经营方式，改组、改造商贸、餐饮、交通运输等传统服务业，推进旅游、文化、体育、社区服务等生活服务业的科技进步。积极发展信息、科技、中介等技术、知识密集型服务业，通过发展电子银行、电子商务、网络营销、远程教育等新型服务方式，不断推动产业结构优化升级。

生产性服务业的发展与地区经济发展水平、制造业发达水平有着密切的联系。每个地区的具体情况不同，要构建有指导意义的生产性服务业的发展框架，完善区域发展的协调机制，促进区域之间的资源、要素、产权流动，促进生产性服务业的空间集聚和功能区建设。此外，明确不同城市、不同区域发展生产性服务业的功能定位，优化其发展方向和重点，促进不同层次、不同类型的城市之间形成优势互补的格局。要积极发展园区经济，改善产业配套条件，建设公共服务平台，推动生产性服务业集群化发展。要培育创新型企业，打造有国际竞争力的龙头企业和服务品牌，发挥龙头服务企业在产业集群中的核心作用。

（四）产业政策结合体制改革

转变政府职能是体制改革的当前要务。要进一步转变政府职能，建立公开、规范的服务业管理体制，强化政府引导作用；充分发挥行业协会在服务业发展中的积极作用，减少和避免无序竞争造成的资源浪费。此外，充分发挥市场机制的作用，强化市场竞争，放宽准入领域，建立公开、平等、规范的服务行业准入制度。加强知识产权保护，坚决查处价格垄断、倾销和欺诈等不正当竞争行为，构造公平、充分、有效的竞争环境。

深化生产性服务业体制改革，要进一步深化电信、铁路、邮政、民航等服务行业改革，加快垄断行业改革的步伐，放宽市场准入，引入竞争机制，推进国有资产重组，实现投资主体多元化；对竞争性领域的国有服务企业实行股份制改造，建立现代企业制度；规范服务业竞争秩序，消除国内贸易壁垒。

尽管生产性服务业不少领域的改革权限在中央，但地方政府并非无能为力。地方政府可在以下方面有所作为：一是积极呼吁国家有关部门加快改革步伐。如允许国内银行进行跨区域资金流动和服务延伸。二是努力争取国家有关改革工作的试点。目前，越来越多的生产性服务业领域已被国家有关部门列入改革议程，应积极争取拿到试点机会，力争借助改革试点取得"先发效应"。三是大力推进服务行业的审批制度改革。在强化电信、金融等少数行业监管的同时，按照《行政许可法》的要求，精简审批项目，简化审批程序，提高审批效率。尽早成立推进生产性服务业发展的协调委员会及其办事机构，有些涉及多个部门的行业应明确牵头单位，加快改变生产性服务业多头管理、交叉管理和无人管理状况。四是继续深化事业单位的市场化改革。进一步减少公益类事业单位的数量，凡是适合市场化、产业化发展的事业单位应尽可能彻底推向市场；努力巩固近年来事业单位改革和中介机构"脱钩"的成果，防止"回潮"；探索事业单位与所挂靠服务企业的"脱钩"改革；推进传统行业协会的市场化运作。五是探索建立科学、全面的生产性服务业统计调查制度。依托首次经济普查资料，加快建立生产性服务业的日常统计制度，努力为生产性服务业发展提供可信的决策依据。

同时，加强生产性服务企业公司化改革。按照现代企业制度的要求，积极推进生产性服务企业的公司化改革，进一步完善法人治理结构，需要重点抓好三个方面改革：一是加快在垄断行业引入竞争机制。通过业务拆分等途径，在电信、铁路等垄断行业培育若干竞争主体，努力营造有效竞争的市场格局。二是积极推进生产性服务企业之间的联合重组。引导生产性服务企业开展联合、兼并和资本运营，不断做大企业规模，加快在重点行业形成若干个规模大、实力强、辐射广的生产性服务龙头企业。三是鼓励生产性服务企业集聚发展。围绕先进制造业基地，高起点、高标准地规划建设一批生产性服务业园区，大力发挥产业集群优势。四是充分发挥信息化对生产性服务业的带动作用。学习OECD 国家服务部门研发费用占全部研发费用40% 的做法，鼓励生产性服务企业加大技术改造和技术研发的投入，进一步增强自主创新能力；积极采用信息技术、网络技术等先进技术，不断提高服务能力和服务水平，最大限度满足制造业企业的需求。同时，立足于从起步阶段就注重生产性服务业的品牌建设。

（五）制定财政税收优惠政策

实施促进服务业市场化改革税收优惠政策适时出台，鼓励通过兼并、收购、上市等方式，将生产性服务企业改制为多元化的股份有限公司或有限责任公司，提高生产性服务企业的竞争力。在国有商业银行股份制改革中对不良债权的处理，可给予一定的税收优惠政策：可适当降低营业税税率，由5% 降低到3%；提高坏账准备金的企业所得税税前扣除标准；规范外资银行税收政策，公平中、外资银行的税收负担。进一步改变税收优惠的方式，打破行业垄断和地区垄断，重点对金融、信息、教育、文化卫生、社区服务等行业实施税收优惠，促进现代服务业的发展。为促进服务业企业管理水平和竞争力的提高，在服务行业领域大力推广国际标准组织质量认证体系（ISO 9000），服务企业通过 ISO 9000 体系认证，允许将认证有关费用在企业所得税前扣除。鼓励有条件的服务企业走出去，可通过出口退税、签订税收协定、实行税收饶让等方式，发展壮大生产性服务业企业，扩大国际生产性服务业贸易。

应加强对生产性服务业发展的总体规划和统筹管理，制定促进生产性服务业发展的财政、税收、金融、保险、外汇等优惠政策。在资金支持上，要放宽对中小型企业、民营企业的信贷、融资、外汇管理的限制，解决生产性服务业扩张时期的资金瓶颈问题；要积极发展信用担保机构，为生产性服务企业承接大型国际项目解决资金需要；可设立生产性服务发展专项资金；积极培育和扶持技术含量与附加值高、有市场潜力的龙头企业，在信贷、融资出口、品牌推广、项目招投标等方面给予重点支持。

采取积极的金融、财税、土地、价格等政策，支持服务业关键领域、薄弱环节、新兴产业和新型业态的发展。积极鼓励部门合作，鼓励财政与金融合作，创新和探索服务业发展中各类资金分工协作、优势互补的新方式，拓展财政投入引导金融投入的新思路。生产性服务业产业政策要结合国家宏观经济调控政策开展。加快实施支持性的财税政策和政府采购政策。在政府权限范围内，实行轻税薄赋，发展生产性服务业。改革和完善生产性服务业的税种设置；推行与制造业基本相当乃至略轻的税负政策。鼓励外资和民资参与生产性服务业国有企业的改制重组；将生产性服务业纳入相关产业政策的扶持范畴，如出口扶持政策、科技成果转化政策、优先供地政策、中小企业扶持政策、人才引进政策等等。制定实施符合 WTO 要求的弱小产业保护政策。科学运用政府消费和采购政策，促进生产性服务业的发展。

同时，加快设立生产性服务业发展专项资金。为了促进生产性服务业的发展，目前国内不少省市开始设立综合性或专项性的产业发展资金，如苏州市每年安排了不少于 5000 万元的服务业发展引导基金，用于对重大服务业项目的贷款贴息或补贴；北京市科委设立百万元奖金，奖励在国内具有权威影响力的工业设计项目。以此为鉴，省级政府及有条件的市、县应在本级财政预算中设立相应的专项资金，用以鼓励和支持生产性服务业的发展。

突出国家总体、长期战略的调节引导作用。要坚持区别对待、分类指导原则，抓紧完善、细化服务业发展指导目录，明确支持方向，突出发展重点，并制定相应配套政策措施。鼓励生产制造企业细化深化专业分工，改造业务流程，推进业务外包，推动服务业与农业、制造业有机融合，强调工业与农业、服务业的协同作用，全面提高服务业发展水平。加大发挥现代服务业吸纳就业的作用。针对目前过度依赖传统服务业吸纳就业的现状，在挖掘传统服务业就业潜力的同时，大力发展生产性服务业，扶持技术含量高的现代服务业和新兴服务业，诸如发展就业容量大的物流、社区服务、信息服务等社会服务业。升级服务质量，提高服务业对就业的带动作用。

二、提高我国生产性服务业企业创新管理能力的对策建议

20 世纪 90 年代以来，随着市场竞争的日趋激烈和经济全球化进程的加快，企业的持续创新能力得到世界各国和企业的关注，持续创新能力对生产性服务业企业永续发展的重要性变得更加显著。从目前总体情况来看，我国生产性服务业企业具备运营机制灵活、发展速度快的属性，致使企业具有市场开拓和资源优化配置的能力，但是仍然存在科学技术水平偏低、创新体系不够健全和创新资源不富裕等问题，导致了生产型服务业企业的自主创新能力薄弱，有待改善与提高。在生产性服务业企业提供创新环境以及提升创新过程管理水平等方面，笔者认为应采取如下对策。

（一）营造良好的创新政策环境

1978 年以来，中央和地方政府都分别推出了一系列有关创新的政策法规和措施，在一定时期内对生产性服务业企业的创新和发展有促进作用。随着时

间的推移，制定相关政策的部门、所针对的问题以及问题的变革程度不同，使得政策体制之间有重复甚至相悖的部分，这便导致了我国与创新相关的政策缺乏针对性、系统性，没有形成健全和科学完善的政策体系。本书从完善宏观环境和改善企业微观环境入手，为生产性服务业企业持续创新营造良好的创新政策环境提供对策。

1. 完善宏观环境

《中国国民经济和社会发展第十一个五年规划纲要》明确提出要"提高服务业的比重和水平"，并提出"拓展生产性服务业"和"丰富消费性服务业"的战略举措。政府部门对生产性服务业企业创新行为的支持力度很大。政府需要对企业自主创新进行间接支持，此方式要优于直接干预。所以，健全宏观制度环境对生产性服务业企业的创新具有深远作用。本书从市场经济体制的完善、行政监管的解除、法制体系的构建及支持性政策的制定等四个方面阐释宏观环境的完善。

（1）市场经济体制的完善

市场经济体制环境是创新宏观制度环境的基础。市场经济体制是指以市场机制作为配置社会资源基本手段的经济体系，是高度发达的、与社会化大生产关系密切的大商品经济，其最基本的特征是经济资源商品化、市场价格自由化、经济关系货币化和经济系统开放化。在市场经济体制下，生产性服务业企业能够充分发挥主体地位作用，市场机制引导促进企业创新活动进入良性循环；生产性服务业企业坚持以市场为导向，保持企业实现可持续创新，通过造就一批优秀的生产性服务业企业，推动生产性服务业的建设。从宏观制度环境来看，首先应对社会主义市场经济体制进一步完善，建立完整的市场经济机制，完善市场管理法规，为生产性服务业企业的发展创造一个公平、透明、激烈竞争的市场环境。此外，企业制度也要随之更新，需要适应市场经济发展规律。强化市场在资源配置中的主体地位，促使企业成为既能享受利益又具备承担风险能力的独立法人，增强企业的创新动力。

（2）行政监管的解除

目前政府对我国生产性服务业的发展依然有一定程度的管制，重点体现在价格管制和审批资格管制。如公路和铁路运输、银行利率、邮政电信等行业都存在明显的价格管制。随着中国市场化程度的加深，为生产性服务业企业营造一个宽松的环境，我国政府需要逐步解除管制。我国需要创造体制性环境建设，促进生产性服务业发展，拓宽服务业准入市场的口径，鼓励各种经济体制参与服务业的市场竞争。

（3）法制体系的完善构建

市场经济条件下，生产性服务业企业性质的无序性和竞争激烈性要求加强和完善法规法律建设，以对生产性服务业企业进行规范和调节。开放、有序、统一、竞争的市场经济体系需要完整的法规法制环境和高效的管理体制作为法制支持。生产性服务业企业发展是在一定法制法规的管制中进行的，企业需要依靠政府的推动，如财产法、贸易法、证券投资法、房地产土地法、知识产权法、人才使用管理法等，都应该建立法制配套体系，共同规范生产性服务业企业的发展环境。

（4）扶持政策的制定

与其他产业相同，扶持政策降低了生产性服务业企业的市场准入门槛，此举对促进生产性服务企业的初期发展的作用很大。此政策对重点、特殊行业实施税收优惠政策。扶持政策是一个互动关联体系。如果对经批准的中小企业担保机构、在担保机构从事担保业务的收入，可以享受营业税减免优惠。对物流企业外包服务实行低营业税计税基数政策。对于被认定为高新技术企业的研发、策划、创意设计等技术服务企业，可享受相应的高新技术企业优惠政策。各级政府要加大对生产性服务业发展的资金投入力度，加大对影响力度大、有强有力的拉动作用、示范作用的服务业的重点项目的补贴或补息，对生产性服务业集聚区领域的重点项目建设重点扶持。

2. 改善微观环境

相对于生产性服务业企业创新宏观政策环境而言，在宏观制度政策环境的支持下，创新微观政策对企业的创新效果更加直接有效。企业微观创新环境支持系统由引导政策、激励政策、协调政策和保护政策等组成。引导型政策引领企业创新方向、发展延伸领域、产业结构调整和产业升级重组优化，内容包括产业政策、人才引进政策、科技创新政策等。激励型政策的目的是为企业提供激励创新的外部环境，使企业汲取足够的创新动力，内容包括金融和财政政策、节约创新成本的分配和税收政策、为创新服务提供基础设施和信息政策等。政策协调的角色是协调创新过程中创新之间的矛盾，包括合作研究和区域协调的政策。保护型政策重在创新成果，主要针对创新成果交易和成果专利保护政策等。

（二）完善创新管理制度建设

1. 完善人才激励机制

人是生产性服务业企业的创新主体，是工作主体，任何企业都离不开人的活动。随着知识管理、知识创新时代的到来，企业经济发展的决定性因素逐渐转向人力资源。科学发展观倡导以人为本就是让所有人用劳动的创作参与自然的演化，加快各方面的发展，所以创新人才的重要性日益凸显。随着人力资源的重要性在企业中的不断增强，传统的资源和重要竞争手段逐渐减弱。政府部门应积极开发、引进创新的和需要的高层次人才，降低员工流失率，留住人才，为生产性服务业企业的创新行为提供人力资源保障。

不同的途径和方法，具有不同的激励作用。长期的激励方式比短期一次性奖励措施对企业的长期发展更加有利。从企业内部来看，企业通过让经营管理者真正着眼长远利益，让知识真正尊重创造者，是内部所产生的主要业务创新能力。商业机构和政府应该加强合作以改善创新人才的长远利益激励与不断创新的机制，构建持续创新与企业长期利益相适应的人才管理机制。一方面，设立专项资金，引进创新的人才，政府优先支持创新公司引进前沿技术和创新领域急需的高层次创新人才及优秀企业家。随着人民生活水平的提高，金钱激励渐呈弱化趋势，所以除物质金钱激励机制外，企业可采用奖励旅游、带薪休假、树立榜样、资助深造、提供会议和培训机会等形式多样的精神激励机制。其次，积极探索工资分配管理体制的改革，企业的收入分配倾斜关键职位，对能够进行创新的人才鼓励实施，并努力增加科研技术人才数量。再者，高层次技术创新型人才特别注重职业生涯规划，都有个人愿景。企业积极和有效地把组织的目标和个人愿景有机结合起来，整合公司全体员工的共同努力，创造一个组织的目标和个人的目标一致的职业发展道路。最后，企业为所有员工营造自由创新的组织文化氛围——勇于创新、敢为人先、鼓励失败、宽容失败，使得竞争与合作并存。建立这样一种自由的创新型组织文化，允许员工自由选择创新方式和领域，保持宽限的自由选择权。可以看出，高效的人才管理机制和优秀的创新人才队伍是生产性服务业企业持续创新的保障，在企业管理中具有十分重要的意义。

2. 建立合理的资金配置机制

企业的技术创新对资金支持需求最大，没有足够的资金，技术创新可能很难付诸实践。为了提供创新型企业持续创新的资金需求，企业应当建立合理的资金配置机制，改进创新资金配置方式和选择适当的资金投入方式。高投资、高风险和知识技术密集是创新型企业创新的显著特点。在创新成果转化为产品并形成规模产业的过程中，企业需要投入大量的资金进行科学研究、企业市场实证等。效用的最大利用和资金优化配置，为生产性服务业企业提供强大的资金支持。但是生产性服务业企业资金要达到最优配置，需要对政府的支持资金统筹安排使用，并按照功能、领域重新配置资金。在资本管理政策上，政府要建立和加强预算管理和绩效考核评估，大力发展科技资金资助模式，即自主申请科技经费—专家考察评审—社会公示—政府决策的管理模式。政府加强探讨个人委托代理项目管理，根据具体情况，将专业化的服务委托给公共机构、非营利组织和基金管理公司。

（三）提升创新过程的管理水平

生产性服务业企业要成功开展创新，首先要做好创新管理工作，而做好创新管理工作的必要前提是要对创新的特点与规律有正确的理解和把握。生产性服务业企业创新实质上是一种创造性的活动，具有探索性、随机性、创造性、复杂性、非线性等特征，从而决定了生产性服务业企业的创新过程不是一个有序的、规律的、线性的过程，而是一个复杂、充满"混乱"的"非线性过程"。因此，要提升创新过程的管理水平，就需要遵循创新过程的特点与规律，正确认识和把握创新过程中的各种矛盾和冲突，积极采取适宜的管理方式，从而提升企业创新管理水平。本书认为，生产性服务业企业做好创新管理的关键需要从以下几点入手。

1. 树立非线性创新管理理念

任何一项创新活动都是在某个特定的创新系统内展开的。因而生产性服务业企业创新过程实际上就是创新系统的运行过程，创新系统构成要素间存在着极其复杂的联动关系。综上所述，生产性服务业企业创新管理实质上是对非线性创新过程的管理，也是对非线性创新系统的管理。

几乎所有的创新都是从一系列相对复杂、混乱的事件中开始显现和发展的，必然造成其结果的无法预测性。创新过程中，企业如果试图阻止创新早期的混乱，或者试图将其转变为更加有序和可控的过程，那么企业固有的做法注定是无效的。事实证明，无效创新的企业的通病在于它们不能正确认识、接受和把握创新过程中的无序状态和混乱现象；相反，世界上某些大型创新公司则能做到在容忍把握这种混乱的基础上，保证对有效运营至关重要的战略重点和实际措施，即得益于其对创新悖论和非线性机制的有效应用和适度的控制，使其成功转变为"有序的混乱"。因而生产性服务业企业要认识到企业创新的这一规律，树立非线性创新管理理念，从而提高企业创新成功的概率。

2. 把握随机性创新来源

艾伦·鲁宾孙和萨姆·斯特恩认为："大多数创造性活动不在计划安排内，且发生在人们最难以预测的地方。人们预料不到会创造出什么事物，谁参与创造，发生在什么时候及如何发生。企业的创造力实质就在于此。"彼得·德鲁克等人的研究也表明，创新是随机、意外事件导致的结果，而不是创新计划的产物。综上所述，创新行为的发生是一个难以预料、计划和控制的随机事件。因此，生产性服务业企业要重视和把握随机性事件，即意外的成功和失败及外在事件，并通过努力提高企业员工发现随机性事件机会的本领，充分把握随机性事件，扩展企业创新来源，这对提高生产性服务业企业创新的成功率和管理水平非常重要。

参考文献

［1］A. S. Bailly. Producer Services Research in Europe［J］. Professional Geographer, Quality Progress (No.3), 1995.1.

［2］陈宪、程大中：《中国服务经济报告》，经济管理出版社 2005 年版、2006 年版、2007 年版。

［3］程大中：《生产者服务论——兼论中国服务业发展与开放》，文汇出版社 2006 年版。

［4］Ahokangas, P. Hyry, M. & Rasanen, P. Small Technology-based Firms in First-growing Regional Cluster［J］. New England Journal of Entrepreneurship, 1999.2.

［5］Ahuja, G Collaboration Networks, Structural Holes, and Innovation: A Longitudinal Study［J］. Administrative Science Quarterly, 2000.9.

［6］Allen, F. & Gale, D. Financial Markets, Intermediaries, and Intertemporal Smoothing［R］. Center for Financial Institutions Working Papers 95-02, Wharton School Center for Financial Institutions, University of Pennsylvania, 1998.

［7］郑吉昌、夏晴：《服务业、服务贸易与区域竞争力》，浙江大学出版社 2004 年版。

［8］朱晓青、林萍：《北京现代服务业的界定与发展研究》，载《北京行政学院学报》2004 年第 4 期。

［9］陈佳贵等：《中国产业集群的可持续发展与公共政策选择》，载《中国工业经济》2006 年第 9 期。

［10］高传胜、李善同：《中国服务业：短处、突破方向与政策着力点——基于中、美、日、德四国投入产出数据的比较分析》，载《中国软科学》2008 年第 2 期。

［11］王昌林：《高技术产业发展战略与政策研究》，北京理工大学出版社 2007 年版。

［12］陈仕权：《生产性服务业的分类、特点及作用》，载《郑州航空工业管理学院学报》（社会科学版）2006 年第 8 期。

［13］李清娟等：《生产性服务业与园区开发：理论、策略、案例》，上海三联出版社 2007 年版。

［14］吕政：《完善我国产业政策需要明确的问题》，载《中国社会科学院院报》2004 年第 6 期。

［15］彭雪雪、徐文学：《香港促进生产性服务业发展的经验及启示》，载《江苏商论》2008 年第 12 期。

［16］綦良群、舒春：《高新技术产业政策评估的理论分析》，载《中国科技论坛》2005 年第 3 期。

［17］邱灵、申玉铭、任旺兵：《国内外生产性服务业与制造业互动发展的研究进展》，载《世界地理研究》2007 年第 16 期。

［18］唐强荣、徐学军：《生产性服务业研究述评》，载《商业经济》2007 年第 6 期。

［19］唐小丽、冯俊文：《ANP 原理及其运用展望》，载《统计与决策》2006 年第 6 期。

［20］程大中：《生产者服务业》，上海文汇出版社 2006 年版。

［21］熊彼特：《经济发展理论》，商务印书馆 1990 年版。

［22］Scherer, F. M, Ross, D. Industrial market structure and economic performance［J］. Hougton, Mifflin Company, Boston, 1990.

［23］Dametz, H. Industry Structure, Market Rivalry and PublicPolicy［J］. Journal of Law and Economics, 1973.

［24］Acs. Z. J, Audretsch.D.B. Innovation and Small firms［M］. Massachusetts London: the MTT Press Cambrigde, 1990.

［25］P.R.Krugman. A model of innovation, Technologytransfer and the word distribution of income［J］.Journal ofpolitical economv, 1979.

［26］汪应洛、向刚:《企业持续创新机遇分析》，载《昆明理工大学学报》(理工版)2004年第29期。

［27］向刚、李振国、李穗明:《企业持续创新:重要性与基本概念》,载《经济问题探索》1996年第6期。

［28］王渝、朱斌:《论高科技企业集群的持续创新优势》,载《科学学与科学技术管理》2002年第5期。

［29］林昭文、陈一天:《企业渐进式系统创新研究》,载《商业研究》2005年第4期。

［30］梁世昌:《信息时代下企业持续创新内在机制和过程控制研究》,昆明理工大学硕士学位论文,2005年。

［31］向刚、龙江:《国有企业持续创新过程的运行规律、发展趋势和管理机制建设探讨》,载《经济问题探索》2002年第1期。

［32］向刚、汪应洛:《企业持续创新动力机制研究》,载《科研管理》2004年第6期。

［33］刘伟、向刚:《试论企业持续发展:持续创新与持续学习机制建设》,载《经济问题探索》2001年第10期。

［34］向刚、汪应洛:《企业持续创新实现机制模型与应用》,载《昆明理工大学学报》(理工版)2004年第6期。

［35］向刚:《企业持续创新的概念与效益定量评价方法探讨》,云南工业出版社1998年版。

［36］向刚、汪应洛:《企业持续创新能力:要素构成与评价模型》,载《中

国管理科学》2004 年第 14 期。

［37］李海萍、向刚、高忠仕等：《从"囚徒困境"的博弈分析中探讨企业绿色持续创新的动力》，载《科技进步与对策》2004 年第 9 期。

［38］向刚、刘亚伟、姚启桐：《企业绿色持续创新：机制与发展模式研究引论》，载《昆明理工大学学报》(理工版)2003 年第 28 期。

［39］夏保华：《企业家间断创新和大企业持续创新—熊彼特创新理论—瞥》，载《科学学与科学技术管理》2004 年第 5 期。

［40］Gemunden, H.G., Hogl, M., Lechler, T. & Saad, A. Starting conditions of successful European R & D-consortia ［A］. In: Brockhoff, K., Chacrabarti, A. & Hauschildt, J. (eds.). The dynamics of innovation: strategical and managerial implications ［C］. Berlin: Springer, 1999.

［41］D E Hrsh. Perpetual Innovation ［M］. America: Basie Books, 1989.

［42］David Angel. Restructuring for Innovation: The Remarking of the U.S. Semiconductor Industry ［M］. New York: The Guilford Press, 1994.

［43］Koen, P.A., Ajamian. G.M, Boyce. S.Clamen.A, Fisher, E. Kuzzy Front End: Effective Methods.Tool and Techniques . Ch, I in The PPMA Toothook for New Pnxliic! Development. Bclliveau. P. Griffin.A. and Some never, S eds., John Wiley & Sons: New York, 2002.

［44］Ross Chapman, Paul Hyland. Complexity and learning behaviors in product innovation ［J］.Technovation, 2004.

［45］Nonaka, L, Takeuchi, H. The Knowledge-Creating Company ［M］. Oxford University Press, New York.1995.

［46］Senge, P. M. The Fifth Discipline: The Art and Practice of the Learning Organization ［M］. London, Century Business, 1990.

［47］Peilei Fan. Catching up through developing innovation capability: evidence from China'stelecom-equipment industry ［J］. Technovation, 2006.

［48］John Hagedoorn, Geert Duysters. External Sources Of Innovative

Capabilitys: The Preference Eor Stratecic Alliances Or Mergers and Acquisitions〔J〕. Journal of Management Studies. March 2002, 39(2).

〔49〕黄卫剑、吴添祖、池仁勇:《创新网络的新诠释——从激励模式到知识传递模式》,载《商业研究》2004 年第 3 期。

〔50〕刘景江、应鹰:《创新源理论与应用:国外相关领域前沿综述》,载《自然辩证法通讯》2004 年第 26 期。

〔51〕田晓霞、陈金梅:《利益相关者价值创造、创新来源与机会》,载《科学与科学技术管理》2005 年第 6 期。

〔52〕汪应洛、向刚:《企业持续创新机遇分析》,载《昆明理工大学学报》(理工版)2004 年第 29 期。

〔53〕Claudine A. Soosay. An Empirical Study of Individual Competencies in Distribution Centres to Enable Continuous Innovation〔J〕.Creativity and Innovation Management, 2005, 14(3).

〔54〕向刚、刘星:《企业持续创新过程形成的基本规律性特征》,载《经济问题探索》2005 年第 11 期。

〔55〕许庆瑞、朱凌、王方瑞:《从研发—营销的整合到技术创新—市场创新的协同》,载《科研管理》2006 年第 27 期。

〔56〕Dave Ulrich, Dale Lake. Organizational capability: creating competitive advantage〔J〕. Academy of Management Executive, 1991, 5(1).

〔57〕Robert M. Grant Prospering in Dynamically–competitive Environments: Organizational Capability as Knowledge lntegration〔J〕.Organization Science, July–August, 1996, 7(4).

〔58〕Michael L Tushman, Charles A.O'Reilly III:《创断制胜》,孙连勇、李东贤等译,清华大学出版社、哈佛商学院出版社 1998 年版。

〔59〕Amalya L.knowledge Oliver. On the duality of competition and collaboration: network–based relations in the biotechnology industry〔J〕. Scandinavian Journal of Management, 2004, (20).

［60］Wesley M Cohen, Daniel A Levinthal. Innovation and Learning: the Two Facts of R & D ［J］.The Economic Journal, 1989, (9).

［61］Wesley M Cohen, Daniel A Levinthal. Absorptive Capacity: A New Perspective on Learning and Innovation ［J］. Administrative Science Quarterly 1990, (35).

［62］Jian Cheng Guan, Chlu Kam Mok, Richard C.M. Yam, K.S. Chin, Kit Fai Pun. Technology transfer and innovation performance: Evidence from Chinese firms［J］. Technological Forecasting & Social Change, 2006, (73).

［63］WTO. The impact of the attacks in the United States on international tourism: an initialanalysis. Special report by World Tourism Organization, Market Intelligence and Promotion Section, Madrid, Spain, 2001.

［64］魏江：《企业技术能力论——技术创新的一个新视角》，科学出版社 2002 年版。

［65］Henry W. Chesbrough. The Era Of Open innovation ［J］. Mit Sloan Management Review, 2003.

［66］刘伟、向刚：《企业持续创新过程：从知识积累到持续学习的新视角》，载《经济问题探》2003 年第 6 期。

［67］闫立是、吴贵生：《中外战略联盟中的组织学习与企业技术能力的提高》，载《软科学》2006 年第 20 期。

［68］王金武：《我国生产性服务业和制造业互动分析及其对策研究》，武汉理工大学硕士论文，2005 年。

［69］李有荣：《企业创新管理》，经济科学出版社 2002 年版。

［70］龚传洲：《企业创新管理的过程分析》，《科学管理研究》（第 19 卷），2001 年第 2 期。

［71］玖·笛德、约翰·本珊特、凯思·帕维特：《创新管理》（第 2 版），金马工作室译，清华大学出版社 2004 年版。

［72］白俊红：《企业内部创新协同及其影响要素研究》，载《科学学研究》

2008 年第 4 期。

[73] 陈伟:《创新管理》,科学出版社 1998 年版。

[74] 许庆瑞、陈劲、郭斌:《组合技术创新的理论模式与实证研究》,载《科研管理》1997 年第 3 期。

[75] 吴晓波:《全球化制造与二次创新:赢得后发优势》,机械工业出版社 2005 年版。

[76] 邵云飞、唐小我:《我国技术创新研究综述》,载《电子科技大学学报》(社科版)2002 年第 3 期。

[77] 吴贵生、谢伟:《我国技术管理学科发展的战略思考》,载《科研管理》2005 年第 2 期。

[78] 许庆瑞、郑刚、喻子达、沈威:《全面创新管理(TIM):企业创新管理的新趋势——基于海尔集团的案例研究》,载《科研管理》2003 年第 5 期。

[79] 张世贤:《工业投资效率与产业结构变动的实证研究——兼与郭克莎博士商榷》,载《管理世界》2000 年第 5 期。

[80] J. N. Marshall. Linkages between Manufacturing Industry and Business Services. Environment and Planning, 1982.

[81] 赫伯特·C.格鲁伯、迈克尔·A.沃克:《服务业的增长:原因与影响》(中译本),三联书店 1993 年版。

[82] Hegarty, W. H. & Hoffman, R.C. Product/Market Innovations: A Study of Top Management Involvement Among Four Cultures [J]. Journal of Product Innovation Magement, 1990, (7).

[83] Atkins, M. H. & Lowe, J. F. Sizing up the small firm: UK and Australian experience [J]. International Small Business Journal, 1997, 15(3).

[84] Cooper R. G. Product Innovation and Technology Strategy [J]. Research Technology Management, 2000, 43(1).

[85] Hadjimanolis, A. An investigation of innovation antecedents in

small firms in the context of a small developing country ［J］. R & D Management, 2000, 3.

［86］ Georgellis, Y. Joyce, P. & Woods, A. Entrepreneurial action, innovation and business performance: the small independent business ［J］. Journal of Small Business and Enterprise Development, 2000, 7(1).

［87］ Krijnen, H. G. The Flexible Firm ［J］. Long Range Planning, 1979, April.

［88］ Hitt, M., Keats, B. & DeMarie, S. Navigating in the new competitive landscape: Building strategic flexibility and competitive advantage in the 2rst century ［J］. Academy of Management Executive, 1998, 12(4).

［89］ Larsen, P. & Lewis, A. How Award–Winning SMEs Manage the Barriers Innovation ［J］. Creativity And Innovation Management, 2007, 16(2).

［90］ Heunks, F. J. Innovation, creativity and success ［J］.Small Business Economics, 1998, 10(3).

［91］ Conger, J. A. & Kanungo, R. N. Charismatic Leadership in. Organizations ［M］. California: SAGE Publications, Inc. 1998.

［92］ Kirkpatrick, S.A. & Locke, E. A. Direct and indirect effects of three core charismatic leadership components on performance and attitudes ［J］. Journal of Applied Psychology, 1996, 81(1).

［93］ Keogh, W. & Evans, E, Strategies for growth and the barriers faced by new technology–based SMEs ［J］. Journal of Small Business and Enterprise Development, 1999, 5(4).

［94］ Wolff, J. A. & Pett, T. L. Small–Firm Performance: Modeling the Role of Product and Process Improvements ［J］. Journal of Small Business Management, 2006, 44(2).

［95］ Millward, H. & Lewis, A. Barriers to successful new product: development within small manufacturing companies. ［J］. Journal of

Small Business and Enterprise Development, 2005, 12(3).

[96] 李垣、乔伟杰:《基于价值管理中的企业创新系统构建》,载《中国软科学》2002 年第 12 期。

[97] Zaltman, G., Duncan, H. Innovations and Organizations. Wiley, New York. 1973.

[98] Schroeder, R., Van de Ven, A., Scudder, G., Polley, D. Managing innovation and change process: findings from the Minnesota innovation research program. Agribusiness, 1986, 2.

[99] 刘希宋、喻登科、姜树凯:《基于结构方程的创新过程与组织关系模型研究》,载《科学学与科学技术管理》2007 年第 9 期。

[100][英]笛德(Tidd, J.),[英]本珊特(Bessant, J.),[英]帕维特(Pavitt, K.):《创新管理:技术变革,市场变革和组织变革的整合》,清华大学出版社 2004 年版。

[101] 余来文、陈明:《企业战略创新及其决定因素》,载《现代管理科学》2006 年第 8 期。

[102] 许玉林:《组织设计与管理》,复旦大学出版社 2005 年版。

[103] 格雷姆·萨拉曼、戴维·阿施:《战略与能力》,经济管理出版社 2005 年版。

[104] Hofer C W, Schendel D. Strategy Formulation: Analytical Concepts [M]. St Paul MN: West Publishing, 1978.

[105] 韦华宁:《中国企业战略执行障碍与对策分析》,载《经济问题研究》2005 年第 5 期。

[106] 赵玉林:《创新经济学》,中国经济出版社 2005 年版。

[107] 刘明宇、苗明杰、姚凯:《生产性服务价值链嵌入与制造业升级的协同演进关系研究》,载《中国工业经济》2010 年第 8 期。

[108] Barrett, P. & Sexton, M. Innovation in Small, Project-Based Construction Firms [J]. British Journal of Management, 2006, (17).

［109］Gupta A. K. & Wilemon D. Changing Patterns in Industrial R & D Management［J］. The Journal of Product Innovation Management, 1996, (1).

［110］Kim, J. & Wilemon, D. Focusing the fuzzy front end in new product Development［J］. R & D Management, 2002, 32(4).

［111］Rothwell, R. Successful industrial innovation: Critical factors for the 1990s［J］. R & D Management, 1992, 22(3).

［112］Miller, D. & Friesen, P. H. Successful and unsuccessful phases of the corporate life cycle［J］. Organization Studies, 1993, (4).

［113］Burns, T. & Jeremy, M. S. The management of innovation［M］.2nd Ed. London: Tavisstock Publications, 1966.

［114］彭纪生：《中国技术协同创新论》，中国经济出版社 2000 年版。

［115］刘景江：《网络环境下制造企业组织创新的机理与模式研究》，浙江大学博士学位论文, 2004 年。

［116］刘坤荣：《企业组织结构创新研究》，重庆大学硕士学位论文, 2008 年。

［117］龙页玉：《企业创新评价的准则和内容》，载《科技进步与对策》2001 年第 9 期。

［118］吴贵生：《技术创新管理》，清华大学出版社 2000 年版。

［119］Van Ark B, Broersma L, den Hertoh P.Services innovation, performance and policy: a review. Synthesis Report in the Framework of the Project Structure Information in Dinette (SIID) (Structural Information Provision on Innovation in Services), 2003.

［120］魏江、Boden M:《知识密集型服务业与创新》，科学出版社 2004 年版。

［121］张宇、蔺雷、吴贵生：《企业服务创新类型探析》，载《科技管理研究》2005 年第 9 期。

［122］蔺雷、吴贵生：《服务管理》，清华大学出版社 2008 年版。

［123］Gallouj F. Economies de innovation dens les services(Economics of innovation in services), Editions L Hanna tan, Longitude communiqué, Paris, 1994.

［124］冯德连：《经济全球化下产业集群的创新机制》，载《产业经济研究》2001 年第 3 期。

［125］Cooper, R. G.(2007). Grappling with innovation. Research Technology Management, 50(5).

［126］Dundon, E. The seeds of innovation: Cultivating the synergy fosters new ideas. Boston, MA: AMACOM, (2002).

［127］Sheth, J. Making India globally competitive. Vikalpa: The Journal for Decision Makers, 2004, 29(4).

［128］Benner, M. J. & Tushman, M. L. Exploitation, exploration process management: The productivity dilemma revisited. Academy of Management Review, 2003, 28, (2).

［129］Malerba, F., Nelson, R., Orsenigo, L., & Winter, S. .Demand, innovation, and the dynamics of market structure: The role of experimental users and diverse preference. Journal of Evolutionary Economics, 2007, 17(4).

［130］李前兵：《企业内部创新动力来源的实证研究》，载《科技管理研究》2010 年第 1 期。

［131］陈晶莹：《企业技术创新动力的研究综述》，载《现代管理科学》2010 年第 3 期。

［132］Adner, R. When are technologies disruptive? A demand–based view of the emergence of competition. Strategic Management Journal, 2002, 23, (8).

［133］Hippel, E. V. The dominant role of users in the scientific instrument innovation process. Research Policy, 1976, 5, (3).

［134］张若勇:《顾客参与和服务创新关系研究:基于服务过程中知识转移的视角》,载《科学学与科学技术管理》2007 年第 10 期。

［135］魏江、许庆瑞:《企业创新能力的概念、结构、度量与评价》,载《科学管理研究》1995 年第 10 期。

［136］陈永顺、吕贵兴:《顾客参与式服务创新路径探讨》,载《中国集体经济》2008 年第 8 期。

［137］Harvey, M., Novicevic, M. M., & Garrison, G. Global virtual teams: A human resource capital architecture. International Journal of Human Resource Management, 2005, 16(9).

［138］尹波、鲁若愚:《新兴技术发展的文化特征研究》,载《技术经济》2008 第 1 期。

［139］Scholte, J. York: Macmillan. A. Globalization: A critical introduction, 2000.

［140］Goffin, K, and Pfeiffer, R. Innovation Management in UK and German Manufacturing Companies. London: Anglo–German Foundation for the Study of Industrial Society, 1999.

［141］Benn Lawson; Danny Samson. Developing innovation capability in organizations: a dynamic capabilities approach［J］.International Journal of Innovation Management, 2001, (3).

［142］Richard Adams. John Bessant and Robert. P helps Innovation Management measurement: A review［J］. Journal of Management Reviews, 2006, 8(1).

［143］毛武兴:《企业全面创新管理能力研究:以中国电子信息产业为例》,浙江大学硕士论文,2006 年。

［144］孙宏才、田平:《网络层次分析法与科学决策》,载《决策科学理论与方法》,海洋出版社 2001 年版。

［145］Saaty T.L. Multicriteria Decision Making［M］.RWS Publications,

Pittsburgh, PA, 1990.

［146］Saatty T.L. Decision Making with Dependence and Feedback［M］. RWS. Pubilication. Pittsburgh, PA, 1996.

［147］Saaty T.L. Inner and outer Dependence in the Analytic hierarchy process: The Super matrix and Super hierarchy［A］. Proceeding of the 2nd ISAHP［C］. Pittsburgh, 1991.

［148］王莲芬、蔡海鸥：《网络分析法的理论与算法》，载《决策科学理论 与方法》，海洋出版社 2001 年版。

［149］杜栋、庞庆华：《现代综合评价方法与案例精选》，清华大学出版社 2005 年版。

［150］顾乃华、毕斗斗、任旺兵：《中国转型期生产性服务业发展与制造 业竞争力关系研究——基于面板数据的实证分析》，载《中国工业 经济》2006 年第 9 期。

［151］吕政、刘勇、王钦：《中国生产性服务业发展的战略选择——基于 产业互动的研究视角》，载《中国工业经济》2006 年第 8 期。

［152］程大中：《中国生产性服务业的水平、结构及影响——基于投入— 产出法的国际比较研究》，载《经济研究》2008 年第 1 期。

［153］黄乾：《区域创新政策支持系统的研究》，载《中州学刊》2001 年 第 2 期。

［154］艾伦·鲁宾孙、萨姆·斯特恩：《公司创造力——创新和改进是如 何发生的》，杨炯译，上海译文出版社 2001 年版。

［155］彼得·德鲁克：《创新与企业家精神》，彭志华译，海南出版社 2000 年版。

［156］王强、张伊莉：《国外高新技术产业政府财政扶持政策研究与借鉴》，载《时代经贸》2006 年第 11 期。

［157］王述英：《产业经济学》，经济科学出版社 2006 年版。

［158］王玉玲：《服务业与制造业关系研究》，载《中国特色社会主义研究》

2007 年第 3 期。

［159］王子先、华晓红等：《中国生产性服务业发展报告 2007》，经济管理出版社 2008 年版。

［160］威廉姆森·温特：《企业的性质起源、演变和发展》，姚海鑫、邢源源译，商务印书馆 2007 年版。

［161］夏杰长：《支持新型工业化的生产性服务业重点领域选择与发展思路》，载《研究报告》2007 年。

［162］夏杰长等：《高新技术与现代服务业融合发展研究》，经济管理出版社 2007 年版。

［163］徐传谌、谢地：《产业经济学》，科学出版社 2007 年版。

附件一

我国相关的生产性服务业产业政策简述

　　随着经济发展水平的不断提高，我国生产性服务业的发展越来越受到重视，促进生产性服务业发展的相关产业政策也陆续出台。20世纪90年代以来出台的、与生产性服务业相关的产业政策包括：1992年中共中央、国务院颁布的《关于加快发展第三产业的决定》；2001年国务院办公厅转发原国家计委的《关于"十五"期间加快发展服务业若干政策措施的意见》；2005年12月2日国务院颁布的《促进产业结构调整暂行规定》；2007年国务院发布的《关于加快发展服务业的若干意见》；2008年3月国务院办公厅下发的《关于加快发展服务业若干政策措施的实施意见》；为应对国际金融危机，2009年国务院颁发了《物流振兴规划》，这是十大振兴规划中唯一一个非制造业或者说唯一一个服务业行业——生产性服务业振兴规划。除了国家层面的服务业发展政策，国家综合经济政策如"十五"计划、"十一五"规划等也对生产性服务业发展问题进行了界定和阐述；服务业内部生产性服务业行业主管部门也出台了一些指导本行业发展的相关政策；有的省、市政府也制定了促进生产性服务业发展的相关政策，如山东省政府2009年制定并发布了《山东省人民政府关于加快发展生产性服务业的意见》。现将上述生产性服务业产业政策简要分述如下：

　　1.《中共中央、国务院关于加快发展第三产业的决定》

　　1992年6月16日中共中央、国务院制定的《关于加快发展第三产业的决定》，虽然并未涉及生产性服务业，但作为国家层面的、最早的服务业发展政策，阐明了发展第三产业的重大战略意义，纠正了我国长期存在的重生产、轻服务的思想认识，确立了第三产业在国民经济发展中的地位，并提出要充分调动各方面的积极性，国家、集体、个人一起上，放手让城乡集体经济组织和私营企业、个人兴办那些投资少、见效快、劳动密集、直接为生产和生活服务的行业；对国民经济发展具有全局性、先导性影响的基础行业主要由国家办，但也要引入竞争机制，在统一规划、统一管理下，动员地方、部门和集体经济力量兴办。这一政策体现了短缺经济下服务业以加快发展、增加供给为目的的产业政策要求。

2.《国务院促进产业结构调整暂行规定》

2005 年 12 月 2 日，国务院制定的《促进产业结构调整暂行规定》，明确产业结构调整的目标是：推进产业结构优化升级，促进一、二、三次产业健康协调发展，逐步形成农业为基础、高新技术产业为先导、基础产业和制造业为支撑、服务业全面发展的产业格局，坚持节约发展、清洁发展、安全发展，实现可持续发展。并在该规定的第八条中首次提出：提高服务业比重，优化服务业结构，促进服务业全面快速发展。大力发展金融、保险、物流、信息和法律服务、会计、知识产权、技术、设计、咨询服务等现代服务业。

3."十一五"规划纲要

"十一五"规划纲要第四章"加快发展服务业"明确指出：坚持市场化、产业化、社会化方向，拓宽领域、扩大规模、优化结构、增强功能、规范市场，提高服务业的比重和水平；第十六章"拓展生产性服务业"首次提出生产性服务业，指出：大力发展主要面向生产者的服务业，细化深化专业化分工，降低社会交易成本，提高资源配置效率；较大的篇幅具体论述了交通运输业、现代物流业、金融服务业、信息服务业、商务服务业等行业的发展方向和重点。这意味着发展生产性服务业已成为"十一五"期间加快发展服务业的最主要的内容。

4.《国务院关于加快发展服务业的若干意见》

2007 年国务院出台了《国务院关于加快发展服务业的若干意见》（国发〔2007〕7 号），该意见提出：根据"十一五"规划纲要，"十一五"时期服务业发展的主要目标是：到 2010 年，服务业增加值占国内生产总值的比重比 2005 年提高 3 个百分点，服务业从业人员占全社会从业人员的比重比 2005 年提高 4 个百分点，服务贸易总额达到 4000 亿美元；有条件的大中城市形成以服务经济为主的产业结构，服务业增加值增长速度超过国内生产总值和第二产业增长速度。到 2020 年，基本实现经济结构向以服务经济为主的转变，服务业增加值占国内生产总值的比重超过 50%，服务业结构显著优化，就业容量显著增加，公共服务均等化程度显著提高，市场竞争力显著增强，总体发展水平基本与全面建设小康社会的要求相适应。

该意见也提出：大力发展面向生产的服务业，促进现代制造业与服务业有机融合、互动发展。细化深化专业分工，鼓励生产制造企业改造现有业务流程，推进业务外包，加强核心竞争力，同时加快从生产加工环节向自主研发、品牌营销等服务环节延伸，降低资源消耗，提高产品的附加值。优先发展运输业，提升物流的专业化、社会化服务水平，大力发展第三方物流；积极发展信息服务业，加快发展软件业，坚持以信息化带动工业化，完善信息基础设施，积极推进"三网"融合，发展增值和互联网业务，推进电子商务和电子政务；有序发展金融服务业，健全金融市场体系，加快产品、服务和管理创新；大力发展科技服务业，充分发挥科技对服务业发展的支撑和引领作用，鼓励发展专业化的科技研发、技术推广、工业设计和节能服务业；规范发展法律咨询、会计审计、工程咨询、认证认可、信用评估、广告会展等商务服务业。

5.《国务院办公厅关于加快发展服务业若干政策措施的实施意见》

2008 年《国务院办公厅关于加快发展服务业若干政策措施的实施意见》（国办发〔2008〕11 号）提出，加快推进在苏州工业园区开展鼓励技术先进型服务企业发展所得税、营业税政策试点，积极扩大软件开发、信息技术、知识产权服务、工程咨询、技术推广、服务外包、现代物流等鼓励类生产性服务业发展的税收优惠政策试点。

6.《物流业调整和振兴规划》

2009 年 3 月 10 日，国务院发布了《物流业调整和振兴规划》（国发

〔2009〕8 号），该规划明确提出：物流业规划的重点并不在于通过增加贸易量来促进物流业的发展，而是希望通过解决行业及其相关产业自身存在的问题来促进其发展。物流业调整规划指出，要积极扩大物流市场需求，促进物流企业与生产、商贸企业互动发展，推进物流服务社会化和专业化。要加快企业兼并重组，培育一批服务水平高、国际竞争力强的大型现代物流企业。要推动能源、矿产、汽车、农产品、医药等重点领域物流发展，加快发展国际物流和保税物流。要加强物流基础设施建设，提高物流标准化程度和信息化水平。振兴物流业的九大重点工程，包括多式联运和转运设施、物流园区、城市配送、大宗商品和农村物流、制造业和物流业联动发展、物流标准和技术推广、物流公共信息平台、物流科技攻关及应急物流等。

国务院发布《物流业调整和振兴规划》之后两个月，2009 年 5 月 12 日，国家发改委正式印发《落实物流业调整和振兴规划部门分工方案》，明确了落实物流业规划各项工作的牵头部门和参与部门，对规划实施工作分工和工作进度做了具体安排，提出了建立落实规划的保障机制。此外，全国大部分省市地方政府，也根据国家物流业等产业规划制定各个地方产业规划细则。

7."十二五"规划纲要

"十二五"规划纲要继续将生产性服务业的政策指导细化。其中，第十五章明确指出，深化专业化分工，加快服务产品和服务模式创新，促进生产性服务业与先进制造业融合，推动生产性服务业加速发展。

（1）金融领域：有序拓展金融服务业。服务实体经济，防范系统性风险，有序发展和创新金融组织、产品和服务，全面提升金融服务水平。发挥大型金融机构的综合性服务功能，积极发展中小金融机构，围绕促进小型微型企业发展、推动科技创新、发展绿色经济、支持企业跨境经营，以及发展网上交易等新型服务业态，创新金融产品和服务模式。更好地发挥信用融资、证券、信托、理财、租赁、担保、网商银行等各类金融服务的资产配置和融资服务功能。加强金融基础设施建设，进一步健全金融市场的登记、托管、交易、清算系统。拓宽保险服务领域，积极发展责任保险、信用保险，探索发展巨灾保险，创新保险营销服务方式，规范发展保险中介市场，推进再保险市场建设，建立健全保险服务体系。

（2）物流领域：大力发展现代物流业。加快建立社会化、专业化、信息化的现代物流服务体系，大力发展第三方物流，优先整合和利用现有物流资源，加强物流基础设施的建设和衔接，提高物流效率，降低物流成本。推动农产品、大宗矿产品、重要工业品等重点领域物流发展。优化物流业发展的区域布局，支持物流园区等物流功能集聚区有序发展。推广现代物流管理，提高物流智能化和标准化水平。

（3）高技术产业：培育壮大高技术服务业。以高技术的延伸服务和支持科技创新的专业化服务为重点，大力发展高技术服务业。加快发展研发设计业，促进工业设计从外观设计向高端综合设计服务转变。加强信息服务，提升软件开发应用水平，发展信息系统集成服务、互联网增值服务、信息安全服务和数字内容服务，发展地理信息产业。积极发展检验检测、知识产权和科技成果转化等科技支撑服务。培育发展一批高技术服务骨干企业和知名品牌。

（4）商务服务业：规范提升商务服务业。大力发展会计、审计、税务、工程咨询、认证认可、信用评估、经纪代理、管理咨询、市场调查等专业服务。积极发展律师、公证、司法鉴定、经济仲裁等法律服务。加快发展项目策划、并购重组、财务顾问等企业管理服务。规范发展人事代理、人才推荐、人员培训、劳务派遣等人力资源服务。促进广告、会展业健康发展。

8.《国务院关于加快发展生产性服务业促进产业结构调整升级的指导意见》（国发〔2014〕26号）

2014年7月28日《国务院关于加快发展生产性服务业促进产业结构调整升级的指导意见》（国发〔2014〕26号）提出：以产业转型升级需求为导向，进一步加快生产性服务业发展，引导企业进一步打破"大而全""小而全"的格局，分离和外包非核心业务，向价值链高端延伸，促进我国产业逐步由生产制造型向生产服务型转变。（1）鼓励企业向价值链高端发展。鼓励农业企业和涉农服务机构重点围绕提高科技创新和推广应用能力，加快推进现代种业发展，完善农副产品流通体系。鼓励有能力的工业企业重点围绕提高研发创新和系统集成能力，发展市场调研、产品设计、技术开发、工程总包和系统控制等业务。加快发展专业化设计及相关定制、加工服务，建立健全重大技术装备第三方认证制度。促进专利技术运用和创新成果转化，健全研发设计、试验验证、运行维护和技术产品标准等体系。重点围绕市场营销和品牌服务，发展现代销售体系，增强产业链上下游企业协同能力。强化期货、现货交易平台功能。鼓励分期付款等消费金融服务方式。推进仓储物流、维修维护和回收利用等专业服务的发展。（2）推进农业生产和工业制造现代化。搭建各类农业生产服务平台，加强政策法律咨询、市场信息、病虫害防治、测土配方施肥、种养过程监控等服务。健全农业生产资料配送网络，鼓励开展农机跨区作业、承包作业、机具租赁和维修服务。推进面向产业集群和中小企业的基础工艺、基础材料、基础元器件研发和系统集成以及生产、检测、计量等专业化公共服务平台建设，鼓励开展工程项目、工业设计、产品技术研发和检验检测、工艺诊断、流程优化再造、技能培训等服务外包，整合优化生产服务系统。发展技术支持和设备监理、保养、维修、改造、备品备件等专业化服务，提高设备运行质量。鼓励制造业与相关产业协同处置工业"三废"及社会废弃物，发展节能减排投融资、清洁生产审核及咨询等节能环保服务。（3）加快生产制造与信息技术服务融合。支持农业生产的信息技术服务创新和应用，发展农作物良种繁育、农业生产动态监测、环境监控等信息技术服务，建立健全农产品质量安全可追溯体系。鼓励将数字技术和智能制造技术广泛应用于产品设计和制造过程，丰富产品功能，提高产品性能。运用互联网、大数据等信息技术，积极发展定制生产，满足多样化、个性化消费需求。促进智能终端与应用服务相融合、数字产品与内容服务相结合，推动产品创新，拓展服务领域。发展服务于产业集群的电子商务、数字内容、数据托管、技术推广、管理咨询等服务平台，提高资源配置效率。

9.其他的直接相关的政策

同时，政府有关部门也陆续出台一系列具体的发展生产性服务业的措施和规定。如，国务院办公厅在《关于促进服务外包产业发展问题的复函》（国办函〔2009〕9 号）中明确，自 2009 年 1 月 1 日起至 2013 年 12 月 31 日止，对 20 城市中符合条件的技术先进型服务企业，减按 15% 的税率征收企业所得税。

按照复函的规定，北京、天津、上海、重庆、大连、深圳、广州、武汉、哈尔滨、成都、南京、西安、济南、杭州、合肥、南昌、长沙、大庆、苏州、无锡等 20 个城市被确定为中国服务外包示范城市。这些城市将深入开展承接国际服务外包业务、促进服务外包产业发展试点。上述 20 个城市将获得 6 项优惠政策的扶持。

10. 其他的有关政策

除了直接的宏观的生产性服务业产业政策之外，在生产性服务业的具体行业发展上国家也制定许多扶持、鼓励和引导这些行业发展的产业政策，虽然这些产业政策制定的出发点并不是出于生产性服务业发展的角度考虑，如鼓励、扶持和引导软件产业发展的产业政策。软件产业作为信息技术产业中的一个分支，是近年来才发展起来的新兴产业。2000 年以前，我国有关部门对软件企业的扶持，步子都迈得比较小。直到 2000 年国务院颁布了《鼓励软件产业和集成电路产业发展的若干政策》以后，又陆续出台了一系列指导和促进软件产业发展的优惠政策（其中影响最大的是《振兴软件产业行动纲要》），才带来了软件企业的发展契机。这几年在培育国内市场、扩大软件出口、扶植软件企业、核心技术开发、软件人才培养和优化产业环境等方面都获得了长足的进步。

这些直接鼓励和促进软件产业发展的政策法规主要有：（1）国务院于 2000 年 6 月 24 日发布实施的《鼓励软件产业和集成电路产业发展的若干政策》（俗称"18 号文件"）；（2）财政部、国家税务总局、海关总署发布并于 2000 年 7 月 1 日开始实施的《关于鼓励软件产业和集成电路产业发展有关税收政策问题的通知》；（3）财政部、国家税务总局于 2002 年 1 月 1 日发布并实施的《关于进一步鼓励软件产业和集成电路产业发展税收政策的通知》；（4）国务院办公室于 2002 年 7 月 24 日发布的《振兴软件产业行动纲要》（俗称"47 号文件"）；（5）信息产业部和原外经贸部、国家税务总局、海关总署、国家统计局、国家外汇管理局等部门共同制定的《关于软件出口有关问题的通知》；（6）国家版权局、信息产业部、公安部、国家工商总局联合制定的《关于贯彻落实〈振兴软件产业行动纲要（2002—2005）〉打击盗版软件工作安排的实施方案》；（7）教育部、国家发展和改革委员会、科学技术部、人事部、劳动和社会保障部、信息产业部、海关总署、国家税务总局、国家外国专家局九部门联合制定的《关于加快软件人才培养和队伍建设的若干意见》。

此外，还有一些与上述政策相关的规章制度：（1）信息产业部于2000年10月27日颁布并实行的《软件产品管理办法》；（2）信息产业部于2000年11月9日发布并实行的《软件企业认定标准及管理办法（试行）》；（3）国务院发布并于2002年1月1日开始执行的《计算机软件保护条例》；（4）国家版权局于2002年2月20日颁布执行的《计算机软件著作权登记办法》。

制造业企业生产性服务需求调查问卷

尊敬的女士／先生：

您好！您看到的这份材料是为了完成山东省社会科学规划研究项目"山东生产性服务业发展研究"而进行的调研问卷。问卷纯为学术研究之用，无其他任何目的，研究结果不反映您、企业和项目的具体信息，并将严格保密，因此您无需有任何顾虑。回答没有对错之分。您的参与对我们的研究至关重要，衷心感谢您的支持！如果您愿意分享我们的成果，请在此留下您的电子邮件地址。我们将奉上最终研究结果。

生产性服务业是指建立在第一、二产业发展的基础上，直接或间接为生产过程提供中间服务的服务性产业。本次调研重点对象为科技研发（工业设计）、计算机服务和软件业、现代物流（包括交通运输、仓储和邮政业）、商务中介服务业、会展、职业培训、金融服务、贸易服务等服务业。

填表说明：1.调查表请认真填写，力求准确、全面，避免遗漏。

2.凡出现选择框"□"的地方，请在与情况相符的选择框中打"√"，没有选择框的地方请用准确、简练的文字填写，本单位如没有该项内容则不必填写。

企业基本情况

1.贵企业从事的行业是

□机械及电气装备制造业　□汽车配件制造业　□塑料制品业

□农副食品加工业　□纺织服装、鞋、帽制造业

□化学原料及制品制造业　□食品饮料制造业

□通信设备、计算机及其他电子设备制造业　□其他（请注明）

2. 贵企业所有制性质是

□国有　□集体　□中外合资　□民营　□股份制　□外商独资

3. 贵企业的经营历史

□1 年以下　□1—3 年　□3—5 年　□5—10 年　□10 年以上

4. 贵企业的 2013 年销售收入大约在

□100 万元以下　□100 万—500 万元　□500 万—1000 万元

□1000 万—5000 万元　□5000 万—1 亿元　□1 亿—5 亿元

□5 亿—10 亿元　□10 亿元以上

5. 贵企业的技术水平

□高技术型　□流水线作业　□单机器生产　□手工工艺　□无任何技术

一、贵企业对生产性服务业的总体需求

1. 目前与贵企业联系紧密的生产服务行业主要是（可多选，最多三项）

□会计、审计和税务服务　□法律服务　□广告服务　□金融保险服务

□市场调查和专业咨询　□信息服务　□会展服务　□工业设计

□代理服务　□科学研究和技术服务　□物流服务　□营销服务

□投融资服务　□其他（请注明）

2. 目前贵企业最急需得到的生产性服务主要是（可多选，最多三项）

□会计、审计和税务服务　□法律服务　□广告服务　□金融保险服务

□市场调查和专业咨询　□信息服务　□会展服务　□工业设计

□代理服务　□科学研究和技术服务　□物流服务　□营销服务

□投融资服务　□其他（请注明）

3. 预计未来贵企业需求最大／最多的生产性服务主要是（可多选，最多三项）

□会计、审计和税务服务　□法律服务　□广告服务　□金融保险服务

□市场调查和专业咨询　□信息服务　□会展服务　□工业设计

□代理服务　　□科学研究和技术服务　　□物流服务　　□营销服务

□投融资服务　　□其他（请注明）

二、贵企业对物流业的业务需求

1.贵企业是否设有独立的物流管理部门，如有，其职责是什么（可多选）

□否　　□仓储　　□运输　　□流通加工　　□配送

□回收物流　　□其他_____

2.2013年物流费用（运输费、仓储费等之和）占企业销售收入的比重

□少于10%　　□10%—20%　　□20%—30%

□30%—40%　　□40%以上　　□其他_____

3.贵企业有哪些物流模式？各占的比例是多少（若勾选第二项，请回答4—

8题）

□自营物流_____　　　　□第三方物流_____

4.贵企业2013年外包物流业务主要体现在哪些方面

□仓储　　□运输　　□产成品配送　　□车间工位配送　　□其他_____

5.贵企业2013年外包物流业务费用占当年所有物流业务费用的比重

□零　　□少于20%　　□20%—50%　　□50%—70%

□70%—85%　　□85%—95%　　□95%—100%

6.贵企业主要物流服务商来源地是什么

□市内的　　□市外省内的　　□省外国内的　　□国际物流服务商

7.贵企业对当前物流服务商是否满意

□非常满意　　□比较满意　　□不满意　　□非常不满意

8.贵企业需要物流服务商在哪些方面提升服务品质（可多选）

□速度　　□费用　　□货品完好率　　□信息沟通　　其他_____

9.贵企业未来物流服务需求主要包括哪些方面（可多选）

□产品配送　　□运输　　□车间配送　　□信息服务

□仓储　　□其他_____

三、贵企业对金融服务业的业务需求

1. 贵企业主要有哪些金融服务业务

□银行业务　□保险业务　□证券信托担保业务

□风险投资　□金融租赁

2. 贵企业 2013 年金融服务业务费用占企业销售收入的比重

□少于 5%　□ 5%—10%　□ 10%—20%

□ 20%—30%　□其他_____

3. 贵企业对当前金融服务商是否满意

□非常满意　□比较满意　□不满意　□非常不满意

4. 贵企业需要金融服务商在哪些方面提升服务品质（可多选）

□办事效率　□费用　□业务种类多元化

□沟通　□其他_____

5. 贵企业认为未来在金融服务方面的业务需求主要会体现在以下哪些方面（可多选）

□证券信托担保业务　□银行业务　□风险投资

□保险业务　□金融租赁　□其他_____

四、贵企业对科学研究及技术服务业务的需求

1. 贵企业对科技服务业的需求主要有（可多选）

□技术研发　□技术检测　□技术推广　□科技中介

□环境监测　□工业设计　□其他_____

2. 贵企业外包的科技服务业业务需求有哪些

□技术研发　□技术检测　□技术推广　□科技中介

□环境监测　□工业设计　□其他_____

3. 贵企业主导产品的技术来源主要是（可多选）

□自主开发　□技术转让　□合作开发　□成熟技术

□其他_____

4. 贵企业 2013 年研发、技术服务经费占企业销售收入的比重

□少于 5%　　□ 5%—10%　　□ 10%—20%

□ 20%—30%　　□其他_____

5. 贵企业 2013 年外包研发技术业务费用占当年所有研发、技术服务业务
费用的比重

□零　　□少于 20%　　□ 20%—50%　　□ 50%—70%

□ 70%—85%　　□ 85%—95%　　□ 95%—100%

6. 贵企业对当前科学研究、技术服务商是否满意

□非常满意　　□比较满意　　□不满意　　□非常不满意

7. 贵企业需要科学研究、技术服务商在哪些方面提升服务品质（可多选）

□速度　　□费用　　□技术质量　　□沟通

□其他_____

五、贵企业对信息及计算机服务业务的需求

1. 贵企业主要有哪些信息服务业务需求

□计算机系统服务　　□数据处理　　□计算机维修　　□软件服务

2. 贵企业外包的信息服务业务需求有哪些

□计算机系统服务　　□数据处理　　□计算机维修　　□软件服务

3. 贵企业 2013 年信息服务业务费用占企业销售收入的比重

□少于 10%　　□ 10%—20%　　□ 20%—30%　　□ 30%—40%

□ 40% 以上

4. 贵企业 2013 年外包的信息服务业务费占当年所有信息服务业务费的比重

□零　　□少于 20%　　□ 20%—50%　　□ 50%—70%

□ 70%—85%　　□ 85%—95%　　□ 95%—100%

5. 贵企业对当前信息传输、计算机服务和软件服务商是否满意

□非常满意　　□比较满意　　□不满意　　□非常不满意

6. 贵企业需要信息传输、计算机服务和软件服务商在哪些方面提升服务品质（可多选）

□服务效果　□费用　□服务效率　□信息沟通

□其他_____

六、贵企业对租赁商务服务业的需求

1. 贵企业主要有哪些商务业务需求（可多选）

□会计、审计和税务服务　□法律服务　□广告服务

□市场调查和专业咨询　□管理咨询　□人力资源与职业培训

□知识产权　□公证、鉴定等　□会展服务　□其他（请注明）

2. 贵企业对当前租赁商务服务是否满意

□满意　□比较满意　□不满意　□非常不满意

3. 贵企业 2013 年商务业务费用占企业销售收入的比重

□少于 2%　□ 2%—5%　□ 5%—10%　□ 10%—20%

□其他_____

七、贵企业对加快山东省生产性服务业的建议

1. 在贵企业服务性业务工作中，首先应剥离或外包的业务是（可多选）

□物流业务　□信息及计算机服务　□科学研究及技术服务

□电子商务　□金融服务　□职业培训　□其他_____

2. 贵企业认为影响企业服务外包的主要因素有哪些

3. 贵企业对加快山东省生产性服务业发展有何建议

生产性服务业企业发展影响因素调查问卷

通过文献分析可知，影响生产性服务业企业生存与发展的因素包括：企业能力、企业资源、市场需求、产业政策、服务外包、市场环境及宏观环境。这些因素之间并不是相互独立的。为了解各因素对企业生存与发展的重要程度，请您根据一定的准则将上述因素进行两两比较，并根据您的行业经验给出评价结果（评价原则如表1）。

表1 标度的含义

标度	含义
1	表示两个因素相比，具有同样重要性
3	表示两个因素相比，前者比后者稍重要
5	表示两个因素相比，前者比后者明显重要
7	表示两个因素相比，前者比后者强烈重要
9	表示两个因素相比，前者比后者极端重要
2，4，6，8	表示上述相邻判断的中间值
倒数	若因素 i 与 j 的重要性之比为 a_{ij}，那么因素 j 与因素 i 重要性之比为 $a_{ij}=1/a_{ij}$

1.请以企业能力为准则，评价各元素对企业能力的重要性

表2 各元素对企业能力重要性评价表

准则	元素 i	元素 j	重要性比较 a_{ij}
企业能力	企业能力	企业资源	
	企业能力	产业政策	

（续表）

准则	元素 i	元素 j	重要性比较 a_{ij}
企业能力	企业能力	市场需求	
	企业能力	市场环境	
	企业能力	宏观环境	
	企业资源	产业政策	
	企业资源	市场需求	
	企业资源	市场环境	
	企业资源	宏观环境	
	产业政策	市场需求	
	产业政策	市场环境	
	产业政策	宏观环境	
	市场需求	市场环境	
	市场需求	宏观环境	
	市场环境	宏观环境	

2. 请以企业资源为准则，评价各元素对企业资源的重要性

表 3　　　　　　　　　各元素对企业资源重要性评价表

准则	元素 i	元素 j	重要性比较 a_{ij}
企业资源	企业能力	企业资源	
	企业能力	产业政策	
	企业能力	市场需求	
	企业能力	市场环境	
	企业能力	宏观环境	
	企业资源	产业政策	
	企业资源	市场需求	
	企业资源	市场环境	
	企业资源	宏观环境	
	产业政策	市场需求	
	产业政策	市场环境	
	产业政策	宏观环境	

（续表）

准则	元素 i	元素 j	重要性比较 a_{ij}
企业资源	市场需求	市场环境	
	市场需求	宏观环境	
	市场环境	宏观环境	

3. 请以产业政策为准则，评价各元素对产业政策的重要性

表 4 　　　　　　　　各元素对产业政策重要性评价表

准则	元素 i	元素 j	重要性比较 a_{ij}
产业政策	企业能力	企业资源	
	企业能力	产业政策	
	企业能力	市场需求	
	企业能力	市场环境	
	企业能力	宏观环境	
	企业资源	产业政策	
	企业资源	市场需求	
	企业资源	市场环境	
	企业资源	宏观环境	
	产业政策	市场需求	
	产业政策	市场环境	
	产业政策	宏观环境	
	市场需求	市场环境	
	市场需求	宏观环境	
	市场环境	宏观环境	

4. 请以市场需求为准则，评价各元素对市场需求的重要性

表 5 　　　　　　　　各元素对市场需求重要性评价表

准则	元素 i	元素 j	重要性比较 a_{ij}
市场需求	企业能力	企业资源	
	企业能力	产业政策	

（续表）

准则	元素 i	元素 j	重要性比较 a_{ij}
市场需求	企业能力	市场需求	
	企业能力	市场环境	
	企业能力	宏观环境	
	企业资源	产业政策	
	企业资源	市场需求	
	企业资源	市场环境	
	企业资源	宏观环境	
	产业政策	市场需求	
	产业政策	市场环境	
	产业政策	宏观环境	
	市场需求	市场环境	
	市场需求	宏观环境	
	市场环境	宏观环境	

5. 请以市场环境为准则，评价各元素对市场环境的重要性

表 6　　　　　　　　　各元素对市场环境重要性评价表

准则	元素 i	元素 j	重要性比较 a_{ij}
市场环境	企业能力	企业资源	
	企业能力	产业政策	
	企业能力	市场需求	
	企业能力	市场环境	
	企业能力	宏观环境	
	企业资源	产业政策	
	企业资源	市场需求	
	企业资源	市场环境	
	企业资源	宏观环境	
	产业政策	市场需求	
	产业政策	市场环境	
	产业政策	宏观环境	

（续表）

准则	元素 i	元素 j	重要性比较 a_{ij}
市场环境	市场需求	市场环境	
	市场需求	宏观环境	
	市场环境	宏观环境	

6.请以宏观环境为准则，评价各元素对宏观环境的重要性

表7　　　　　　　　　各元素对宏观环境重要性评价表

准则	元素 i	元素 j	重要性比较 a_{ij}
宏观环境	企业能力	企业资源	
	企业能力	产业政策	
	企业能力	市场需求	
	企业能力	市场环境	
	企业能力	宏观环境	
	企业资源	产业政策	
	企业资源	市场需求	
	企业资源	市场环境	
	企业资源	宏观环境	
	产业政策	市场需求	
	产业政策	市场环境	
	产业政策	宏观环境	
	市场需求	市场环境	
	市场需求	宏观环境	
	市场环境	宏观环境	

实证研究《山东高端生产性服务业发展研究》①

山东高端生产性服务业发展研究

一、引言

高端生产性服务业具有高开放度、高附加值、高人力资本投入、低环境污染、高产业带动力、低资源消耗、高科技含量等特征，在现代服务业中起着核心的作用。在对制造业的引领、带动上，高端生产性服务业虽然量小，但带动、促进作用强。

（一）高端生产性服务业的概念

目前，学术界已经对高端生产性服务业进行了广泛的关注，比较具有代表性的观点有：（1）从高端这两个字出发，对整个行业进行定义。在国内比较早提出这方面观点的是深圳市，该观点指出高端生产性业服务的特点为附加值高，科技含量高，专业化、资本化、人力资源成本高，行业领头作用强，环境污染小，资源消耗少，开放度高等。肖林将该服务业定义为附加值最高、辐射力最强、集聚效果最明显和技术含量最高的服务业。而徐伟金等人则把其定义为一个含有高端技术、高端价值链、高端品牌和高端创新的服务性行业。

---

① 本研究是 2012 年度山东省软科学重点课题（201RZC23001）的结题研究报告。

（2）从具体的服务内容和使用的技术手段入手进行界定。一些研究人员认为高端生产性服务主要提供的是知识性、公共性和技术性的服务，依托于现代管理的理念和现今的信息技术而发展，并且处在服务业的高端部分。虽然上面所述的两个定义出发的角度不同，但是都从外延来对这个行业进行了概念界定。第一种强调的是高端生产性服务业具有的显著特点，它也是现代服务业的核心，但其中存在以下两个问题：一是这样的定义很抽象；二是它比较主观地对该产业的特征进行了界定，并没有依照一个合理的标准来进行，显得过于随意。第二种则把服务业置于广义服务业的高端位置，过分强调其服务的内容和产生的背景条件，趋于片面，并且用高端来定义高端。

从实际的角度来看，中国提出高端生产性服务业的概念，反映了中国服务业在产业结构升级带来的严峻压力下已经开始转变发展战略。当下，中国经济正处于产业结构转型及升级的关键时期。这个时期既要求中国提高整个经济中服务业所占的比重，还要求将制造业、服务业和农业都进行升级，使它们达到高端领域水平。不管什么层次的产业需要升级，都得以服务行业作为依托，如技术咨询、信息、研发服务等等，因为这些服务行业可以并且能够提供给企业战略性的生产要素。发达国家的成功经验已经向我们表明，信息技术的革命使得服务业的价值链特征已经被改变，因为信息技术的推动使得传统服务业得到相关的改造，同时还产生了新型服务业，这大大提升了产业带动力和价值创造能力。所以说，高端生产性服务业中，停留在表面上的高端还不是其高端的真正体现，更为重要的高端是指其有较强的外溢效应，能够带动其他产业升级。

所以，从功能层面入手，高端生产性服务业的一个本质作用是产生产业间的关联效应，以此来提升我国整体的竞争力和地方的经济实力。综合上面所论述的内容，本报告从一个新的角度——功能出发来对该服务业进行定义：高端生产性服务业是引领、带动制造业和服务业进行产业升级，具备很强的外溢效应，并且能够全面提升经济竞争力的行业集合体。

从生产性服务业对制造业的作用上看，我们可以将其分为两种类型的生产性服务业企业：生产性服务业提供基础和支撑作用给制造业企业，如金融服务业（融资、贷款）、交通运输服务业、信息通信服务业；能够带动、引领制造业企业的服务业，如工业设计、R＆D、市场营销、品牌推广等。按照上述的生产性服务业的概念内涵，本书报告将这类生产性服务业称为高端生产性服务业，即生产性服务业概念的外延。

同时，产品附加价值曲线（如图 1）清晰地表明，上游——高端生产性服务业对制造业企业的价值和作用随着经济的发展越来越表现出它重要的一面，甚至对经济发展和产业结构升级优化具有重要的价值和作用。因此，本课题将研究的重点放在价值曲线的上游，更关注研发、工业设计、自主知识产权成果转化等这一类细分的生产性服务行业发展。

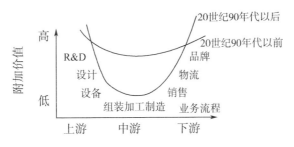

图 1　产品附加价值曲线（即"微笑曲线"）

资料来源：《再造宏基：开创成长与挑战》（施振荣，2005 年，中信出版社），第 205-224 页

（二）高端生产性服务业的特征

在外延上，高端生产性服务业属于生产性的知识密集型服务业，促进制造业和服务业升级是它的核心功能，具有与普通服务业相区别的特征。

1.人力和知识资源密集

在当前的经济大环境下，制造业的企业竞争越来越激烈，全球经济开始快步迈入知识经济时代，高端生产性服务业构成了知识密集型的生产性服务业，核心价值因素方面的需求驱动了它们的发展。这些核心价值因素包括管理、技术、流程优化等，它们都可以满足企业在战略性要素方面加强关注和投入的需要。高端的生产性服务业高度依赖专业知识，这是因为，高端生产性服务业里

面的企业本身是知识和信息的主要来源，换句话说，高端的生产性服务业在自身发展时主要所需的要素是素质较高的人力资源。比较有代表性的知识密集型的生产性质的服务业，有以下行业类型：技术分析和测试服务、审计服务、咨询服务等商务性活动、研发性服务业等行业。这足够证明高端的生产性质的服务业的一个非常重要的特点是在 R & D 上有比较高的投入。

2. 强渗透性

高端生产性服务业提供的科学技术服务具有先进性和专业化的特征，而对于各个产业与行业而言，科学技术的渗透性都很强，因此社会经济的各个部门都可以无障碍地被高端生产性服务业渗透其中，从而可以加快产业结构的优化与升级，对产业的科技进步起到促进作用。

3. 较强的产业带动作用

高端生产性服务业可以促进服务业和制造业进行升级，具有较强的产业联动作用，这也是它的一个十分重要的功能属性。如果一个高端生产性服务业的构成要素是知识型密集的服务业的话，那么它将给其他的产业提供信息、技术、管理、设计等关键的生产资料，进而推动企业进行产业的升级，从低级升到高级，全面的提升其生产效率。所以，高端生产性服务业具有很明显的产业带动作用。

4. 对创新和新技术的高度依赖

新技术和高端生产性服务业之间一直是有联系的，有时生产性服务业更是新技术生成及发展的代理人，比如技术中介和咨询；有些时候则作为新技术的使用者而出现，比如研发服务、认证检测和信息服务。该产业要提供越来越多的知识服务产品来解决出现的新问题，就必须改变分析手段，开发新的信息处理方式，创造出一个新的应用模式，并且可以适用于新技术的特点，不断地进行知识方面的创新工作。

5. 高辐射性

高端生产性服务业的主要工作是提供一些十分专业的科技服务，这些先进的技术通过许多的途径和渠道可以被广泛传播开来，不仅能够辐射周边地区，还能够传至世界范围，传到那些需要这些技术的地方。

（三）发展高端生产性服务业的意义

在山东工业化的中后期阶段，高端的生产性服务业对制造业竞争力的提升起到了主要的支撑和带动作用。单纯的加工制造业的竞争力将逐渐失去，其单纯靠制造成本的降低和加工规模的扩大已经逐渐失去了竞争的空间，利润空间不断萎缩，附加价值也越来越有限。高端生产性服务业如技术研发、工业设计策划等在支撑制造业竞争力的提高方面起到了越来越重要的作用。它对于我国实现可持续发展，加快发展高端的生产性服务业，转变经济发展方式，摆脱传统工业化道路，走新型工业化道路都是有利的；它还有利于实现可持续的经济和社会发展，有利于建设环境友好和资源节约型经济；它使企业和制造业的自主创新能力得到增强，对"中国制造"向"中国创造"的转型能够起到推动作用，有利于产业国际竞争力的提升。

第一，高端生产性服务业的发展对于经济发展方式的转变有十分重要的意义。我国经济发展的方式在很长一段时间以来，其主要特征表现为高污染、高投入、高消耗。尽管我国改革开放以来的经济依靠这种经济发展方式的支撑得到了高速增长，人们也从这种经济发展方式中获得了巨大的利益，但这一增长方式暴露出来的问题随着时间的推移也日趋明显：严重地危及人们的正常生活，如凸显出来的环境污染、资源枯竭等问题，对于我国经济社会的稳定发展起到了极大的制约作用，转变经济发展方式已经如弦上之箭，不得不发。转变经济发展方式，就需要将废弃物的排放和资源的投入大规模减少，改变原来扩大投资的经济发展的驱动方式，转变为扩大内需。处于服务业高端领域的高端生产性服务业，其特点表现为具有高产业带动力、低环境污染以及低资源消耗，被认为是典型的"无烟"产业。发展高端生产性服务业不仅是转变经济发展方式的内在要求，而且还是实现经济的稳定发展的重要保证。

第二，由低端服务升级为高端服务是产业结构升级转型的必然要求。产业结构升级转型是山东乃至中国目前面临的重要问题，我省甚至我国未来发展经济的必然走向是低附加值、高污染、高物耗、高能耗行业的退出，高附加值和资源节约型行业的进入和大力发展。产业结构的升级转型，主要表现为两个层次：一是在整个三次产业中第三产业的比重扩大；二是三次产业都由低端向高端转型。无论升级的是哪个层次的产业，由低端向高端升级是其服务业的必然要求。转型升级第一产业，代表着传统的低端农业正逐步转型至现代的高端领域，如生态农业、观光农业和特色农业等。而大力发展高端如营销策划、科技咨询和旅游观光等服务，才能适应于高端农业的发展。转型升级第二产业，则代表着传统的制造业正逐步转型至高端的制造领域，如高技术尤其是信息技术等。由此，教育、金融以及信息服务等行业的发展也面临着极大的挑战。

第三，未来主轴必然是高端制造业，需要同步跟上的重要支撑是高端生产性服务业。我国制造业，长期以来的发展，主要是对发达地区和国家转移的传统产业的承接，而且在其中，制造业的低端环节占相当一部分。我国制造业在世界升级产业结构中，因上述结构布局特征，虽然凭借劳动力资源这一优势逐步确立了世界工厂、制造装配中心和加工贸易的地位，但是低产出、高排放和高耗能的低端制造业，不利于经济社会实现长期性的可持续发展和创新型国家的建立，所以未来我国发展的主轴必然是发展高端制造业。高端制造业也就是是制造业在制造过程中的高端环节，尤其是制造关键材料和核心零部件的环节。客观上发展高端制造业，在服务外包、形象设计、市场开拓、人才培训等方面需要相应服务。如果高端制造业没有大力发展的高端生产性服务业为其提供强力支撑，那么其将难以继续发展。

（四）研究技术路线、方法与内容

本研究的技术路线如图 2 所示。

本研究综合运用文献研究法、理论研究法、比较研究法、定性与定量相结合的分析法以及实证分析法等多种研究方法对山东高端生产性服务业发展问题进行研究。

本研究主要由四部分组成，主要内容如下：

第一部分主要包括：高端生产性服务业的概念、特征，研究意义，研究技

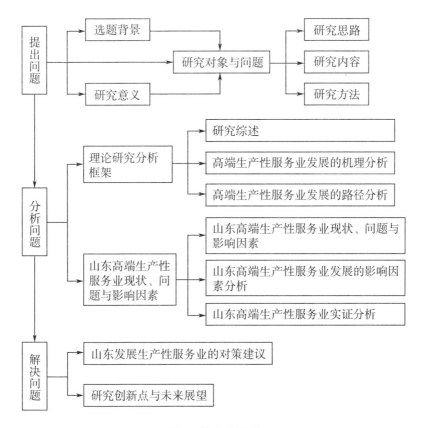

图 2　技术路线图

术路线与方法。

　　第二部分，理论研究分析。本部分主要包括：理论研究综述、高端生产性服务业发展的机理分析、高端生产性服务业发展的路径分析。

　　第三部分，山东高端生产性服务业现状、问题与影响因素。本部分阐述山东高端生产性服务业现状、问题；山东高端生产性服务业发展的影响因素分析。

　　第四部分，山东发展高端生产性服务业的对策建议。综合上述研究分析，本部分将提出山东发展高端生产性服务业的对策建议。

二、研究综述

（一）高端生产性服务业的概念

关于高端生产性服务业的概念，特别是高端生产性服务业内涵的研究，其中的主要观点已经在本报告的第一部分阐述，这里不再赘述。

（二）高端生产性服务业与制造业的关系类型

我们在认真分析后可以发现，有关高端生产性服务业与制造业和经济发展的专门文献很少。其实，几乎所有关于生产性服务业与制造业和经济发展的研究，大多都是关于高端生产性服务业与制造业和经济发展相互关系的研究，因为只有高端生产性服务业才能真正"进入、深入"制造业之中，与制造业形成互动和融合。

综观本研究的文献集合，我们发现最普遍的界定高端生产性服务业与制造业关系的是"互动"。Quinn 等（1988）系统地阐述了服务业与制造业的互动关系，指出：第一，生产性服务业将市场开辟给了制造业；第二，从外部的服务创新中，制造业能够获得利润；第三，随着服务技术的改善，制造业的市场响应能力得到了改善；第四，制造企业日益成为服务的生产者；第五，生产性服务业增加了产品价值，降低了制造业的成本。第六，生产性服务业是制造业国际化运营的支撑点；生产性服务业的发展，使其运行成本得到了降低，提升了制造业的生产率和产出价值，（Chan、Park，1989；Wolfl，2006；刘志彪、高传胜，2005；王饪、冯海华，2007；段杰、唐国兴，2009；陈建军等，2009）。

高端生产性服务业与制造业之间的关系常用"融合"来描述。对于制造业与服务业，我们已经越来越分不清高端生产性服务业与制造业的界限，其传统的两分法受到了两者融合发展而带来的挑战。对于提高制造业竞争力来说，高端生产性服务数量、质量的投入变得愈加重要。在极端情况下，制造企业业务模式从"产品导向"走出，而转向了"产品—服务并行导向"，企业向高端生产服务性企业转型。同时，制造企业利用生产性服务，追求更高的产品附加值和利润空间。它们一般采取的生产性服务包括售后服务、研发设计、市场调研、营销等。由此，高端生产性服务业的产业化趋势愈加明显，其与制造业的边界也显得更加模糊，大规模生产、实体化、自动化的服务业因信息通信技术的蓬勃发展而成为可能（植草益，2001；Bryson、Daniels，2002；周振华，2003；wolfl、pilat，2005；PreiSSI，2007；陆小成，2009；汪德华等，2010）。

一些学者在近年来对制造业和生产性服务业动态关系进行分析研究时，开始运用生物学中的"共生"一词。徐学军等（2007）指出，制造业是主单元，它与生产服务业构成了一个共生体。喻国伟（2008）认为，"知识共生网络"这种共生关系是制造业与生产性服务业之间的本质。在文献分析的基础上，2009年，徐学军、唐强荣等继续进行研究，认为：内生性匹配关系在经济发展中，普遍存在于制造业和生产性服务业间，它们共同促进和发展。

2004年，黄建锋、陈宪综合分析了制造业与高端生产性服务业的动态关系演进，更加明确了两者的关系并非一成不变的，他们认为：服务业增长的决定性原因在社会分工阶段是进行分工，同时制造业和生产性服务业之间在产业融合阶段，分工更加深入，关系更为密切，出现新型的竞争与合作共存的关系；制造业和生产性服务业在互补互动阶段的关系更加深化，相互依赖程度更高；分工也解释了生产性服务业与制造业的动态关系。目前处于主导地位的研究争议都可以通过生产性服务业与制造业动态性的关系来进行解释。对比生产性服务业与制造业力量的变化，事实上，融合观点、互动观点、生产性服务业主导性观点、制造业主导性观点等并不是互相矛盾的，它们都各自代表着经济发展的不同阶段。融合观点表明了发展趋势，而两者关系的现状用互动观点最能够进行代表。它们的融合、共生态势也正是因为两者之间的密切联系、相互作用、互相依赖才得以成立。

国内外学者研究的热点问题证实生产性服务业与制造业的关系后，一直在关注两者相互影响、相互作用的内在机理和途径。对于这个问题，他们尝试运用多学科理论和数理模型从各种视角和层面出发来进行阐释。虽然在整体上这些研究成果还处于初步探索阶段，但对以后的工作做了铺垫。

（三）作用的机理与路径研究

1. 从交易与分工角度

在探讨生产服务业与制造业的关系时候，通常结合在一起考虑分工—交易成本与生产性服务业、制造业生产者服务外部化的成因。生产者外置、外包服务，是指为满足企业对生产者服务的职能需求，而通过与生产者服务企业达成某种交易的过程（Goe，1991）。很多学者一度认为，生产者服务业增长的原因就是，从制造业内部将生产者服务活动剥离出来，使其作为生产者服务业而独立蓬勃地发展。尽管通过非生产性活动在制造业内部上升的份额，很多学者指出它不只是生产者服务活动从制造业内部转移的结果，生产者服务业是"真实的"增长，但生产者服务业与制造业的分工深化，离不开生产者服务业的发展是不可否认的。在解释生产者服务业发展的研究中，"社会分工"在其中的作用得到了熊智伟（2007）、陈宪等（2004）等的肯定。制造业与生产者服务业之间的分工，使得制造业生产过程的迂回性扩大了，使生产变得更加专业，深化了资本，从而使资源配置效率提高了，也就进一步增加了制造业对生产者服务业的需求。生产服务业作为知识资本和人力资本的载体，随着这个过程成为不断发展的循环经济（熊智伟，2007；高传胜，刘志彪，2005）。生产者服务外部化是制造企业分工深化的结果，交易成本理论是解释两者间分工深化动因的不错的理论基础。交易成本模型假定为避免交企业交易频率、交易成本过高，通过市场服务的资产或交易的物品合同结果的不确定性和进行专用性投资较高时，企业在长期内更可能取代价格机制，通过垂直一体化的方式，在企业内部完成这些交易。对这些交易进行治理在企业的组织层级中可以更高效。相反，市场机制在当交易涉及的资产专用性投资比较低时，交易频率、合同结果不确定性时更加有效。交易成本理论认为生产者服务外部化的产生原因是较低的交易成本涉及生产者服务的市场交易。大量的资产专用性投资在外包企业实现这些职能时都不需要，因此，威胁并不能由机会主义和不确定性构成，这些交易成本也就不需要专门的结构来治理协调。交易成本低也就是说明企业提供生产者服务并不倾向于垂直一体化方式（Goe，1991）。

从交易成本的角度看，一部分独立的生产者服务业迅速发展。生产者在服务市场进行交易的交易成本低，同时也加速了生产者服务的外部化。对制造企业交易成本的降低有帮助的是那部分独立生产者服务业的发展。制造企业的交易成本提高了，得益于制造企业提高了中途投入的服务、物品的种类和数量，深化了生产分工。企业在获取投入的东西以及服务的质量和价格信息的途中，会引发对生产者服务的需要，也逐渐增加对借助生产者服务功能的需要，特别是信息成本，来使交易成本降低（夏晴、郑吉昌，2004；Goe，1991）。生产者服务业有多种降低交易成本的方法，这些方法主要有：管理风险、规模经济、运营统筹、范围经济、分工专业化、制度安排与创新、网络信息与通信等先进的技术方法（高传胜，2008；刘志彪，高传胜，2005）。逐渐深化制造业和生产服务业的分工，生产者服务逐渐加强外部化，使得这两个生产性行业交易增加。在生产服务行业的交易成本减少效应和劳动分工的边际效益下，超过交易费用的边际，一旦有所提高，这两个行业的劳动分工就会变得更细更深，互动效应就会更加明显，这样正反馈循环也就形成了。

2. 从价值链—竞争优势角度

从价值链—竞争优势这一层面出发，对制造业和生产者服务业的作用方式进行探讨，可以发现其与分工—交易成本视角得出的结果存在着某种关系，并不是完全不相干的。降低交易成本、提高专业化的水平等都可以增强企业的竞争优势，同时，生产者服务业和制造业之间的关系在价值链这一大背景之下是以劳动分工的形式展现出来的。所以，视角不同，仅是研究时的侧重点不同而已，并不是绝对的孤立。生产者服务业提供的是稀缺的、无可替代的、难被模仿的、有价值的服务，而以知识及人力资本为主体的服务是专业的、高级的生产要素，是企业具备强有力的竞争优势所不可缺少的重要能量来源。

从价值链—竞争优势的角度出发，对制造业和生产者服务业之间的关系进行研究，主要包括下面的几点：

（1）生产服务业有黏合剂的功能，它能让制造业价值链中的所有环节有效地连在一起，这样就保证了整体的顺利运行。王荣艳（2009）、韩坚（2008）等人都对生产者服务业的这一重要作用给予了强调。

（2）生产者服务业的战略性地位越来越高。全世界的竞争越来越激烈，生产制造环节创造价值的能力也越来越有限，而生产者服务活动将具有十分重要的战略作用（陆红艳，2009；孔德洋，2008）。Quinn（1988）的研究曾显示制造业成本及其附加值中有将近七成或者八成是属于服务活动的，其中有会计、交通、计划、广告、库存、分销和质量保证。"微笑曲线"很好地说明了这一点。营销、产品研发、售后服务及设计等环节具有相当大的利润空间，附加值也很高，这些都属于生产者服务的范畴，而加工制造过程中的利润比较少，附加值也不高。

（3）生产者服务业是制造业价值链中的必要环节，极大地拓宽了传统价值链的范围。如果一个制造业生产中缺少生产者服务活动这一环节，那么它将无法运行下去。制造业整个价值链的各个环节中都包含了生产者服务业，上到早期的产品研发和设计、可行性研究，后到中期的产品库存、设备的保养与维修、质量检测等，再到后期的产品营销、保养、售后服务等环节。甚至于贯穿价值链始终的金融、管理、物流、咨询、信息等内容都在生产者服务业的范畴之内（Coffey，1991；冯海华，2007；Moyart，2005；杨春立，2008）。

（4）制造业价值链的重组以及分化。生产制造企业外部化生产服务活动，分解价值链，将自身优于或相对优于其他企业的资源配置及战略作为企业的竞争优势集中发展，而将自身不擅长或相对不擅长的环节外包出去，以缩小企业活动范围及完成精简组织、集中发展制造企业的"核心业务"，提高制造企业运作效率，将企业原先生产服务中所产生的固定成本转变为可变成本，构筑、维持企业自身核心竞争力（Goe，1991；Coe，2000；吕政等，2006；Maepherson，2008；汪德华等，2010）。生产制造企业为了给顾客、自身提供满意的生产服务活动，需要重组价值链，即制造企业由于生产服务活动战略性质限制，需要生产服务活动内部化和外部化并行。研究者们最常提及的就是：

相对差异化竞争优势而言，生产者服务内部化的支持效应，即生产者服务互动的不同，如营销方式、售后服务的不同，会使得由于研发设计等不同的生产服务活动造成的实质性差异极大的企业产品达到"非技术差异化"（Brax，2005；刘鹏、刘宇翔，2008；BaineS，2009）。提高制造企业内部生产服务活动程度，可为更高级的价值活动、新价值环节的占据以及价值链的升级提供路径（BraX，2005；路红艳，2009； Baines，2009；江静等，2009）。同时，生产者服务能够为企业、顾客共同创造附加值，有利于制造企业客户忠诚度和更深交易，以及利于制造企业长期合作伙伴关系的培养，有利于制造企业长期保持竞争优势 （Danie1S，etal，2002；Malleret，2006）。

3. 基于知识—创新视角

在维持和获取企业竞争优势方面，知识随着知识经济的迅猛发展，已经成为其中的关键生产要素。在同制造业的相互影响中，作为知识密集型产业的生产者服务业提升了创造和扩散知识的速度。而众学者主要以知识的传播创造为核心，对制造业与生产者服务业从知识创新角度上的相互作用途径进行了研究，而且对生产者服务业如何促进制造业创新方面的研究更为偏重。Muller（2001）将在创新方面两者的相互影响作用分为三种：一是生产者服务业充当购买角色，它从制造业购买设备或知识；二是生产者服务业充当供给者角色，它提供服务或知识给制造业；三是生产者服务业充当合作者角色，它将制造业产品的互补的服务或知识传送给制造业。他指出，传输和整合、创造知识仅是生产者服务业的一方面的功能，为更好满足客户需求，它还可以再造知识。刘志彪（2006）、Drejer（2005）都强调了生产者服务业在制造业提升竞争力和创新能力方面的重要性。

得到了关注的还有制造企业与生产者服务企业之间的知识网络、链条或创新。Preissl（2007）指出信任和相互接触的协同作用、源自地理接近性和能力互补是制造业与生产者服务业的创新网络的特征，双方的相互作用决定网络中的学习效应和技术溢出。喻国伟（2008） 对制造业与生产者服务业间的相互作用方式，综合运用知识管理理论和共生理论进行了分析，得出如下结论：生产者服务业的快速发展得益于制造业对创新和学习知识的需求；从知识网络上来看，知识启发和交换是制造业与生产者服务业中企业之间的合作关系网的本质，两者可看作互相借助知识不对称性和互补性的"知识共同体"，存在知识扩散递增收益效应，促进构建新知识系统。

陆小成（2009）将生产者服务业与制造业的知识链条分解为知识传播、创新、应用三个阶段，对于两者的融合机制和交互作用在各个阶段分别进行了研究，并通过文化创新、激励监控、组织建构、技术支持等措施，实现生产者服务业与制造业之间的显性、隐性知识的相互转化，使知识的累积、整合和创新能够最终完成。裴埴、高运胜（2009）对在产业集群创新网络中生产者服务业的三个角色进行了分析，提出了一个新颖的观点，即除了传统的知识传递的中介、桥梁角色和知识来源角色外，在产业集群创新网络中的生产者服务业是有效学习机制的构建者。生产者服务业在集体学习框架下，不仅自身效率可以得到有效提高，更重要的是还可以指明创新方向和提供必要的技术支持给供应链上的其他企业，引发连锁反应，从而保证持续性的技术创新能够在产业集群创新网络中实现。制造企业和生产者服务企业之间共同的目标就是形成协同创新效应，这使二者交互作用在最大程度上得到发挥的表现。这一共同目标如何才能实现成为研究制造企业和生产者服务企业间作用路径的一部分。原毅军（2007）的研究对此贡献较为突出，他认为生产性服务企业提供的服务的专业化程度及其可替代性，在某种程度上对上述二者间的技术关联度起了决定作用。他还运用了博弈论方法，分析了不同技术关联情况下二者的研发策略：技术关联强的情况下，二者研发策略博弈的纳什均衡是制造企业通常会选择先行的研发策略，而服务企业会选择跟从研发策略；技术关联弱的情况下，在某个概率选择上，二者的研发策略将组成混合纳什均衡，进而有了协同创新效应。

4. 基于组织生态学视角

生产者服务业与制造业共生界面和共生模式的讨论是组织生态学的主要视角。2007年，徐学军解释了这两者的定义和关系，他指出：生产者服务业与制造业共生界面主要为介质的界面，是所有的生产者服务业与制造业接触机制、方式的总和，这种介质表现形式中最主要的是契约；共生模式是生产者服务业与制造业共生关系的核心。威廉姆森研究给出了交易成本理论，在此基础上徐学军进行梳理，总结得出了共生模式、介质及交易类型三者之间的对应关系。与古典契约对应，趋向于间歇共生模式的是供应协作模式。趋向于共生模式，具有较高资产专用性和交易频率的为临时合约模式。与新古典契约中的连续共生模式和共生介质相对，制造企业在生产者服务交易频率较低，而资产专用性较高时候，一般采用后者；而联盟合约模式一般在出现较高频率和资产专用性的生产者服务时采用，在共生模式方面，与连续和一体化共生模式相对应；契约是共生介质的最高级形式，在共生介质方面与之相对应。唐强荣、徐学军（2009）从生态学种群生长的角度，在文献分析的基础上提出，生产者服务业与制造业的共生作用表现为生产组织重新组合、专业化程度提高和分工深化所带来的网络效应和分工效应，导致环境中的资源供给增加和市场规模扩大，从而使制造业与生产者服务业种群的环境容量得到了提高。

三、山东高端生产性服务业发展的机理与路径选择

本课题虽然题目为"山东高端生产性服务业发展研究"，但本研究是将高端生产性服务业置于山东区域经济发展的大框架之下进行的，而不是就高端生产性服务业而研究高端生产性服务业。

（一）高端生产性服务业发展的机理

江静、刘志彪（2009）提出生产性服务业与制造业互动发展的三个机理。结合他们的研究成果，本课题认为，在全球价值链的分析框架下，制造业的产业链攀升主要表现在对于提高生产效率和增加制造业以及高端生产性服务业附加值的的依赖。主要可以从以下三个机理来说明高端生产性服务业发展对于制造业向产业链高端攀升所起到的促进作用。

机理一：高端生产性服务业对制造业的引领、带动

从对制造业的作用上看，生产性服务业可以分为两类：给制造业企业提供

基础和支撑作用的生产性服务业；对制造业企业具有带动、引领作用的服务业，如品牌推广等高端生产性服务行业。高端生产性服务业是现代服务业的核心，具有高科技含量、高人力资本投入、高附加值、高产业带动力、高开放度、低资源消耗、低环境污染等特征。高端生产性服务业对制造业的引领、带动作用，虽然量小但带动、促进作用强。

研究开发、设计、加工制造、组装、销售、物流等各项活动在产品的附加价值链后，我们知道，其附加价值曲线形成了"微笑曲线"，即两头高中间低，如图1所示，左边基本上属于高科技产业，是上游的研发、设计、材料等，右边基本上属于高附加值的服务业，是下游的金融、品牌、销售、物流等。这两边的服务业都具有高附加值和高利润。中间底部附加值较低，是属于组装加工、制造业务等劳动密集型服务业。很明显，制造企业要创造持久的竞争优势，获取较高的利润，只有选择向生产性服务业发展，即向附加值较高的两端发展。同时，微笑曲线更清晰地表明，上游——高端生产性服务业随着经济的发展越来越表现出它对制造业企业的价值和作用，甚至是对经济发展和产业结构升级优化的引领的价值和作用。

机理二：制造型企业内部制造与服务等环节分开管理，不仅能够减少企业运行固有成本，而且对企业核心的形成有促进作用

随着经济的全球化，企业竞争变得更加激烈，这就要求跨国企业必须按照并遵循比较利益的原则进行企业战略部署及战略配置。而"外包"就是在此环境下产生并发展的。由于"外包"对企业的发展有促进作用，2006年托马斯提出"外包"是经济全球化背景下，世界和平发展的主旋律和主要推动力"。将"外包"与企业产业战略配置结合，主要表现为以下两方面：

（1）制造型企业一般只对核心技术、产品的开发及营销等直接管理，而将其他一些业务以承包的形式转交给服务型的企业进行管理。这样不仅能够使服务环节与制造环节分开管理，使双向管理更加有效，而且能够将这些其他业务管理的固定成本活化，降低固定成本的同时能够使企业的可变成本增加，更有助于提升效率，促进企业的发展。如果提高生产过程的复杂程度，那么这也

会促进新技术的发展。

（2）部分企业针对产业链中某些具有高利润的制造或服务业务，对其进行专门组织控制，而将其余的、利润较低的某些业务转移给其他企业。在利润的驱使下，这些企业慢慢地转变为专业化的制造商，并且是追逐利润为主的企业。如美国的 GE 公司，从最初的综合制造生产商逐渐转变为专门从事服务性业务的服务型企业。但是，就目前的形式来看，从事高新技术的企业，由于高新技术拥有巨大的开发利用价值，因此，对于这些高新技术十分看重，为了加强企业发展，对高新技术进行开发研究的同时，也想得到更高的利润。因此，这些企业也逐渐将除高新技术以外的其他业务实行"外包"，使企业能更专注于高新技术的开发，集中精力将其做深做精。1996 年，Abraham 和 Taylor 认为，在经济发展背景下，外购的好处逐渐显现出来，越来越多的企业不愿自我供给生产性服务，更倾向于通过"外包"的形式，然后再通过市场引进，实现在减少成本的基础上，促进服务业的发展，进而达到提升公司效益的目的。

机理三：专业分工的社会化对形成规模经济很有帮助，还能使制造业和服务业在产业关联度上形成互动

专业化分工不断加剧，服务业的规模也会随之不断地扩大，逐渐从制造业分离出并成为独立的部门。制造业在快速发展的同时其对服务的需求也会不断增加，进而形成了一个巨大的服务市场。随着市场容量不断扩大，服务业的专业化分工就会得到进一步的加剧并脱离制造业，形成一个单独的产业，最终使得服务部门快速地扩张。专业化分工对规模经济的形成有利，从而使服务业自身效率得到提高的同时还促进了经济增长。至 21 世纪初，美、日、英等主要发达国家，GDP 中服务业增加值所占比重，及各国全部就业中服务业就业所占比重，大多数已超过了 70%。还有，发展中国家也越来越重视服务业，服务业得到了发展，比如原英属殖民地印度，其服务业的代表产业软件业，在不断适应全球化的过程中得到了迅速的发展。

从制造环节中不断分离出的服务环节，使得本来是当作中间要素被投入的

服务业不断迅速发展。站在整个经济运行的高度来看，如果社会的专业化分工越来越细并超过了某一程度，就可能形成规模经济。对于服务业来说，初期需要大量的投资，但是一旦投资后，它的边际成本会相对较少，规模经济在这些领域发挥着非常大的作用。江静、刘志彪等人（2007）认为，标准化、可编码的服务活动成本会随着规模的不断扩大而降低，从自身使得制造业的中间所需投入成本有所降低，这在一定程度上也使制造业效率得到提升。制造环节价值得以实现的关键在于服务环节，而服务业主导的经济增长过程就是现代经济增长的本质所在。以动态的角度来对价值链进行分析，我们可以发现越来越多的价值链上，增值空间已经开始朝着制造业两端即服务环节运动，而中间环节即生产环节的增值空间呈日益萎缩的趋势，并已经开始慢慢受到处在高端的服务业环节的限制。

技术资本、人力资本和知识资本内含在生产性服务业中，作为制造业的中间投入，可以使制造业的国际竞争力和附加值大幅度提高。最初需要大量投资才可获取知识，并且边际成本在投资以后相对较少，所以规模经济在这些领域作用很大。这样，较强的市场势力能被企业的产品差别化的公司拥有，从而使服务业市场格局处于垄断竞争。这种由生产性服务业表现出的市场结构，无论在价值增值的幅度和控制市场的能力方面，还是在技术水平和产出的能力方面，都与传统制造业有不同的增长模式，使得当代制造业处于寡头市场格局与其相互融合。此外，Hansen（1990）也指出，生产性服务业和制造业在知识技术主导型的柔性生产体系中相互融合，在提高人均收入以及劳动生产率、扩展劳动分工方面，无论是独立的企业，还是作为制造业某个内部的部门，都起着关键作用。在制造业的生产环节中，高质量的技术服务以制造业的高级要素身份被嵌入，为使制造业的生产成本降低而提升技能，从而使制造业产业升级得利。

综上所述，我们可以用如下逻辑链条来刻画高端生产性服务业对制造业产生外溢效应的机制：生产性服务业发展→刺激制造业企业动态匹配自身资源、能力与价值链的动机→制造业企业服务外包→制造业企业资源和能力被集中在优势环节、获利能力提升。在上述机制下，高端生产性服务业在满足制造业企业服务外包需求的过程中，在规模经济和学习效应作用下，自身的业务水平也不断提高，同时分工也更加细化，提供服务所发生的成本也在不断降低，进而又推动制造业企业将更多服务环节进行外部化。

（二）高端生产性服务业发展的路径

路径一：依托制造业，拓展生产性服务业

基于生产制造业的服务力度，通过各个产业之间的融合，结合业务增长点，来提升企业在市场中的整体竞争力。如今，在很多跨国企业当中，服务行业在利润和营业收入当中占有的地位越来越高。譬如说：从2003年开始，在通用电气公司的总收入当中，服务业收入总额占有的比例为60%。制造业历经长久的发展，其相互融合的业务以及服务性质的多样化赋予企业巨大的灵活性及战略思想，令企业在短时间内迅速成长。因此，山东部分企业在整个发展历程中，充分利用自身的财务实力、人力资源、全球化、内容开发以及品牌和技术等关键能力，将高效的服务思想贯穿在整个企业的发展运行过程中，积极发展信息技术以及商务金融等生产性服务业，纵向整合整个产业链，从而形成一个新的运行阶段，增长利润巨大。

路径二：由销售产品发展为提供服务及成套解决方案

在当今社会，服务的附加价值变大，产品使用的便利性及产品的个性化是消费者更加注重的。国际上一些传统大型的制造企业对与产品相关的各类服务业务积极发展，从产品销售最终发展成为成套解决方案和服务的提供。此领域的典型代表是国际商业机器公司（IBM）。在硬件业务上，IBM公司在20世纪90年代中期陷入了困境。全球服务部在此背景下由IBM成立，从硬件向服务和软件的战略转型在前总裁郭士纳的带领下启动。事实证明，IBM实现了成功转型，超过了50%的公司总营业收入是其服务业务，IBM公司集产品支持、咨询提供、外包提供和服务提供于一身，成功开创了科技企业发展的新模式，成为世界上信息技术服务企业中最具影响力的。在电子信息制造业上，山东已具有一定的制造优势，未来拓展产业链时可以大胆尝试

IBM 的转型模式。

路径三：由制造企业转型为服务提供商

制造环节在全球价值链中的利润空间受到全球竞争环节发展变化和人力成本上升的消极影响，不断变小。因此，国际上的很多著名大型制造业也试图将自身彻底转型做服务提供商，努力从企业重心中剥离出制造业，重组企业产业链，重点转向生产性服务业，如现代物流、市场营销、流程控制、品牌维护、客户管理、产品研发等。此方面典型的代表是美国的耐克公司（Nike）。耐克公司通过研发、品牌和销售可以从一双耐克鞋上取得几十甚至上百美元利润，大大高于生产者收益，生产者一般只能在一双鞋上取得几美分收益。耐克公司取得胜利的主要原因是它在产品生产上，将所有生产制造外包给全球各地的生产厂家，这种虚拟化生产策略使得它不需要自己从事生产制造，从而可以在品牌维护、市场营销和产品设计上集中精力，使所有的财、物、人都获得集中发展。耐克公司采用这种先进的生产组织方式——制造业务外包，使得它获得了超额利润，实现了它的快速发展。随着营商成本的逐渐增加，山东具有技术优势的制造业企业可参照此模式。由于中西部地区具有成本优势，因此部分山东制造业企业可以考虑将企业中的生产制造环节向中西部地区转移，将企业未来的发展重点放在研发阶段，由生产企业转为服务提供商。

路径四：加速产业融合，创新产业组合模式

当前社会经济发展迅速，信息通信技术等科学技术也处于领先地位，新技术融入部分的服务行业当中，因而，由此产生的新型服务业成功地成为各个国家的新的经济增长点，主要为：（1）生产性服务业和新技术相融，促进网上银行、远程教育、现代物流以及电子商务等业态的快速发展。（2）随着专业化分工的不断分化以及产业链的重组，以管理与科技为依托的生产性服务业脱离了原先的载体，独立运行，实现了生产性服务业的快速发展，例如管理咨询、工程咨询、市场调查以及研发服务和工业设计等；（3）由于信息技术发展迅速，产生了动漫、通信增值服务、互联网信息服务以及软件外包等新型服务业态，经过市场实践，这些服务业态发展潜力十分巨大。

表 1　　　　　　　　　高端生产性服务业发展路径特点与路径演进关系

可能的路径	适合对象	主要特征	所属制造业服务化阶段	对企业的要求
完全去制造化	通常需要拥有路径三服务化的基础	①同时增加产业链上下游环节的介入力度 ②彻底退出低附加值的制造领域	最高级	最高
上下游产业链服务化	竞争力较强的大型制造业企业	①投入服务化和产出服务化齐头并进 ②同时增加产业链上下游环节的介入力度	高级	高
上游产业链服务化	还没有服务化经验希望积累技术力量逐渐实现服务化的企业	①能够形成为第三方提供研发设计服务能力同时为实现更高级服务化提供技术支撑 ②增加产业链上游环节的介入力度	初级	较低
下游产业链服务化	还没有服务化经验希望逐渐实现服务化的企业	①基于产品服务系统的产品导向 ②增加产业链下游环节的介入力度	初级	最低

　　综合上述，本研究通过参考世界各地比较典型的制造业企业如何实现本企业服务高端化的实例，来重点探讨企业的价值链在服务方面上实现高端化的过程中是以什么方法来实现延伸的，进而研究服务业实现高端化的方法，如表1所示。

四、山东高端生产性服务业发展的现状与问题

（一）发展速度较快，但总额小、比重低

　　可统计的生产性服务业产值由 2006 年的 651.85 亿元增加到 2011 年的 1415.79 亿元，6 年间增长了 19.53%。其中，科学研究、技术服务等高端生产性服务行业产值由 2006 年的 99.92 亿元增加到 2011 年的 317.99 亿元，年均增长率高到 36.37%；租赁和商务服务业产值由 2006 年的 222.55 亿增加到 2011 年的 556.01 亿，年均增长率到 24.97%；信息传输、计算机服务和软件业产值由 2006 年的 329.38 亿增加到 2011 年的 541.79 亿，年均增长率到 10.75%。然而，由于山东省生产性服务业仍以较低端的生产性服务业为主，所以山东高端

生产性服务业规模相对较小、产值总额不大，2006—2011年高端生产性服务业规模19.85%的增长速度明显低于整体生产性服务业25.84%的增长速度，高端生产性服务业占生产性服务业的比重也呈现较缓下降势头，由2006年的15.49%缓慢下降为2011年的13.13%，如表2所示。

表2　　　　　　　　山东高端生产性服务业发展指标

	2006	2007	2008	2009	2010	2011	年均增长率
地区生产总值	22077.36	35776.91	30933.28	33896.65	39169.92	45361.85	17.59%
生产性服务业	4214.07	5118.58	6271.44	7159.4	8507.85	10784.77	25.84%
生产性服务业占GDP比重%	19.09%	14.31%	20.27%	21.12%	21.72%	23.77%	
高端生产性服务业占全部生产性服务业比重%	15.49%	14.51%	14.70%	14.24%	13.87%	13.13%	
信息传输、计算机服务和软件业	329.38	336.16	422.69	446.98	474.59	541.79	10.75%
租赁和商务服务业	222.55	254.97	303.98	348.31	443.41	556.01	24.97%
科学研究、技术服务、地质勘查业	99.92	151.38	195.53	224.06	262.45	317.99	36.37%

数据来源：山东统计年鉴2008、2009、2010、2011、2012

（二）高端生产性服务业整体水平不高

1.科技含量不高，内部结构层次低

我省生产性服务业的科技创新能力总体不强，小企业居多，多数企业提供的只是知识和技术服务链上的低端服务产品。

2.总体水平有待强力提高

发明专利作为高端生产性服务业最重要的实物体现，其数量和质量虽逐步提高，但与沿海其他省份相比还有待进一步提高。近5年来，山东知识产权方面取得了辉煌的成绩，专利数量由2006年的15937项增加到2012年的75522项；其中，发明专利拥有量猛增到2012年7454项。2013年上半年，全省共申请国内发明专利18533件，同比增长53.71%，增幅高于全国同期增幅26.2个百分点；全省共授权国内发明专利 4283 件，同比增长 17.15%，增幅高于全国同期增幅 12 个百分点；全省共申请 PCT 国际专利 357 件；截至 2013 年 6 月底，全省国内有效发明专利拥有量 25171 件。

《国家经济和社会发展"十二五"规划纲要》明确提出，到 2015 年我国每万人口有效发明专利拥有量达到 3.3 件。2012 年底，该指标全国水平为 3.23 件，我省为 2.28 件。截至 2013 年 6 月底，该指标全国水平为 3.64 件，我省为 2.61 件。发明专利授权量仅为广东的 1/3，不足江苏的 1/2。同时，转化率和转化效率不高。教育部《中国高校知识产权报告》中的统计数据显示，如果平均计算，高校的专利转化率也只有 5%；据《中国科学报》报道，2011 年我国专利技术实施率仅为 0.29%，山东的总体成果转化水平也大概如此。企业拥有的专利更少。以济南市为例，2006 年至 2011 年，济南市规模以上工业企业共授权专利 8265 件，平均每家企业授权 6.4 件，分别占 2006 年至 2011 年全市企业专利授权总量的 74.0% 和全市专利授权总量的 21.1%。其中发明专利授权量 914 件，占全部规模以上工业企业专利授权总量的 11.1%，占 2006 至 2011 年全市发明授权量的 18.7%。

（三）高端生产性服务业以企业内部化为主

R＆D 经费投入，是国际通用的反映自主创新能力的重要指标，也是反映高端生产性服务行业发展的重要指标，特别是科技研发、工业设计等高端生产性服务的投入。2012 年，山东 R＆D 经费投入快速增长，总投入由 2011 年的 844.4 亿元增至 1020.3 亿元。其中，政府资金为 92.2 亿元，同比增长 21.8%，占全社会 R＆D 经费比重为 9%；各类企业 R＆D 经费投入 907 亿元，同比增长 16.6%，占全社会 R＆D 经费的比重达 88.9%。这说明企业已成为山东省科技活动、高端生产性服务内部化投入的主体。

课题组问卷调查的 252 家企业，拥有各类科技成果总数为 12720 项，其中，企业自主开发的占 78.6%，产学研联合开发的占 12.5%，来自高等院校的仅占 5.5%，来自科研院所的仅占 3.1%，而通过中介机构引进的仅为 0.3%，如表 3 所示。

表3 企业科技成果内、外部化率（%）

	内部化 （企业自主研发）	内外部结合 （联合研发）	外部化		
			来自高校	来自 科研院所	通过中介 机构引进
企业科技成果来源	78.6	12.5	5.5	3.1	0.3
企业科技成果转化量	81.7	11.5	4.1	2.6	0.1
成果转化产生效益	83.6	10.2	3.7	2.4	0.1
新增效益成果转化	75.3	16.1	4.7	2.7	1.3

资料来源：课题组所做的企业问卷调查

需要指出的是，所调查的 252 家企业均拥有市级以上企业技术中心，因此企业自主研发能力较强。

（四）科技研发缺乏对制造业的整体带动、引领作用

2012 年底，山东省已拥有企业国家重点实验室 10 个，国家级企业技术中心 124 家，国家级工程技术研究中心 30 家，省级工程技术研究中心 1095 家，省部共建国家重点实验室培育基地 5 个，省重点试验室 215 个，企业技术中心和工程技术研究中心超过 2000 家。但这些企业技术中心、重点实验室大都是孤立地进行开发研究，没有形成技术开发的"创新网链"。这种"孤岛"式的开发，组织程度低，往往是投入大、周期长，难以形成综合的开发优势和人才集聚优势。

同时，与科技服务业重要性越来越强和发展速度越来越快不相适应的是，就目前来看，山东科技服务业发展还存在很多的困难和问题，无法到达其社会、经济、科技发展的需求。其一是技术创新与科技服务二者未形成互动机制，区域科技创新需求与科技服务的匹配程度不高；二是政府缺少对科技服务业的法规指导和统一政策，不够重视科技服务业，没有将其纳入山东重点产业进行推广和发展；三是科技服务业高素质人才尤为缺乏，其从业人员素质基本不高；四是没有认识到科技服务业发展的紧迫性和重要性，忽视了其

杠杆作用，没有看到它对国民经济发展的间接倍增效应和巨大推动作用；五是科技服务机构的开拓进取精神、竞争意识、市场意识、服务意识普遍不足，科技服务业总体规模偏小，主业不突出，市场定位不明确。

（五）生产性服务业对企业发展的作用不强

生产性服务外包对制造业企业发展是有作用的，特别是高端生产性服务业的发展将有助于解决制造企业尤其是大部分中小制造企业向高端制造环节挺进乏力的问题，帮助它们改变创新能力落后、缺少品牌、组织能力低下的局面，促进制造业持续健康发展。但目前，中国经济正处于转型期，一方面，制造业企业"大而全""小而全"的局面正在逐步改变和变化，许多本应该由生产性服务业企业承担的外包服务仍由制造业企业内部职能部门完成；另一方面，生产性服务业企业本身的专业化水平、质量、效率由于其发展的时间和实力所限还不能满足制造业企业的需求。所以，上述的在理论上和宏观层面可能是正确的，但在微观层面或者说现实层面上，生产性服务业的作用是微弱的。问卷调查统计的数据得出了这样的结论，如表4所示。

表4　　　　　　　　　　　　按企业规模的制造业发展影响因素权重

因素 规模	企业发展影响因素权重						
	企业能力	企业资源	市场需求	产业政策	服务外包	市场环境	宏观环境
平均	0.203	0.136	0.215	0.126	0.062	0.132	0.125
小型平均	0.256	0.144	0.225	0.096	0.045	0.129	0.105
中型平均	0.178	0.145	0.212	0.125	0.073	0.138	0.128
大型平均	0.206	0.12	0.214	0.147	0.058	0.124	0.132

服务外包在所列的企业发展影响因素中是权重最小的因素，平均值仅为0.062，我们甚至可以说服务外包目前并不是制造业企业发展的影响因素。制造业企业的服务外包就是生产性服务业本身，因此，我们可以推论：在微观——企业层面上，生产性服务业对制造业企业的作用是微弱的。同时，按照企业

规模分别计算的服务外包权重，大型制造业企业为 0.058，中型制造业企业为 0.073，小型制造业企业为 0.045，表现为中型制造业企业服务外包权重最高、小型制造业企业服务外包权重最低，也证实了微观层面或者说现实层面上，生产性服务业的作用是微弱的。

五、对策建议

（一）高度认识生产性服务业的作用，调整产业政策定位

生产性服务业在山东省的发展落后与其在我国发展落后的原因类似，主要在于仍存在市场竞争力不强、效率差、规模小、市场化程度低、对外开放程度低、专业化程度低、垄断经营现象严重、管制多、门槛高等问题。这些问题的背后，比较严重的则是政策扭曲和思维意识障碍。政府部门和学术界，长期以来，将服务业自觉不自觉地当作非产出部门、辅助性部门，认为它不创造新价值，夸大服务从属生产、生产决定服务的作用，致使服务积极能动的促进生产的作用被忽视，服务业产业功能被忽视，而其非经济职能则被过分强调。生产性服务业产业在这种错误的思维模式下，其发展政策有失偏颇自然难免。对生产性服务业和服务业基础设施的投入遭到忽视，使得投资结构扭曲严重，片面强调工业，尤其是重工业的优先发展；许多领域的服务业被国有垄断经营，生产性服务业也包括在内，由政府专营的许多服务部门，取代了市场配置资源，致使资源浪费、服务内部化、效率低下、人浮于事。

山东在工业化发展的中后期必须充分意识到，高端生产性服务业是带动和支撑制造业竞争力的关键因素。单纯的加工制造业会逐渐被取代，失去竞争力，制造业的竞争力将越来越有赖于高端生产性服务业的支撑，如技术研发和工业设计策划等，单纯靠降低制造成本，或者单纯靠扩大制造加工规模的空间将使利润空间持续萎缩，其附加价值有限。在生产性服务中，加快发展高端行业技术，有利于推动我国向"中国创造"的转型，摆脱"中国制造"的道路，提升我国产业的国际竞争力，增强制造业和其他企业的自主创新能力；有利于我国实现经济发展方式转变，摆脱传统工业化道路，促进我国加快走上新型工业化

的道路；有利于我国实现社会和经济的可持续发展，建设环境友好型和资源节约型社会。

在制定生产性服务业产业政策要注意调整产业政策目标，必须将政策目标从以速度、产值为核心转变至以结构优化为核心。经济学理论的研究表明，产业结构以及经济结构不断的转换和优化成为当代经济增长和取得效益的主要原因。产业结构是否合理将直接影响着经济的增长和效益的好坏。因此，调整和优化产业结构才是生产性服务业产业政策的制定重点，而不是速度和产值。不断推进经济和市场结构的合理化和高度化，实施有效的产业组织政策、生产性服务业的产业结构政策、产业技术政策、产业贸易政策以及产业区域布局政策，将存在于结构上的问题切实地解决。要将优化了的产业结构作为一个根本的标志，来衡量产业政策的成功与否。

（二）制定高端生产性服务业产业发展规划和产业政策

为了促进生产性服务业的发展，山东政府出台了《关于促进生产型服务业的若干意见》。其针对的是整个服务业，因此，高端生产型服务业必然被包含在其中。众所周知，基础生产性服务业想要发展，就必须依靠制造业及其他行业；而高端生产型服务业可以根据实际条件优先发展，并带动其他产业的发展。因此，政府应该花费大量的气力去支持和引导其发展，引入"先发展带动后发展"的战略方针，推动整个服务业的发展。基于在整个服务业中拥有的特殊作用及地位，高端生产性服务业更应该受到特殊对待。通过出台相应的政策，并在政策的基础上制定出相应的规划。2007 年，深圳市就制定相关政策，并且通过政策的实施，取得了不错的成绩。

政府应以研发服务业的特点为基础，把以服务于高新技术企业为主的现代中介服务业和高技术的知识应用密集的生产性服务业，以及服务价值或无形资产满足政府制定标准的高新服务企业纳入到高新技术企业的范围，给予税收优惠政策。

同时，大力扶植、鼓励大型产业集团从战略上创造一条内生化的新型的企业链升级模式，选取具有较高产业价值量的高端环节，如研究开发、产品设计、原料供应、产品销售、仓储运输等，逐步在发展中放弃生产制造环节。

（三）充分发挥各类国家级、省级技术研究中心的作用

目前，我省有国家/省部级技术研究中心、工程研究所及相关重点实验室超过千家，但是由于各种各样的原因，我省现有的研究中心存在一些缺陷。其主要原因是存在利益的冲突。由于这些研发中心所处的单位的差异，单位之间为了追逐利益，使它们不能实现资源、成果的共享，并且，大都是孤立地进行开发研究，没有形成技术开发的"创新网链"，组织程度低，往往是投入大、周期长，难以形成综合的开发优势和人才集聚优势。为此，一方面，以公益性为原则，组建"共性技术研发中心"，国家级和省级的都需要尽快组建，为全行业提供强大的研发后盾和技术支撑；另一方面，为了使技术研发中心带动行业和产业的技术研发、示范辐射和创新作用，国家级或省级研发中心，从体制上、机制上，如果有条件的话，可以探讨其隶属关系的转变，成为自负盈亏、自主经营的公益机构或企业。政府应给予大力地推进、扶持和引导并出台相应的产业政策和产业规划。

同时，进一步加强行业技术中心建设，发挥其对行业的辐射服务、示范带动作用。一方面要建立行业技术中心运作的长效机制，建立具有多种多样的运行方式、具有更加灵活的体制机制、具有生机和活力的行业技术中心；建立起面向市场选题开发，面向社会整合资源，面向行业提供服务的科学有效的运行机制。另一方面，要进一步加大行业技术中心投入力度，要建立以政府为引导、企业为主体、金融为保障的多形式、多渠道的投融资体系，加大对行业技术中心建设的支持。对行业技术中心开发的重大技术创新项目和具有自主知识产权的关键技术，省里要给予重点支持。

（四）加强自主知识产权成果的转化

1. 突出成果转化环节

进一步突出对重大科技成果转化环节的支持，重点支持已完成中试、亟待

产业化的重大创新项目；积极扶持处于转化前期、产业带动性大、预期效益显著且具有一定风险的项目。

一是建立多元化的科技成果评价标准。不同类型的科研项目，应采取不同的评价标准：对于基础类科研项目，要以研究成果的创新程度作为评价标准；对于应用类科研项目，要将其研究成果的转化和经济效益作为评价标准；特别是财政资助项目所产出的科技成果，要将成果的转化情况作为课题结项和评奖的硬性标准。二是设立"全省科技成果转化奖"。由相关主管部门牵头组织，每年奖励3—5个在科技成果转化方面有突出贡献的单位；每年奖励10—15名在科技成果转化方面有突出贡献的个人，建议在每年的全省科技创新大会/产学研大会上予以公开表彰奖励，在全社会营造鼓励科技创新成果转化的浓厚氛围。三是建立分行业的科技成果交易市场或网上交易平台。由行业主管部门或行业协会牵头，建立分行业的科技成果交易市场或网上交易平台，建立专业化的行业内科技成果交易中介机构，将买卖双方从综合类科技成果交易市场繁杂的数据资料和烦琐的交易事项中解脱出来，使科研机构和科研人员专心于做技术开发，解除他们的后顾之忧。

2. 突出产学研结合

鼓励省内外高校、科研机构的优势学科、研发团队、重点实验室、工程技术研究中心等科技资源与山东省企业的强强联合，通过专项实施，逐步形成一个以政府为引导、企业为主体、全社会共同参与的多元化高新技术发展机制。

3. 积极引导利用社会资金

充分发挥政府专项资金的引导作用，促进风险投资、金融资本、民间资本等社会资本对自主创新项目的投入，鼓励地方对项目进行资金配套投入，逐步形成项目资金投入的多元化和市场化格局，切实增强地方及企业的责任意识和主体意识。

4. 建立科技成果转化的微观激励机制

一是完善考核激励制度。在产学研项目验收、科技奖励和科研人员职称评审等方面，注重实效考核，增加科技成果的可应用性和产业化前景、成果转化经济效益、科技成果创新性创造性等指标的权重。二是健全产权激励制度。科技成果实现产业化应用的，对产学研合作参与者，适宜产权激励的尽量给予产权激励，以带动学研方面参与成果转化的积极性。对于企业参与科技成果研发工作的，科技成果产业化应以产权作为企业投入直接回报。三是加强物质激励措施。科技研发过程中，对科技研发带头人、成果转化负责人可给予适度物质精神激励。四是建立风险激励制度。打破高校、科研院所承担知识产权风险，企业、政府承担投资风险的惯性问题，制定产学研合作风险共担办法，在产学研各方面实现投入资源的价值认同、转移与对接，形成互信、风险共担；通过税收优惠政策和财政资金投入分担或降低科技研发和转化前期风险，引导产学研各方增加投入力度。南京市 2012 年初出台的"科技九条"及其实施细则非常值得我省借鉴参考。

5. 支持科技中介服务企业的发展壮大

要进一步规范技术转让交易、技术产权交易、科技信息交流、科技成果发布等行为，要对技术中介服务采取扶持政策，以促进优质中介服务企业脱颖而出。要鼓励科研人员兼职或全职创办科技企业和中间服务机构，开展公益性专业培训，培养造就专业化的技术转移与成果推广人才队伍。

（五）建立我省生产性服务业发展的四个模式

我省为促进生产性服务业的发展提出了"主辅分离"思路，并出台了有关政策推进从制造业中剥离出的生产性服务业。一批生产性服务业得益于这些政策而快速培育和形成。但制造业要在自身具有核心技术以及高附加值硬件产品的前提下，才能将生产性服务业剥离。"制造服务化"战略在本身附加值还比较低的制造环节更为实际，原因在于，把服务的附加值还比较低的制造环节剥离出去的同时，由服务所创造的利润也随之被剥离出去，从而使制造企业在本来利润就比较低的情况下，盈利能力将更为缺乏。事实上，硬件产品价值在国外先进制造业产出中的比重是相当低且在不断下降的，然而服务增值（包括系统解决方案、研发以及服务配套等）的比重却越来越大。由此，本研究报告结合我省实际的产业发展状况，针对生产性服务业的特点而提出 4 类发展模式。

1. 转型模式

主要是为了实现制造业服务化的快速发展。一般分为两种：价值链转型模式（向微笑曲线两端继续发展）和业务主体转型模式（从制造企业向提供整体方案的服务商转变）。

具体的实现路径：①鼓励大中型的企业借助自身创新设计、市场、品牌的优势，进行制造剥离，不再像原来那样只提供实体产品，转而提供整体性的解决方案，比如可以给一些大型企业的转型项目以补助或者贴息。②支持大中型制造企业转为服务业。可以制定针对服务业和制造业的不同税收政策，从而来引导其向服务性企业转变，成为一些关键服务的供应方，比如行业的设计、营销及品牌。

2. 升级模式

积极推动生产性服务业的提升，尤其是要给创新型、知识型服务业优先发展权。

实现的方法是：（1）给服务业的创新平台建设提供专项的资金支持，比如构建公共服务或者基础设施平台等等；（2）制定相应政策，给那些高端服务业的创新提供政策保障，将创新工作列为科技部门工作的重点，设立专项基金用于服务业的创新；（3）鼓励企业进行服务工业化的转变。推进服务企业的规模化和专业化发展，从现在的个性化定制转向大规模的定制，主动申请知识产权的保护，上报服务的相关标准。

3. 发展高等级生产性服务外包——外包模式

措施如下：①促进不同种类的生产服务业在产业链条的上游和下游之间进行协作，形成战略性的联盟，经战略合作来接受并完成国际上的知识含量高、复杂性强的服务性工作。②为了打出"国际金融服务外包交付中心"这块品牌，推动以欧美外包、软件外包、金融服务外包为主的企业认证，培养出新一批的拥有国际资质的服务外包企业。③增强财证税务方面的支持。比如说，可以许可当地的制造企业在消费本地的生产服务的时候，依据一定数量的比例来对进项税额采取抵扣。

4. 加速服务向专业化方向发展——剥离模式

鉴于我省的制造业大部分都在产业链的底端部分，获取利润的空间不足，制造业如果选择服务剥离就需要经过一个逐渐依次推进的过程。因此，相对可行的措施是：①剥离不是核心的那部分业务，分离给比较专业的第三方服务业，除此之外也可以在内部创立服务业方面比较专业的公司，使第三方服务业在规模方面的优势得以充分发挥。②规模化地、专业化地发展生产性服务企业本身。使规模经济充分发挥效应，让服务业的运营成本降低，帮助降低被剥离的那部分企业的成本。③政府引导和调节税收杠杆，例如，分离后的税的负值假如比原来的税额高，由各地的财政部门对比原来的税额高的那一部分，予以该企业补助扶持，政策上采取鼓励主业和辅业进行分离的措施。

（六）重点推进下六个领域的高技术服务业加快发展

1. 研发设计服务

壮大专业研发设计服务企业，建立的研发设计服务体系要能够支撑产业结构进行调整，在产业创新能力的提升方面突出研发设计服务的关键作用。创建专业特色服务平台，提高研发服务能力，支持省内科研院所和高等院校面向市场。加强科研资源整合，完善软硬件设施，加快建设开放共享的关键共性研发设计公共服务平台，提高研发设计服务水平，提高资源利用的效率。鼓励跨国公司和海内外高端人才在我省设立研发服务机构。建设研发设计交易市场，完善中介服务体系和工业设计知识产权交易体系，鼓励成立工业设计服务中心和实施示范工程，打造一批知名品牌和研发设计企业，使其能够具有较强的竞争力。

2. 电子商务服务

鼓励相关机构建立可信交易服务平台，对发展壮大的第三方面向中小企业的电子商务服务企业给予重点支持，健全在线信用评估、电子支付、电子认证等技术服务体系。培育一批骨干电子商务服务企业，加快促进第三方电子商务综合服务平台的建设，并且平台要能够集信用评估、在线支付、物流、交易、电子认证等服务于一体。

3. 检验检测服务

提升专业化服务水平，推进检验检测机构市场化运营。加强基础能力建设，如测试方法、测试技术等，充分利用现有资源，培育第三方的质量和计量、安全检验、检疫、检测、认证技术服务，发展面向售后服务、生产制造、设计开发等全过程的计量、检验、测试、分析等服务。加强建设重点行业产品质量检验检测体系，如战略性新兴产业和农业等。鼓励检验检测技术服务机构改变传统的服务范围，不再仅限于提供单一认证型服务，而是向综合检测服务延伸。

4. 知识产权服务

贯彻落实《山东省知识产权促进条例》，实施知识产权带动战略，加强规范管理，积极发展知识产权的管理、保护、运用和创造等服务环节，推进市场化的知识产权服务。培育产权服务市场，鼓励创建或引进专利代理中介机构，支持知识产权服务机构与各类园区、企业、高等院校及科研院所联络对接机制的建立，构建知识产权服务体系的多元化的服务主体。知识产权共享基础信息资源范围的扩大，使基础信息资源可被各类知识产权服务对象低成本地获得。知识产权服务模式的创新，包括发展基础服务如数据加工、分析、检索、咨询等，以及培育增值服务，如投融资、托管、转化、交易、评估等。提升知识产权机构服务水平，增强处理涉外知识产权事务的能力，打造一批知识产权服务品牌和企业，使其在国内外有相应的影响力。加强标准化服务能力，其主要包括分析标准信息和相关技术咨询的能力等。

5. 转化科技成果服务

完善科技中介体系，大力发展市场化、专业化的转化科技成果的服务。发展技术交易市场，鼓励转移技术的服务机构的建立，因为这些机构具备融资担保、成果推介、技术咨询评估等多种功能。鼓励社会资本投资新型转化实体的设立，发展转化综合性科技成果的服务，包括市场开拓、创业辅导、创业投资等多项服务。提升相关机构的服务能力，如大学科技园、生产力促进中心和科技企业孵化器等，推动市场化运营。

6. 信息技术服务

培育发展新兴信息服务业，着力推进网络技术和业务创新，大力发展三网融合业务和网络信息服务，依托信息基础设施建设，如下一代互联网、新一代移动通信网、宽带光纤、数字电视网等，使现有信息网络基础设施的作用得到充分发挥。支持基于物联网、云计算、移动互联网、山东云计算公共服务平台、超级计算济南中心等一批面向公众和行业的信息服务建设。面向行业应用提供系统解决方案，提高信息安全服务、运营维护、信息系统咨询设计、测试评估和集成实施水平，加强知识库建设和软件工具开发。完善电子信息产品售后服务，推动电子信息产品制造企业的服务转变，提供信息服务和综合解决方案服务，不再仅限于单纯提供产品服务。以全球软件服务与外包转移为契机，壮大服务外包业务，着力培育一批服务外包企业和品牌，使其在国内外能够具有一定的影响力，使其承接信息服务和软件外包服务的能力得到进一步增强。加快济南服务外包示范城市建设。

（七）着力抓好高技术服务业载体建设

依托高技术产业基地、经济技术开发区、高新技术产业开发区、战略性新兴产业示范基地等区域优势，围绕信息技术服务、研发设计服务、检验检测服务、知识产权服务、科技成果转化服务、电子商务服务等领域，不断加大加快四大高技术服务业载体建设——"重点项目、产业集聚区、骨干企业、服务平台"，积极发挥电子商务、信息技术服务以及研发设计服务等的模范带头作用，将这些发展态势良好的产业作为我省的重点扶持对象，积极推进其健康快速发展。

1. 专业化园区的建设

依据各地产业特色、专业及错位发展需求，以电子商务服务、生物技术服务、研发设计服务、信息技术服务等高技术领域为发展扶持重点，积极完善园区规划布局，发挥其自身优势，鼓励同产业领域的高技术服务业企业集聚发展，加快专业化园区培育，迅速培育出一批资源高效利用、要素高度集中、主业高度突出的高技术服务业聚集区。力争到 2015 年能够在重点区域有 100 个高技术服务业专业化园区建成。

培育综合电子商务服务平台，使其集物流、交易、支付等于一体；加快公共检验检测服务平台的构建。

2. 加强创新平台建设

建设和完善工程（技术）研究中心、工程实验室、重点实验室、企业技术中心等创新平台，加大支持力度，创新运营管理模式，加强资源共享，拓展服务范围，增强创新平台的公共服务能力。

3. 加强创业孵化平台建设

加大对高技术企业创业孵化平台的支持力度，进一步完善孵化手段，提高成果转化效率和企业孵化能力，充分发挥国家级孵化器、生产力促进中心的示范带动作用，建设完善一批创业孵化平台。

4. 做强一批高技术服务重点企业

培育打造骨干企业。建立我省高技术服务企业数据库，遴选一批具有一定规模、管理基础好、发展潜力大的企业，认定为省级高技术服务业重点企业，在项目安排、资金融通、人才引进、企业上市等方面予以倾斜。引导同行业企业以商标、专利等知识产权为纽带实现品牌输出和市场拓展，通过并购、重组、上市等多种方式做大做强，增强企业市场开拓能力和自主创新能力。到 2015 年，力争在优势领域重点培植 100 个营业收入过亿元的骨干企业。扶持发展中小企业。实施中小企业成长工程，建立健全为中小企业服务的多层次金融组织体系，拓宽中小企业融资渠道，为企业迅速壮大提供有力的金融保障。优化中小企业市场环境，让更多的中小企业参与政府采购。加快改善中小企业发展的政策法制环境，制定相关配套政策，推进中小企业集群发展。鼓励发展企业联盟。推动同行业企业组建企业联盟，加强合作交流，实现资源共享，增强抵御风险能力。鼓励主业突出、多元投资、综合竞争能力强的旗舰企业以技术标准为纽带，通过企业联盟的方式，在全国范围内拓展成员，拓展国内服务市场。加快国际化发展步伐，积极探索建立中外企业合作联盟。

六、对未来研究的思考

目前，因为尚不多见与选择制造业服务化路径问题相关的研究，所以本研究还有比较多的问题没有涉及，主要有如下几方面：

第一，制造产业的升级转型如何借助制造业服务化的力量来进行，对这一问题的研究还有待加强。在基于制造业服务化的情况下，我国制造业能够较快地实现转型升级，因此，我国为提升制造业的竞争力和推动产业结构优化而加强相关研究是十分重要的。具体研究内容有：制造业转型升级受制造业服务化的推动的机理分析，在制造业升级转型遇到的瓶颈时如何借助制造业服务化从而顺利通过瓶颈，研究我国制造业服务化在制造业亟待升级转型的大背景下的特点与现状，研究制造业服务化在发达国家的水平、特点及现状，对比研究发达国家与我国制造业服务化的差距及可借鉴的经验，我国如何借助实现服务化的相关路径来实现制造业的升级转型，等等。

第二，基于理论基础的制造业服务化的路径有必要继续深化研究，使制造业的服务内容更科学、更丰富。主要研究内容有：分析服务化的四条路径的发展演进规律，对比研究我国制造业转型中不同行业企业服务化过程，等等。

第三，基于实践应用对制造业各服务化路径的风险管控以及风险分析的研究有必要加强。主要有：研究实现服务化依循不同路径的制造业企业所涉及的组织变革，实现服务化依循不同路径的制造业企业的风险管控措施以及分析，等等。

参考文献

[1] 王廉、桂华莲、柯华林：《高端服务业经济》，暨南大学出版社 2008年版。

[2] 徐伟金、周世锋、秦诗立：《发展高端服务业的重点选择》，载《浙江经济》2009 年第 8 期。

[3] 肖林：《以加快发展高端服务业引领上海经济转型》，载《文汇报》2009 年 8 月 24 日。

［4］杜人淮:《发展高端服务业的必要性及举措》,载《现代经济探讨》2007 年第 11 期。

［5］刘志彪:《论现代生产者服务业发展的基本规律》,载《中国经济问题》2006 年第 1 期。

［6］顾乃华:《生产性服务业发展趋势及其内在机制》,载《财经论丛》2008 年第 2 期。

［7］MILES I, KASTRINOS N, BILDERBEEK R, et al. Knowledge intensive business services: their role as users and sources of innovation ［M］. M anchest er: Prest, 1994, 2(10).

［8］OECD. Promoting Innovation and Growth in Service ［M］. Paris: OECD, 1999, 1(20).

［9］魏江、陶颜、王琳:《知识密集型服务业的概念与分类研究》,载《中国软科学》2007 年第 1 期。

［10］LEE K R. Knowledge Intensive Service Activities in Korea ［D］. Washington, D. C: Science & Technology Policy Institute, 2003.

［11］GUERRIERI P, MELICIANI V. International Competitiveness in Producer Services ［EB/ OL］. http: / / w ww. unisi. it/ criss/ download/ marcia2004/ guerr ieri. pdf, 2010, 11, 10.

［12］徐雨森、王全伟、胡玉涛:《制造企业的生产服务内、外部化模式选择的影响因素分析》,载《大连理工大学学报 (社会科学版)》2009 年第 3 期。

［13］吕政、刘勇、王钦:《中国生产性服务业发展的战略选择——基于产业互动的研究视角》,载《中国工业经济》2006 年第 8 期。

［14］程大中:《中国生产性服务业的水平、结构及影响——基于投入—产出法的国际比较研究》,载《经济研究》2008 年第 1 期。

［15］张国云:《生产服务——从中国制造走向中国创造》,中国经济出版社 2009 年版。

［16］顾乃华：《生产服务业、内生比较优势与经济增长：理论与实证分析》，载《商业经济与管理》2005年第4期。

［17］顾乃华：《我国服务业对工业发展外溢效应的理论和实证分析》，载《统计研究》2005年第12期。

［18］顾乃华、毕斗斗、任旺兵：《中国转型期生产性服务业发展与制造业竞争力关系研究——基于面板数据的实证分析》，载《中国工业经济》2006年第9期。

［19］孔德洋、徐希燕：《生产性服务业与制造业互动关系研究》，载《经济管理》2008年第12期。

［20］姚耀、陈高森、骆守俭：《生产性服务业与经济增长的关系研究，以上海市为例》，载《华东经济管理》2006年第9期。

［21］高传胜、刘志彪：《生产者服务与长三角制造业集聚和发展——理论、实证与潜力分析》，载《上海经济研究》2005年第8期。

［22］赖明勇、阳小晓：《金融中介发展与中国经济增长的实证研究》，载《经济科学》2002年第6期。

［23］江小娟、李辉：《服务业与中国经济：相关性和加快增长的潜力》，载《经济研究》2004年第1期。

［24］严先溥：《产业结构升级亟待服务业的快速发展》，载《金融与经济》2005年第3期。

［25］吕政、刘勇、王钦：《中国生产性服务业发展的战略选择——基于产业互动的研究视角》，载《中国工业经济》2006年第8期。

［26］钟韵、阎小培：《我国生产性服务业与经济发展关系研究》，载《人文地理》2003年第5期。

［27］顾乃华、毕斗斗、任旺兵：《生产性服务业与制造业互动发展：文献综述》，载《经济学家》2006年第6期。

［28］江静、刘志彪：《生产性服务发展与制造业在全球价值链中的升级——以长三角地区为例》，载《南方经济》2009年第11期。

附件 企业科技成果转化调查问卷

加快知识产权成果转化，对于培养企业专利转化意识，提高企业的创新积极性，加强企业专利创造、管理、保护和运用能力，促进企业的产业技术升级，全面提升企业核心竞争能力等方面，具有十分重大的意义。

1. 贵企业是否有研发机构：□是 □否（如否转下一项）

贵企业的研发机构属于：（单选）

□国家级企业技术中心 □省级企业技术中心

□市级企业技术中心 □其他

2014 年在研发（包括技术引进）上贵企业投入的资金占销售额的百分比_____%

2. 贵企业 2014 年度的主营业务收入约为_____万元

3. 贵企业近 5 年来产品 / 工艺研发的主要技术来源是（请根据频率选出前三项）：

a. 自主研发 b. 购买国外专利 c. 购买国内专利 d. 引进专业科研机构成果

e. 引进高校成果 f. 与高校或科研机构联合开发 g. 其他_____

排序：_____

4. 近 5 年内，贵企业自主开发、引进、联合开发的科技成果共有_____项；其中，企业自主开发的有_____项，来自高校的有_____项，来自科研院所的有_____项，联合开发的有_____项，通过中介机构引进的有_____项。

5. 近 5 年内，上述的科技成果中转化的有_____项；其中，企业自主开发成果转化的有_____项，来自高校成果转化的有_____项，来自科研院所成果转化的有_____项，联合开发成果转化的有_____项，通过中介机构引进成果转化的有_____项。

6. 近 5 年内，在上述转化的科技成果中，实现产业化并给贵企业带来效益的成果共有_____项；其中，属于企业自主开发的有_____项，来自高校的有_____项，来自科研院所的有_____项，联合开发的有_____项，通过中介机构引进的有_____项。

7. 近 5 年内，实现产业化的科技成果每年给贵企业新增销售收入约为____万元；其中，属于企业自主开发的成果产业化新增销售收入每年约为_____万元，来自高校的成果产业化新增销售收入每年约为_____万元，来自科研院所的产业化新增销售收入每年约为_____万元，联合开发的产业化新增销售收入每年约为_____万元，通过中介机构引进的产业化新增销售收入每年约为____万元。

如将高校、科研院所科技成果转化过程分为以下五个阶段的话，（1）理论研究（发表论文、提出见解）、（2）小试（获得样品或进行小批量生产）、（3）中试（进行放大试验）、（4）工业性试验（进行工艺开发）、（5）产业化（工艺完善，进行批量生产），那么在贵企业近五年内转化的科技成果中：失败在中试阶段的有_____项；失败在工业性实验阶段的有_____项；最终成功实现产业化的有_____项。

失败的主要原因为：_____

8. 如果贵企业 5 年来引进过高校、科研院所科技成果，请对高校、科研院所科技成果转化的效果作一个整体评价：（单选）

□很差　□差　□一般　□好　□很好

9. 如果您认为高校、科研院所科技成果转化的效果好或者很好（或者说有的成果转化效果好），那么好的原因是：（请根据重要程度选出前三项）

a. 技术领先　b. 技术成熟度高　c. 企业和高校配合得好

d. 中介机构服务到位　e. 企业领导重视　f. 其他_____

排序：_____

10. 如果您认为高校、科研院所科技成果转化的效果一般、差或者很差（或者说有的成果转化效果一般或差），那么差的原因是：（请根据重要程度选出前三项）

a. 技术不成熟　b. 技术不符合企业需要或市场需要

c. 企业和高校配合不好　d. 中介机构服务不到位

e. 企业领导不重视　f. 其他＿＿＿＿＿

排序：＿＿＿＿＿

11. 除上表中的因素以外，您认为贵企业中有利于和制约高校、科研院所科技成果转化的因素分别有哪些？

有利因素：

_____

_____

制约因素：

_____

_____

针对以上因素，您对促进高校、科研院所科技成果向企业转化有哪些意见或建议：

_____

_____

后 记

掩卷时分，已是夜阑人静，望窗外已难见几处灯火。日复一日的写作工作，至今日终于可以搁笔。几年的专著思考、撰写时光一晃而过，回首走过的岁月，既有艰辛，也有快乐。专著即将付梓之际，感激之情不禁油然而生。

首先感谢我的家人。没有她们的理解、体谅和支持，我的个人专著不可能顺利完成。特别是我的夫人，在我的在职读博、专著撰写期间，她默默地付出了太多太多——谨以此专著献给她！！

感谢我山东社科院经济所的同事们，感谢他们在我读博、专著撰写期间给予的鼓励和理解。特别感谢经济所所长张卫国研究员。是 2008 年仲夏的夜晚，我和卫国所长"把酒临风"时，他建议我把研究领域转向生产性服务业研究并提出很多建议和意见，才有了这本拙著的完成。

师恩如海，感谢我的博士生导师——天津大学王树恩教授。2006—2011年我在天津大学在职攻读博士学位，师从王树恩教授。先生慎思明辨、诲人不倦的学术精神，特别是严谨的治学态度引领我一步步走向学术的殿堂。从先生那里，我不仅得到科学研究更系统的训练，而且还亲身领略到了先生的大家风范。先生的教诲与鞭策将激励我在科学研究的道路上开拓创新。

一切尽在不言中，我深深明白对知识、对学问的孜孜追求的路还很长，人生的道路更长……

郭东海

2016 年 10 月 8 日凌晨于济南紫缘山庄